KB091658

Boost C++ 애플리케이션 개발 2/e

Boost C++ 애플리케이션 개발 2/e

부스트 라이브러리 예제를 활용한
쉽고 빠른 프로그램 개발

안토니 폴루킨 지음   한정애 옮김

i!i
에이콘

에이콘출판의 기틀을 마련하신 故 정완재 선생님 (1935-2004)

| 지은이 소개 |

안토니 폴루킨 Antony Polukhin

C++와 부스트 라이브러리를 설명할 안토니가 믿을 만한 사람인지 궁금할 것 같아 그에 대해 요약했다.

- 현재 국제 C++ 표준위원회에서 러시아를 대표하고 있다.
- 여러 가지 부스트 라이브러리를 작성했으며, 오래된 일부 부스트 라이브러리를 꾸준히 유지 보수하고 있다.
- 완벽주의자다. 이 책에 나오는 모든 소스코드는 다양한 C++ 표준을 사용해 여러 가지 플랫폼에서 테스트한 것이다.

그의 출생에서부터 소개하겠다.

러시아에서 태어났다. 어렸을 때부터 러시아어와 헝가리어를 했고, 학교에서는 영어를 배웠다. 재학시절부터 수학, 물리, 화학 등 다양한 경진 대회에 참가해 수상했다.

대학에 두 번이나 합격했는데, 한 번은 도시 수학 경진대회에 참가하기 위해서였고, 내부 대학의 수학과 물리 대회에서 높은 점수를 얻으려고 한 번 더 입학했다. 대학을 다니는 동안 시험에 참가하지 않은 한 해를 제외하고는 매번 매우 어려운 프로그램을 만들어 항상 'A'를 받았다. 대학 시절 지금의 아내를 만났고 최고의 성적으로 대학을 졸업했다.

Asterisc를 대체하기 위한 프로그램을 개발하는 VoIP 회사에 3년 넘게 다니면서 부스트Boost를 다뤘으며, 부스트의 `Boost.LexicalCast` 라이브러리를 유지 보수하는 업무를 맡았다. 이때 우분투 리눅스를 러시아어로 번역하는 일도 함께 시작했다.

현재 Yandex Ltd.에서 일하면서 C++ 표준화 제안으로 러시아어 사용권의 사람들을 돕고 있다. 또한 오픈소스와 C++ 언어의 발전에도 기여하고 있다. Any, Conversion, DLL, LexicalCast, Stacktrace, TypeTraits, Variant 등의 부스트 라이브러리에서 그의 코드를 찾아볼 수 있다.

행복한 결혼 생활을 5년 넘게 이어오고 있다.

내 가족, 특히 아내인 이리나 폴루키나에게 고마움을 전하고 싶습니다. 내 아내는 이 책에 들어간 모든 그림과 도식을 스케치해줬습니다.

첫 번째 판에서 제가 미친 듯이 넣은 쉼표들을 참아내며 내용을 검토해준 폴 안소니 브리스토에게도 감사의 인사를 전합니다.

저에게 놀라운 C++의 세상을 열어주고, 멋진 라이브러리를 만들어준 부스트 커뮤니티에 있는 모든 이에게 감사를 전하고 싶습니다.

| 기술 감수자 소개 |

글렌 조세프 페르난데스^{Glen Joseph Fernandes}

인텔과 마이크로소프트에서 소프트웨어 엔지니어로 일했다. 『Boost Align library』의 저자며, 『Boost Smart Pointers』와 『Boost Core Libraries』의 핵심 기여자^{contributor}이고, 여러 부스트 C++ 라이브러리에도 기여해왔다. ISO C++ 표준에 제안 논문과 결함 보고를 작성하기도 한 기여자며, 다음 C++20 표준에 적어도 하나의 기능을 추가하게 될 것 같다(P0674r1: Extending make_shared to Support Arrays). 호주에서 시드니대학교를 나왔고 뉴질랜드에서 살았으며, 현재는 아내 캐롤라인과 딸인 에어린과 함께 미국에서 살고 있다.

| 옮긴이 소개 |

한정애(jeongae.han@gmail.com)

서울대학교 컴퓨터공학과를 졸업하고 동 대학원에서 무선 통신에 관한 연구로 박사 학위를 받았다. 현재 금융 분야에서 개발자로 일하고 있다. 리눅스와 C++ 프로그래밍을 비롯한 여러 가지 프로그래밍 관련 분야에 관심이 많다. 번역서로는 에이콘출판사에서 출간한 『C++ 표준 라이브러리』(2013), 『Boost C++ 애플리케이션 개발』(2015), 『Boost.Asio C++ 네트워크 프로그래밍 쿡북』(2017), 『C++ 템플릿 가이드』(2018)가 있다.

요즘 회사에서 거의 혼자 무언가를 만들고 있습니다. 주위에 물어볼 사람이 없는 것도 아니고 개발자도 많은 회사지만, 하루 종일 말 한마디 하지 않고 코딩만 하고 있을 때가 많습니다. 입으로 소리 내어 하는 말은 많지 않지만 손으로는 열심히 구글 검색을 합니다. 이런 상황에서는 어떻게 만들어야 하나, 저런 상황에서는 어떤 라이브러리를 쓸 수 있나 하며 말이죠. 독자 여러분도 비슷한 고민 많이 하실 거라 생각합니다. 검색 결과에서 나와 비슷한 상황을 찾고, 나라면 어떻게 할 것인지, 지금과 같은 상황에서는 어떻게 응용해야 하는지와 같은 고민 말입니다.

검색해서 찾은 답변들은 바로 적용할 수 있어 좋기는 한데, 조금 더 알고 싶을 때가 있지 않나요. 해당 라이브러리가 제공하는 다른 기능은 뭐가 있는지, 일반적으로는 어떻게 쓰는 것인지, 이 사람들은 어디서 이런 걸 알았을지, 내 코드에도 적합한지, 다른 사람이 올려준 고마운 코드를 어떻게 하면 이 프로그램에 좀 더 깔끔하게 통합시킬 수 있을지 궁금하지 않나요?

이런 의문들을 해소하면서 한눈에 이해가 잘 가고 버그는 적은 프로그램을 만들려면 뭘 좀 알아야겠죠. 이리저리 퍼져 있는 지식을 한군데 모아 소개해준다면 더 좋겠습니다. 그리고 그 지식이 다른 사람이 미리 만들어놓아 잘 활용하기만 하면 되는 부스트라는 라이브러리에 대한 것이라면 얼마나 더 기쁘겠습니까? 이 책이 바로 그런 역할을 할 수 있습니다. 왜 이렇게 확신하느냐면 얼마 전에 제가 그런 경험을 했기 때문입니다. 새로운 프로그램을 만들다가 "이런저런 기능이 있으면 좋을 텐데, 내가 바닥부터 만들면 너무 지저분할 거야"라고 생각하고는 이 책을 뒤적거렸습니다. 그랬더니 제가 원하던 답을 첫 번째 장에서 바로 찾을 수 있었습니다. 물론 제가 번역했으니 거기에 원하는 내용이 있는 줄 알고 있긴 했습니다만, 그래도 기쁜 건 기쁜 거죠.

세부 사항을 잘 알고 있어야 쉽게 활용할 수 있는데, 누군가가 이미 만들어서 테스트하고 많은 곳에서 수없이 쓰이는 라이브러리라니, 좋군요.

"그런데 왜 부스트 라이브러리일까요. STL을 쓰면 되는 것 아닐까요? STL만으로도 방대하고 풍부한데 말이에요"라고 생각하실 수 있습니다. 물론 STL이 표준이고, 모든 컴파일러에서 쓸 수 있고, 그 자체로도 거대합니다. 하지만 STL은 표준이기 때문에 엄선된 기능만을 제공합니다. 그에 반해 부스트는 실험적이고, 역동적이며, 세밀합니다. 모두에게 필요한 기능이 아닐지라도 누군가에게는 꼭 필요한 그 기능이 제공됩니다(이를테면 다중 인덱스 컨테이너 같은 기능 말이죠). 그리고 오랫동안 써온 컴파일러에서도 C++17에서나 쓸 수 있는 새로운 기능을 쓸 수 있다는 건 또 얼마나 멋진 일입니까!

지금 이 책을 살까 말까 고민하면서 옮긴이의 말을 읽고 계시는 분들에게 어떤 말을 하면 좋을까요. 이 책이 만능은 아닙니다. 여러분이 매일매일 만나는 모든 문제를 이 책 한 권으로 해결할 수 없을지도 모릅니다. 그렇지만 이 책은 여러분이 하고 있는 고민을 이미 해결한 후 라이브러리로 구축해놓고 실제 예제를 들어가며 설명해놨습니다(혼자서 모든 것을 처음부터 다시 만들 이유는 없겠지요). 이 책을 곁에 두고 한 번 훑어보는 것만으로 디자인하고, 구현하고, 버그를 잡는 기나긴 여정을 단 몇 줄의 라이브러리 함수 호출로 끝낼 수도 있습니다. 그것만으로도 이 책의 가치는 충분하지 않겠습니까?

차례

5장 다중 스레드   207

6장 작업 다루기   257

| 들어가며 |

부스트와 C++의 강력함을 누리고 싶고, 어떤 상황에서 어떤 라이브러리를 써야 할지 확실하게 알고 싶다면 이 책이 필요하다.

부스트 C++의 기본부터 시작해 부스트 라이브러리를 사용하면 애플리케이션 개발이 얼마나 간단해지는지 배울 수 있다. 문자열을 숫자로 바꾸거나, 숫자를 문자열로 바꾸거나, 숫자를 숫자로 바꾸는 등의 데이터 변환을 알아본다. 자원 관리는 이제 누워서 떡먹기다. 컴파일 시간에 어떤 일을 할 수 있는지, 부스트 컨테이너는 무엇을 할 수 있는지도 알아본다. 높은 품질의 빠르고 이식성이 높은 애플리케이션을 만들기 위한 모든 내용을 다룬다. 프로그램을 딱 한 번만 만들어 리눅스, 윈도우, 맥 OS와 안드로이드 운영체제에서 사용해보자. 이미지 조작에서부터 그래프, 디렉터리, 타이머, 파일, 네트워크까지 누구라도 하나쯤은 흥미로운 주제를 찾을 수 있을 것이다.

부스트 라이브러리들은 계속 C++ 표준에 포함되고 있으니, 이 책에서 얻은 지식이 쓸모없게 되진 않을 것이란 점도 기억하자.

▌ 이 책의 구성

1장, 첫 애플리케이션 제작에서는 매일 일상적으로 쓰는 라이브러리들을 알아본다. 다양한 곳에서 옵션 구성을 알아내고, 부스트 라이브러리를 만든 사람들이 도입한 형식으로 무얼 만들 수 있는지 살펴본다.

2장, 자원 관리에서는 부스트 라이브러리에서 도입한 데이터 형식, 그중에서도 포인터와 같이 사용하는 방법을 알아본다. 자원을 쉽게 관리하는 방법과 어떠한 함수 객체,

함수, 람다 표현식이라도 저장할 수 있는 데이터 형식을 사용하는 방법을 알아본다. 2장을 읽고 나면 좀 더 믿음직한 코드를 작성할 수 있으며, 메모리 누수 따위는 더 이상 없을 것이다.

3장, 데이터 변환에서는 문자열, 숫자와 사용자 정의 형식들을 서로 간에 어떻게 변환할 수 있는지, 어떻게 하면 다형적 형식을 안전하게 형 변환할 수 있는지, 그리고 어떻게 하면 C++ 소스 파일 안에 작거나 큰 파서를 만들어 넣을 수 있는지 알아본다. (자주 혹은 드물게 사용하는) 데이터 변환 방식들도 여러 가지 알아본다.

4장, 컴파일 시간 트릭에서는 컴파일 시간 검사와 알고리즘 성능 개선뿐 아니라 다른 메타프로그래밍 작업에 부스트 라이브러리를 사용하는 방법을 간단한 예제를 통해 알아본다. 4장을 이해하지 않고는 부스트 소스코드나 다른 부스트와 유사한 라이브러리를 이해하기란 불가능하다.

5장, 다중 스레드에서는 스레드의 모든 것을 알아본다.

6장, 작업 다루기에서는 함수 객체를 작업으로 호출하는 방법을 알아본다. 6장의 핵심 아이디어는 작업 처리, 계산과 함수 객체(작업) 사이의 상호작용 모두를 함자(작업)로 쪼갤 수 있고, 그 작업들을 독립적으로 처리할 수 있다는 점이다. 더불어 소켓에서 데이터를 받는다든지 특정 시간까지 기다리는 등의 느린 연산들 때문에 막히지 않게 콜백 작업을 제공한 후 다른 작업을 계속해 처리하는 방법을 알아본다. OS가 느린 연산을 처리하고 한 후 콜백이 실행된다.

7장, 문자열 다루기에서는 문자열을 바꾸고, 검색하고, 표현하는 다양한 방법을 알아본다. 부스트를 사용하면 일반적인 문자열 작업들을 얼마나 쉽게 처리할 수 있는지도 살펴본다. 매우 흔한 문자열 조작 작업을 해결해보자.

8장, 메타프로그래밍에서는 멋지지만 이해하기는 까다로운 메타프로그래밍 기법을 알아본다. 형식 여러 개를 튜플과 유사한 하나의 형식으로 묶는 방법을 알아본다. 또한 형식의 모음을 조작하기 위해 함수를 만들어보고, 컴파일 시간 모음의 형식이 어떻게 바뀌는지 살펴보며, 컴파일 시간 기법을 실행 시간 기법과 함께 쓰는 방법을 알아본다.

9장, 컨테이너에서는 부스트의 컨테이너를 다룬다. 일상적인 프로그래밍 작업에서 쓰일 수 있고, 성능이 더 좋으며, 새로운 애플리케이션을 더 쉽게 만들 수 있게 해주는 부스트 클래스들을 살펴본다.

10장, 플랫폼과 컴파일러 정보 모으기에서는 컴파일러, 플랫폼과 부스트 특성을 알아내는 다양한 도우미 매크로들을 알아본다. 이런 매크로들은 부스트 라이브러리 자체에서도 널리 사용될 뿐 아니라, 어떠한 컴파일러 플래그에서도 동작할 수 있는 이식성 높은 코드를 만들려면 필수로 알아둬야 한다.

11장, 시스템 사용에서는 파일 시스템을 자세히 살펴보고, 파일을 생성하고 지우는 방법도 함께 알아본다. 서로 다른 시스템 프로세스끼리 데이터를 주고받는 방법과 가장 빠른 방식으로 파일을 읽는 방법을 비롯한 여러 기법도 알아본다.

12장, 부스트 라이브러리 살짝 맛보기에서는 크기가 큰 라이브러리들의 일부, 특히 라이브러리를 알아보기 위한 시작 지점이 될 만한 부분을 알아본다.

▌ 준비 사항

이 책을 시작하기 전에 최신 C++ 컴파일러와 부스트 라이브러리(어떤 버전이든 괜찮지만 1.65 이상 버전을 추천한다), QtCreator/qmake가 필요하다. 아니면 그냥 http://apolukhin.GitHub.io/Boost-Cookbook/을 방문해 온라인에서 예제들을 실험하고 실행해 봐도 좋다.

▌ 이 책의 대상 독자

부스트를 좀 더 잘 알고 싶거나 애플리케이션 개발 과정을 단순하게 하고 싶은 개발자에게 매우 적합하다. C++와 STL의 기본 정도는 알고 있다고 가정하고 진행한다.

▌ 절의 구성

이 책에서는 준비, 예제 구현, 예제 분석, 부연 설명과 같은 제목이 자주 나온다. 예제를 잘 따라 할 수 있게 각 부분을 다음과 같이 사용한다.

준비

이번 예제에서 해야 할 것을 알아보고, 예제에 필요한 소프트웨어와 기타 기본 설정들을 살펴본다.

예제 구현

예제를 따라 하는 데 필요한 각 단계들이 들어 있다.

예제 분석

보통 앞 절에서 진행된 작업에 대한 자세한 설명이 들어 있다.

부연 설명

독자들이 예제를 통해 더 많은 지식을 얻을 수 있도록 예제와 관련된 추가 정보들이 들어 있다.

참고 사항

예제와 관련된 유용한 정보가 있는 링크를 제공한다.

▌편집 규약

이 책에서는 독자의 이해를 돕고자 다루는 정보에 따라 글꼴 스타일을 다르게 적용했다. 이러한 스타일의 예제와 의미는 다음과 같다.

텍스트에서 코드 단어와 데이터베이스 테이블 이름, 사용자 입력은 다음과 같이 표시한다.

"이 라이브러리는 헤더만 있는 게 아니기 때문에 프로그램에 libboost_program_options 라이브러리를 링크해야 한다."

코드 블록은 다음과 같이 표시한다.

```
#include <boost/program_options.hpp>
#include <iostream>
namespace opt = boost::program_options;
int main( int argc, char *argv[])
{
```

코드 중 일부가 중요할 경우 해당 행이나 아이템은 굵게 표시한다.

```
#include <boost/program_options.hpp>
#include <iostream>
namespace opt = boost::program_options;
int main( int argc, char *argv[])
```

커맨드라인 입력은 다음과 같이 표시한다.

```
$ ./our_program.exe --apples=10 --oranges=20
Fruits count: 30
```

새로운 용어와 중요한 단어는 고딕체로 나타냈다.

 경고나 중요한 내용은 이와 같이 나타낸다.

TIP 팁이나 요령은 이와 같이 나타낸다.

▍독자 의견

독자로부터의 피드백은 항상 환영한다. 이 책에 대해 무엇이 좋았는지 또는 좋지 않았는지 소감을 알려주길 바란다. 독자 피드백은 앞으로 더 좋은 책을 발행하는 데 매우 중요하다.

일반적인 피드백을 우리에게 보낼 때는 간단하게 feedback@packtpub.com으로 이메일을 보내면 되고, 메시지의 제목에 책 이름을 적으면 된다.

▌고객 지원

예제 코드 다운로드

이 책에서 사용된 예제 코드는 http://www.packtpub.com/support를 방문해 이메일을 등록하면 파일을 직접 받을 수 있으며, 이 링크를 통해 원서의 Errata도 확인할 수 있다. https://github.com/PacktPublishing/Boost-Cpp-Application-Development-Cookbook-Second-Edition에서도 다운로드할 수 있으며, 에이콘출판사의 도서정보 페이지인 http://www.acornpub.co.kr/book/boost-cplus-2e에서도 예제 코드를 다운로드할 수 있다.

정오표

내용을 정확하게 전달하기 위해 최선을 다했지만, 실수가 있을 수 있다. 펙트출판사의 도서에서 문장이든 코드든 간에 문제를 발견해서 알려준다면 매우 감사하게 생각할 것이다. 독자의 참여를 통해 다른 독자에게 도움을 주고, 다음 버전의 도서를 더 완성도 높게 만들 수 있다. 오탈자를 발견한다면 http://www.packtpub.com/submiterrata를 방문해 책을 선택하고, 구체적인 내용을 입력해주길 바란다. 보내준 오류 내용이 확인되면 웹사이트에 그 내용이 올라가거나 해당 서적의 정오표 부분에 그 내용이 추가될 것이다. http://www.packtpub.com/support에서 해당 도서명을 선택하면 기존 정오표를 확인할 수 있다.

한국어판의 정오표는 에이콘출판사의 도서정보 페이지 http://www.acornpub.co.kr/book/boost-cplus-2e에서 찾아볼 수 있다.

저작권 침해

인터넷에서의 저작권 침해는 모든 매체에서 벌어지고 있는 심각한 문제다. 팩트출판 사에서는 저작권과 사용권 문제를 매우 심각하게 인식한다. 어떤 형태로든 팩트출판 사 서적의 불법 복제물을 인터넷에서 발견한다면 적절한 조치를 취할 수 있도록 해당 주소나 사이트명을 알려주길 부탁한다.

의심되는 불법 복제물의 링크는 copyright@packtpub.com으로 보내주길 바란다. 저 자와 더 좋은 책을 위한 팩트출판사의 노력을 배려하는 마음에 깊은 감사의 뜻을 전한다.

질문

이 책과 관련해 질문이 있다면 questions@packtpub.com으로 문의하길 바란다. 최선 을 다해 질문에 답하겠다. 한국어판에 관한 질문은 이 책의 옮긴이나 에이콘 출판사 편집 팀(editor@acornpub.co.kr)으로 문의해주길 바란다.

<u>01</u>

첫 애플리케이션 제작

1장에서 다루는 내용은 다음과 같다.

- 옵션 구성 알아내기
- 컨테이너나 변수에 아무 값이나 저장
- 컨테이너나 변수에 선택한 여러 가지 형식 저장
- 여러 형식을 저장하는 컨테이너 안전하게 사용
- 실제 값 없이 값이나 플래그 반환
- 함수에서 배열 반환
- 여러 값을 하나로 연결
- 함수의 파라미터 값 묶기와 재정렬
- 사람이 읽기 편한 형식 이름 알아내기

- C++11 이동 에뮬레이션 사용
- 복사할 수 없는 클래스 생성
- 복사할 수는 없지만 이동은 할 수 있는 클래스 생성
- C++14와 C++11 알고리즘 사용

▌소개

부스트^{Boost}는 C++ 라이브러리를 모아놓은 것이다. 각 라이브러리를 부스트에 반영하기 전에 많은 전문가가 검토한다. 또한 다양한 플랫폼에서 수많은 컴파일러와 C++ 표준 라이브러리 구현을 사용해서 이 라이브러리들을 테스트한다. 부스트는 상업 프로그램 및 오픈소스 프로젝트에 적합한 라이선스하에 배포된 많은 라이브러리 중 가장 이식성이 뛰어나고 빠르며, 믿을 수 있다. 부스트의 많은 부분이 이미 C++11, C++14, C++17에 반영돼 있다. 앞으로 더 많은 부분이 C++의 다음번 표준에 반영될 것이다. 각 예제마다 C++ 표준과 관련된 노트가 있으니 참고하자.

소개는 이 정도로 마치고 이제 시작해보자!

1장에서는 매일매일 사용할 수 있는 예제를 살펴보려 한다. 다양한 곳에서 옵션 구성^{configuration}을 찾아내는 방법을 알아보고, 부스트 라이브러리 작성자들이 도입한 데이터 형식으로 무엇을 할 수 있는지 알아보자.

▌옵션 구성 알아내기

리눅스에 있는 cp와 같은 콘솔 프로그램을 떠올려보자. 그런 프로그램에는 전부 멋진 도움말이 있고, 아무 곳에나 파라미터를 입력해도 되고, 사람이 읽기 편한 문법을 사용한다.

예를 들면 다음과 같이 사용할 수 있다.

```
$ cp --help
Usage: cp [OPTION]... [-T] SOURCE DEST
    -a, --archive          same as -dR --preserve=all
    -b                     like --backup but does not accept an argument
```

이런 기능은 10분 만에도 만들 수 있다. Boost.ProgramOptions 라이브러리만 있으면
충분하다.

준비

C++에 대한 기본 지식만 있으면 된다. 이 라이브러리는 헤더만 있는 것이 아니기
때문에 프로그램에 libBOOST_program_options 라이브러리를 링크해야 한다.

예제 구현

사과와 오렌지 개수를 입력으로 받아 과일이 총 몇 개인지 세는 간단한 프로그램으로
시작해보자.

```
$ ./our_program.exe --apples=10 --oranges=20
Fruits count: 30
```

다음 단계를 따라 해보자.

1. boost/program_options.hpp 헤더를 인클루드시키고 boost::program_options
   네임스페이스에 별칭alias을 붙여보자(전체를 일일이 타자하기엔 너무 길다!).
   <iostream> 헤더도 필요하다.

```
#include <boost/program_options.hpp>
#include <iostream>

namespace opt = boost::program_options;
```

2. 이제 main() 함수에 옵션을 나열해보자.

```
int main(int argc, char *argv[])
{
    // 변수를 나타내는 옵션을 만들고
    // 문자 설명으로 "All options"을 설정한다.
    opt::options_description desc("All options");

    // 옵션을 추가할 때
    // 첫 번째 파라미터는 커맨드라인에서 사용할 이름,
    // 두 번째 파라미터는 옵션의 형식으로 value<>로 둘러싼다.
    // 세 번째 파라미터는 이 옵션에 대한 간략한 설명이다.
    desc.add_options()
        ("apples", opt::value<int>(), "how many apples do you have")
        ("oranges", opt::value<int>(), "how many oranges do you have")
        ("help", "produce help message")
        ;
```

3. 커맨드라인을 파싱^{parsing}한다.

```
    // 커맨드라인 인자를 저장할 변수
    opt::variables_map vm;

    // 인자를 파싱한 후 저장한다.
    opt::store(opt::parse_command_line(argc, argv, desc), vm);

    // 파싱 후 저장한 다음에 불러야 한다.
    opt::notify(vm);
```

4. 이제 help 옵션을 처리할 코드를 추가한다.

```cpp
if (vm.count("help")) {
    std::cout << desc << "\n";
    return 1;
}
```

5. 이제 마지막이다. 과일의 개수는 다음과 같이 센다.

```cpp
std::cout << "Fruits count: "
        << vm["apples"].as<int>() + vm["oranges"].as<int>()
        << std::endl;

} // 'main' 함수의 끝
```

이제, 프로그램에 --help 파라미터를 붙여 호출해보면 다음과 같이 출력된다.

```
All options:
    --apples arg      how many apples do you have
    --oranges arg     how many oranges do you have
    --help            produce help message
```

여기서는 help 옵션의 값에 대한 형식^{type}은 제공하지 않았다. 어떤 값을 넘겨받을 것이라고 가정하지 않았기 때문이다.

예제 분석

이번 예제는 꽤 간단해서 코드와 주석을 이해하기 쉽다. 실행시키면 원하는 결과가 출력된다.

```
$ ./our_program.exe --apples=100 --oranges=20
Fruits count: 120
```

부연 설명

C++ 표준에 많은 부스트 라이브러리가 채택되긴 했지만, Boost.ProgramOptions는 C++17에도 포함되지 않았다. 현재까지는 C++2a에 채택될 계획도 없다.

ProgramOptions 라이브러리는 매우 강력하며, 제공하는 기능도 많다.

사용 방법을 알아보자.

- 구성 옵션 값을 직접 변수로 파싱하고 꼭 필요한 옵션으로 설정하기

```
int oranges_var = 0;
desc.add_options()
    // ProgramOptions 라이브러리는 포인터로 전달받은 변수에 옵션 값을 저장한다.
    // 여기서 "--oranges" 옵션의 값은 oranges_var에 저장된다.
    ("oranges,o", opt::value<int>(&oranges_var)->required(),
                "oranges that you have")
```

- 필수적인 문자열 옵션 얻기

```
    // "name" 옵션은 "required()"로 표시되지 않았다.
    // 사용자가 이 값을 꼭 설정하진 않아도 된다.
    ("name", opt::value<std::string>(), "your name")
```

- 사과에 대한 짧은 이름을 추가하고 10을 apples에 대한 기본값으로 설정하기

```
    // 'a'는 'apples'에 대한 약어다. 그냥 '-a 10'를 써도 된다.
    // 'apples'에 대해 값을 주지 않는다면 기본값을 쓴다.
```

```
    ("apples,a", opt::value<int>()->default_value(10),
            "apples that you have");
```

- 없는 옵션은 구성 파일에서 읽어오기

```
opt::variables_map vm;

// 커맨드라인 옵션을 파싱해 'vm'에 값을 저장한다.
opt::store(opt::parse_command_line(argc, argv, desc), vm);

// 환경 변수를 파싱할 수도 있다.
// 'opt::store with' 'parse_environment' 메소드를 쓰면 된다.

if (vm.count("help")) {
    std::cout << desc << "\n";
    return 1;
}

// "apples_oranges.cfg" 구성 파일에서 빠진 옵션을 추가한다.
try {
    opt::store(
        opt::parse_config_file<char>("apples_oranges.cfg", desc),
            vm
    );
} catch (const opt::reading_file& e) {
    std::cout << "Error: " << e.what() << std::endl;
}
```

> ℹ️ 구성 파일의 문법은 커맨드라인 문법과 다르다. 옵션 앞에 - 기호를 붙이지 않는다. 즉,
> apples_oranges.cfg에서 옵션은 다음과 같은 형식으로 명시한다.
>
> oranges=20

- 필수 옵션의 값이 모두 설정됐는지 검증하기

```
try {
    // 필수 옵션이 빠져있다면 `opt::required_option` 예외를 던진다.
    opt::notify(vm);

} catch (const opt::required_option& e) {
    std::cout << "Error: " << e.what() << std::endl;
    return 2;
}
```

앞에서 언급한 모든 팁을 실행 파일 하나로 묶어 넣으면 help 명령을 실행했을 때 다음과 같은 결과를 얻을 수 있다.

```
$ ./our_program.exe --help
All options:
 -o [ --oranges ] arg        oranges that you have
 --name arg                  your name
 -a [ --apples ] arg (=10)  apples that you have
 --help                      produce help message
```

구성 파일 없이 실행하면 다음과 같이 출력한다.

```
$ ./our_program.exe
 Error: can not read options configuration file 'apples_oranges.cfg'
 Error: the option '--oranges' is required but missing
```

구성 파일에 oranges=20을 넣은 후 프로그램을 실행하면 출력값으로 20보다 큰 값이 나온다. 사과에 대한 기본값이 10이기 때문이다.

```
$ ./our_program.exe
Fruits count: 30
```

참고 사항

- 부스트의 공식 문서에 더 많은 예제뿐 아니라 위치에 따라 달라지는 옵션, 일반적이지 않은 문법과 같은 Boost.ProgramOptions의 고급 특성들이 나와 있다. 다음 링크를 참고하자.

  http://boost.org/libs/program_options

- 이 책에 나온 모든 예제는 http://apolukhin.github.io/Boost-Cookbook에서 다운로드한 후 수정하고 실행할 수 있다.

▌컨테이너나 변수에 아무 값이나 저장

자바^{Java}, C#이나 델파이^{Delphi}로 프로그래밍해봤다면 분명 C++에서는 Object 형식을 갖는 컨테이너를 만드는 기능이 없어 아쉬울 것이다. 이런 언어들에서는 Object 클래스가 거의 모든 형식에 대한 기본 클래스이기 때문에 아무 때나 어떤 값이든 (거의 항상) 할당할 수 있다. 이런 기능들을 C++에서도 쓸 수 있다면 얼마나 멋질까?

```cpp
typedef std::auto_ptr<Object> object_ptr;

std::vector<object_ptr> some_values;
some_values.push_back(new Object(10));
some_values.push_back(new Object("Hello there"));
some_values.push_back(new Object(std::string("Wow!")));

std::string* p = dynamic_cast<std::string*>(some_values.back().get());
```

```
assert(p);
(*p) += " That is great!\n";
std::cout << *p;
```

준비

헤더만 있는 라이브러리를 사용한다. 그리고 C++에 대한 기본 기식만 있으면 충분하다.

예제 구현

부스트에서는 Boost.Any 라이브러리를 쓸 수 있다. 문법도 더 보기 좋다.

```
#include <boost/any.hpp>
#include <iostream>
#include <vector>
#include <string>

int main() {
    std::vector<boost::any> some_values;
    some_values.push_back(10);
    const char* c_str = "Hello there!";
    some_values.push_back(c_str);
    some_values.push_back(std::string("Wow!"));

    std::string& s = boost::any_cast<std::string&>(some_values.back());
    s += " That is great!\n";
    std::cout << s;
}
```

멋지지 않나? 그리고 빈 상태가 있기 때문에 멤버 함수 empty()로 상태를 확인해볼 수 있다(마치 표준 라이브러리 컨테이너처럼 말이다).

boost::any에서는 두 가지 방식으로 값을 가져올 수 있다.

```
void example( ) {
    boost::any variable(std::string("Hello world!"));

    // 다음 방법에서 변수의 실제 값이 std::string이 아니라면
    // 다음 메소드가 boost::bad_any_cast 예외를 던질 수도 있다.
    std::string s1 = boost::any_cast<std::string>(variable);

    // 절대 예외를 던지지 않는다. 변수의 실제 값이 std::string이 아니라면
    // NULL 포인터를 반환한다.
    std::string* s2 = boost::any_cast<std::string>(&variable);
}
```

예제 분석

boost::any 클래스는 어떤 값이든 그냥 저장한다. 그러기 위해 형식 지우기type erasure 기법을 사용한다(자바나 C#이 쓰는 방법과 비슷하다). 이 라이브러리를 사용할 때는 내부의 구현 방식을 알 필요는 없지만, 형식 지우기 기법은 간단히 훑어보자. 형식이 T인 변수를 할당하면 Boost.Any는 내부 기본형 placeholder에서 파생됐고, 명시된 형식 T의 값을 저장할 수 있는 형식인 holder<T>를 생성한다.

```
template<typename ValueType>
struct holder : public placeholder {
    virtual const std::type_info& type( ) const {
        return typeid(ValueType);
    }
    ValueType held;
};
```

이 placeholder형은 저장된 형식 T의 std::type_info를 얻어오거나 저장된 형식을 복사할 수 있는 가상 함수를 갖는다.

```
struct placeholder {
    virtual ~placeholder( ) {}
    virtual const std::type_info& type( ) const = 0;
};
```

boost::any는 placeholder에 대한 포인터인 ptr을 갖고 있다. any_cast<T>( )가 호출되면 boost::any는 ptr->type( )을 호출해 std::type_info가 typeid(T)와 같은지 검사한 후 static_cast<holder<T>*>(ptr)->held를 반환한다.

부연 설명

이처럼 유연하게 동작하려면 비용이 든다. boost::any 인스턴스의 복사 생성, 값 생성, 복사 할당, 값 할당할 때 동적 메모리 할당이 필요하고, 모든 형식 변환에는 실행 시간 형식 정보^{RTTI, RunTime Type Information} 검사가 필요하다. 게다가 boost::any는 가상 함수를 많이 쓴다. 성능에 예민하다면 꼭 다음 예제를 읽어보자. 동적 할당과 RTTI를 사용하지 않고도 거의 같은 결과를 얻는 방법이 나와 있다.

boost::any는 rvalue 참조자를 사용하지만 constexpr에서는 사용할 수 없다.

Boost.Any 라이브러리는 C++17에 채택됐다. C++17을 지원하는 컴파일러이고 any에 대해 부스트를 쓰고 싶지 않다면 boost 네임스페이스 대신 std 네임스페이스를 사용하고 <boost/any.hpp> 대신 <any>를 인클루드하자. std::any에 조그마한 객체를 저장한다면 표준 라이브러리 구현이 약간 더 빠르다.

 std::any에는 clear( ) 대신 reset( ) 함수가 있고, empty( ) 대신 has_value( )가 있다. 부스트의 거의 모든 예외(exception)는 std::exception 클래스에서 파생된다. 예를 들어 boost::bad_any_cast는 std::bad_cast에서 파생된다. 따라서 catch (const std:: exception & e)로 거의 모든 부스트 예외를 잡을 수 있다.

- 부스트의 공식 문서에 더 많은 예제가 나와 있으니 http://www.Boost.org/doc/libs/1_53_0/doc/html/any.html을 살펴보자.

- 이번 주제에 대해 더 많이 알고 싶다면 '여러 형식을 저장하는 컨테이너 안전하게 사용' 예제를 참고하자.

▌ 컨테이너나 변수에 선택한 여러 가지 형식 저장

C++03의 공용체^{union}는 POD$^{\text{Plain Old Data}}$(평범하고 오래된 데이터)라 불리는 매우 단순한 형식만을 저장할 수 있었다. 그래서 C++03에서는 공용체에 std::string이나 std::vector 등은 저장할 수 없다.

C++11의 제한 없는 공용체$^{\text{unrestricted union}}$라는 개념을 들어봤는지? 아니라면 간단하게 알아보자. C++11에서 이런 제약 사항이 완화되긴 했지만, 여전히 해당 형식의 생성과 소멸을 직접 관리해야 하고, 그 자리$^{\text{in-place}}$에서 생성/소멸을 호출해야 하며, 공용체에 어떤 형식이 저장돼 있는지 기억해야 한다. 꽤나 많은 작업이 필요할 것 같은 느낌이 든다.

C++03에서 객체의 생애를 관리해주고, 현재 저장된 형식을 기억하는 제한 없는 공용체를 가질 수 있을까?

준비

헤더만 있는 라이브러리를 사용하기 때문에 간편하다. 이 예제는 C++에 대한 기본 지식만 있으면 충분하다.

예제 구현

이번 예제에서는 Boost.Variant 라이브러리를 알아보자.

1. Boost.Variant 라이브러리를 쓰면 컴파일 시간에 명시한 어떠한 형식이라도 저장할 수 있다. 또한 생성/소멸도 관리해주며, C++11 표준을 지원할 필요도 없다.

```
#include <boost/variant.hpp>
#include <iostream>
#include <vector>
#include <string>

int main() {
    typedef boost::variant<int, const char*, std::string> my_var_t;
    std::vector<my_var_t> some_values;
    some_values.push_back(10);
    some_values.push_back("Hello there!");
    some_values.push_back(std::string("Wow!"));

    std::string& s = boost::get<std::string>(some_values.back());
    s += " That is great!\n";
    std::cout << s;
}
```

멋지지 않은가?

2. Boost.Variant에는 빈 상태란 것이 없지만 empty() 함수는 있다. 그리고 항상 거짓[false]을 반환한다. 빈 상태를 표시해야만 한다면 Boost.Variant 라이브러리에서 지원하는 형식들의 첫 번째 위치에 Boost.Variant에서 지정한 형식을 추가해보자. Boost.Variant는 이 형식을 빈 상태라고 생각한다. 빈 상태를 나타내기 위해 boost::blank 형식을 사용한 예는 다음과 같다.

```
void example1( ) {
    // 기본 생성자는 boost::blank 인스턴스를 만든다.
    boost::variant<
        boost::blank, int, const char*, std::string
    > var;

    // 'which( )' 메소드는 variant가 소유한
    // 형식의 인덱스를 반환한다.
    assert(var.which( ) == 0); // boost::blank

    var = "Hello, dear reader";
    assert(var.which( ) != 0);
}
```

3. 변수에 값을 얻는 방법은 두 가지가 있다.

```
void example2( ) {
    boost::variant<int, std::string> variable(0);

    // 변수의 실제 값이 int가 아니라면
    // 다음 메소드가 boost::bad_get 예외를 던질 수도 있다.
    int s1 = boost::get<int>(variable);

    // 변수의 실제 값이 int가 아니라면 NULL 포인터를 반환한다.
    int* s2 = boost::get<int>(&variable);
}
```

예제 분석

boost::variant 클래스는 바이트의 배열을 가지며, 그 배열에 값을 저장한다. 템플릿 인자 형식 각각을 정렬^{alignment}할 수 있도록 sizeof( )와 여러 함수를 적용해 컴파일 시간에 배열의 크기를 결정한다. boost::variant를 할당하거나 생성하면 원래 있던 값들은 그 자리에서 바로 소멸되고, 바이트 배열의 꼭대기에 값을 new로 생성한다.

부연 설명

Boost.Variant 변수는 메모리를 동적으로 할당하지 않으며, RTTI가 활성화돼 있을
필요가 없다. Boost.Variant는 몹시 빠르고, 다른 부스트 라이브러리에서도 널리 사
용한다. 성능을 최대한 높이고 싶다면 지원하는 형식에서 목록의 첫 번째 자리에 간단
한 형식이 오게 한다. boost::variant는 컴파일러가 지원한다면 C++11의 rvalue 참
조자를 활용한다.

Boost.Variant는 C++17 표준에 포함됐다. std::variant는 boost::variant와는 약
간 다르다.

- std::variant는 <boost.variant.hpp>가 아니라 <variant> 헤더 파일에 선
  언돼 있다.
- std::variant는 절대로 메모리를 할당하지 않는다.
- std::variant는 conslexpr처럼 쓸 수 있다.
- std::variant에서는 boost::get<int>(&variable) 대신 std::get_if<int>
  (&variable)을 써야 한다.
- std::variant는 재귀적으로 자신을 저장할 수 없고, 몇 가지 고급 기법을 지
  원하지 않는다.
- std::variant는 제자리에서 객체를 생성할 수 있다.
- std::variant는 which( ) 대신 index( )를 제공한다.

참고 사항

- '여러 형식을 저장하는 컨테이너 안전하게 사용' 예제를 참고하자.
- 부스트의 공식 문서에 더 많은 예제와 Boost.Variant가 제공하는 여러 가지
  특성이 나와 있다. http://boost.org/libs/variant를 찾아보자.
- http://apolukhin.github.io/Boost-Cookbook에서 제공하는 코드로 실험해보자.

여러 형식을 저장하는 컨테이너 안전하게 사용

SQL 데이터베이스 인터페이스를 감싸는 래퍼^{wrapper}를 만들고 있다고 가정해보자. boost::any로 데이터베이스 테이블^{table}의 한 행은 잘 나타낼 수 있을 것 같다.

그런데 다른 프로그래머가 여러분의 클래스를 사용해야 하고, 데이터베이스에서 한 행을 가져와 그 행 안에 있는 숫자형의 값들을 더해야 한다고 가정해보자.

그럴 때 다음과 같은 코드를 쓸 수도 있을 것이다.

```cpp
#include <boost/any.hpp>
#include <vector>
#include <string>
#include <typeinfo>
#include <algorithm>
#include <iostream>

// 이 typedef와 메소드들은 헤더에 있을 것이며,
// 원래 SQL 인터페이스를 둘러싼다.
typedef boost::any cell_t;
typedef std::vector<cell_t> db_row_t;

// 이것은 예제일 뿐 실제로 데이터베이스를 다루진 않는다.
db_row_t get_row(const char* /*query*/) {
    // 실제 애플리케이션이라면 'query' 파라미터는 'const char*'나
    // 'const std::string&'형이어야 할까?
    // 해답은 '문자열 형식에 대한 참조자 사용' 예제를 참고
    db_row_t row;
    row.push_back(10);
    row.push_back(10.1f);
    row.push_back(std::string("hello again"));
    return row;
}

// 사용자가 클래스를 사용하는 방법
struct db_sum {
```

```
    private:
        double& sum_;

    public:
        explicit db_sum(double& sum)
            : sum_(sum)
        {}

        void operator()(const cell_t& value) {
            const std::type_info& ti = value.type();
            if (ti == typeid(int)) {
                sum_ += boost::any_cast<int>(value);
            } else if (ti == typeid(float)) {
                sum_ += boost::any_cast<float>(value);
            }
        }
    };

int main() {
    db_row_t row = get_row("Query: Give me some row, please.");
    double res = 0.0;
    std::for_each(row.begin(), row.end(), db_sum(res));
    std::cout << "Sum of arithmetic types in database row is: "
              << res << std::endl;
}
```

이 예제를 컴파일하고 실행하면 맞는 답을 출력한다.

Sum of arithmetic types in database row is: 20.1

---

operator()의 구현을 처음 봤을 때 어떤 기분이었는지 기억할 수 있는가? "double, long, short, unsinged나 다른 형식은 어떻게 되는 것이지?"라고 의심했을 것 같다. 여러분의 인터페이스를 사용하는 다른 프로그래머도 똑같이 이런 생각을 할 것이다. 그러니 cell_t에 저장되는 값들에 대해 주의 깊게 문서를 남기거나, 아니면 다음에서

설명할 좀 더 우아한 해결책을 따라 해보자.

준비

Boost.Variant와 Boost.Any 라이브러리에 익숙하지 않다면 이전 두 예제를 읽어 보면 좋다.

예제 구현

Boost.Variant 라이브러리는 저장한 데이터에 접근하기 위해 방문자^visitor^ 프로그래밍 패턴을 사용한다. boost::get<>보다 훨씬 안전하게 값을 얻어올 수 있다. 이 패턴을 쓰면 프로그래머가 각 variant 내에 저장할 수 있는 변수의 형식에 신경 쓰게 만들 수 있다. 신경 쓰지 않는다면 컴파일이 안 되니까 말이다. 이 패턴은 boost::apply_visitor 함수를 통해 쓸 수 있다. 이 함수는 방문자 함수 객체를 첫 번째 파라미터로, variant를 두 번째 파라미터로 받는다. C++14 이전의 컴파일러를 사용한다면 방문자 함수 객체는 boost::static_visitor<T> 클래스에서 파생돼야 하는데, 여기서 T는 방문자가 반환하는 형식을 말한다. visitor 객체는 가변형 변수가 저장한 각 형식에 대해 operator( )를 오버로딩해야 한다.

이게 cell_t 형식을 boost::variant<int, float, string>으로 바꾸고, 예제를 수정해보자.

```
#include <boost/variant.hpp>
#include <vector>
#include <string>
#include <iostream>

// 이 typedef와 메소드들은 헤더에 있을 것이며,
// 원래 SQL 인터페이스를 둘러싼다.
```

```cpp
typedef boost::variant<int, float, std::string> cell_t;
typedef std::vector<cell_t> db_row_t;

// 이것은 예제일 뿐 실제로 데이터베이스를 다루진 않는다.
db_row_t get_row(const char* /*query*/) {
    // 'query' 파라미터에 적합한 형식을 고르고 싶다면
    // 해답은 '문자열 형식에 대한 참조자 사용' 예제를 참고
    db_row_t row;
    row.push_back(10);
    row.push_back(10.1f);
    row.push_back("hello again");
    return row;
}

// 변수들을 더하기 위한 코드
// 방문자가 아무것도 반환하지 않는다면
// boost::static_visitor<>에 템플릿 파라미터를 제공할 수 없다.
struct db_sum_visitor: public boost::static_visitor<double> {
    double operator()(int value) const {
        return value;
    }
    double operator()(float value) const {
        return value;
    }
    double operator()(const std::string& /*value*/) const {
        return 0.0;
    }
};

int main() {
    db_row_t row = get_row("Query: Give me some row, please.");
    double res = 0.0;
    for (db_row_t::const_iterator it = row.begin(), end = row.end();
            it != end; ++it) {
        res += boost::apply_visitor(db_sum_visitor(), *it);
    }
```

```
    std::cout << "Sum of arithmetic types in database row is: "
            << res << std::endl;
}
```

예제 분석

Boost.Variant 라이브러리는 컴파일할 때 큰 switch문을 만들고, which의 개별 값에 대한 case문 안에서 가변형 변수의 형식 목록 중 한 형식을 위한 방문자를 호출한다. 실행할 때 저장된 형식의 인덱스는 which( )를 사용해 알 수 있으며, switch에서 맞는 case로 건너뛸 수도 있다. boost::variant<int, float, std::string>에서도 비슷한 작업을 한다.

```
switch (which())
{
   case 0 /*int*/:
      return visitor(*reinterpret_cast<int*>(address()));
   case 1 /*float*/:
      return visitor(*reinterpret_cast<float*>(address()));
   case 2 /*std::string*/:
      return visitor(*reinterpret_cast<std::string*>(address()));
   default: assert(false);
}
```

여기서 address( )는 boost::variant<int, float, std::string>의 내부 저장소에 대한 포인터를 반환하는 함수다.

부연 설명

이번 예제를 이 예제의 첫 번째 예제와 비교해보면 boost::variant가 어떤 점에서
좋은지 알 수 있다.

- 어떤 형식의 변수를 저장할 수 있는지 알 수 있다.
- variant에 저장된 형식을 수정하거나 더하는 SQL 인터페이스 라이브러리를
  만드는 중이라면 부정확하게 동작하는 것이 아니라 컴파일 시간 오류가 나게
  할 수 있다.

C++17에서 제공하는 std::variant도 방문자를 지원한다. boost::apply_visitor
대신 std::visit를 사용하면 된다.

예제 코드 다운로드

http://www.PacktPub.com에서 구입한 모든 팩트 도서의 예제 코드는 자신이 계정으로
다운로드할 수 있다. 다른 곳에서 책을 샀다면 http://www.PacktPub.com/support에 들러
등록하면 예제 파일을 이메일로 받을 수 있다.

에이콘출판사의 도서정보 페이지인 http://www.acornpub.co.kr/book/boost-cplus-
2e에서도 예제 코드를 다운로드할 수 있다.

참고 사항

- 4장에 나오는 예제를 읽어보면 실제 형식이 바뀌는 경우에도 올바르게 동작할
  수 있는 일반적인 visitor 객체를 만들 수 있다.
- 부스트의 공식 문서에 Boost.Variant에 대한 더 많은 예제와 그 외의 특성에
  대한 설명이 나와 있으니 다음 링크를 참고하자.

    http://boost.org/libs/variant

실제 값 없이 값이나 플래그 반환

예외^{exception}를 던지는 것이 아니라, 값을 반환하거나 특정 값으로 오류^{error}가 일어났다는 것을 알리는 함수가 있다고 가정해보자. 자바나 C#과 같은 프로그래밍 언어에서는 함수가 반환한 값을 널^{null} 포인터와 비교하는 방식으로 오류를 처리한다. 널이 반환됐다면 오류가 있었던 것이다. 하지만 C++에서 함수가 포인터를 반환하면 라이브러리 사용자가 어떻게 해석해야 할지 헷갈릴 수 있을 뿐 아니라 느린 동적 메모리 할당을 해야 한다.

준비

이 예제는 C++의 기본 지식만으로도 충분하다.

예제 구현

이번 예제에서 Boost.optional 라이브러리를 알아보자.

try_lock_device( ) 함수는 장치에 대한 잠금^{lock}을 얻으려고 하는 함수로, 다양한 조건에 따라 성공할 수도 아닐 수도 있다(이번 예제에서는 try_lock_device_impl( ) 함수 호출 결과에 따라 달라진다).

```cpp
#include <boost/optional.hpp>
#include <iostream>

class locked_device {
    explicit locked_device(const char* /*param*/) {
        // 장치에 대한 고유 접근 권한을 갖고 있다.
        std::cout << "Device is locked\n";
    }

    static bool try_lock_device_impl();
```

```cpp
public:
    void use( ) {
        std::cout << "Success!\n";
    }

    static boost::optional<locked_device> try_lock_device( ) {
        if (!try_lock_device_impl( )) {
            // 장치를 잠그는 데 실패
            return boost::none;
        }

        // 성공!
        return locked_device("device name");
    }

    ~locked_device( ); // 장치에 대한 잠금을 해제한다.
};
```

이 함수는 불리언^{Boolean} 변수로 변환할 수 있는 boost::optional 변수를 반환한다. 반환된 값이 참^{true}이라면 잠금을 얻은 것이고, 반환된 선택적 변수를 참조 해제하면 장치를 사용하기 위한 클래스의 인스턴스를 얻을 수 있다.

```cpp
int main( ) {
    for (unsigned i = 0; i < 10; ++i) {
        boost::optional<locked_device> t
                = locked_device::try_lock_device( );
        // optional은 bool로 변환할 수 있다.
        if (t) {
            t->use( );
            return 0;
        } else {
            std::cout << "...trying again\n";
        }
    }
```

```
    std::cout << "Failure!\n";
    return -1;
}
```

이 프로그램의 출력은 다음과 같다.

```
...trying again
...trying again
device is locked
Success!
```

 optional 변수를 기본 생성자로 만들면 거짓(false)을 나타내는 불리언으로 변환되며, 참조 해제해서는 안 된다. 그런 optional 변수는 실제 형식이 없기 때문이다.

예제 분석

boost.optional<T>는 실제로는 그 자리에서 생성될 수 있는 형식 T의 객체를 저장할 수 있는 적절히 정렬된 바이트의 배열을 갖고 있다. 또한 객체의 상태(생성됐는지 아닌 지)를 저장하기 위해 불리언 변수도 함께 갖는다.

부연 설명

Boost.optional 클래스는 동적 할당을 쓰지 않으며, 실제 형식에 대한 기본 생성자가 없어도 된다. 현재 boost::optional 구현은 C++11의 rvalue 참조자와 함께 사용할 수 있지만 constexpr과 함께 쓸 수는 없다.

빈 상태가 없는 클래스 T를 갖고 있는데, 프로그램의 흐름상 빈 상태나 초기화되지 않은 T가 필요하다면 optional을 써서 이 문제를 에둘러 해결할 수 있다. 이제까지 사용자들은 클래스 T에 대한 일종의 스마트 포인터를 만들어 nullptr을 저장하고, 비어있지 않은 상태가 필요하면 동적으로 T를 할당했다. 이제 그런 일은 그만 두자! 대신 boost.optional<T>를 사용하자. 훨씬 더 빠르고 더 믿음직하다.

C++17 표준에는 std::optional 클래스가 포함돼 있다. <boost/optional.hpp> 대신 <optional>을 인클루드하고, boost:: 대신 std::을 쓰면 이 클래스의 표준 버전을 사용할 수 있다. std::optional은 constexpr과도 함께 쓸 수 있다.

참고 사항

부스트의 공식 문서에 더 많은 예제와 Boost.optional의 고급 특성(그 자리$^{in-place}$ 생성 등)들이 나와 있다. 다음 링크를 참고하자.

http://boost.org/libs/optional

▌함수에서 배열 반환

알아맞히기 게임을 해보자! 다음 함수에 대해 뭘 말할 수 있을까?

```
char* vector_advance(char* val);
```

프로그래머는 반환 값의 자원을 할당 해제^{deallocate}해야 할까? 하지 말아야 할까? 이 함수는 입력 파라미터를 할당 해제할까? 입력 파라미터는 0으로 끝나야 할까? 특정 길이에 맞춰져 있어야 할까?

이번에는 좀 더 어려운 문제를 내보겠다. 다음 코드를 살펴보자.

```
char ( &vector_advance( char (&val)[4] ) )[4];
```

걱정은 그만하자. 나도 어떤 일이 벌어진 것인지 30분이나 생각했다. vector_advance는 네 개의 요소가 있는 배열을 받아 반환하는 함수다. 이런 함수를 좀 더 명확하게 작성할 방법은 없을까?

준비

이 예제는 C++의 기본 지식만으로도 충분히 이해할 수 있다.

예제 구현

앞에서 제시한 함수를 다음과 같이 바꿔 쓸 수 있다.

```
#include <boost/array.hpp>
#include <algorithm>

typedef boost::array<char, 4> array4_t;
```

여기서 boost::array<char, 4>는 char형인 요소 4개를 갖는 배열을 감싸는 간단한 래퍼다. 이 코드는 첫 번째 예제에서 나온 모든 질문에 답할 수 있으며, 두 번째 예제보다 훨씬 알아보기도 쉽다.

예제 분석

boost::array는 크기가 고정된 배열이다. boost::array의 첫 번째 템플릿 파라미터는 요소의 형식이고, 두 번째 템플릿 파라미터는 배열의 크기다. 실행하는 시간 동안 배열의 크기를 바꿔야 한다면 std::vector나 boost::container::vector, boost::container::small_vector, boost::container::stack_vector, boost::container::vector 중 하나를 쓰자.

boost::array<> 클래스는 손으로 만든 생성자도 없고 모든 멤버는 공개이므로, 컴파일러는 이 클래스를 POD 형식처럼 취급할 수 있다.

부연 설명

boost::array를 사용하는 몇 가지 예제를 살펴보자.

```cpp
#include <boost/array.hpp>
#include <algorithm>

typedef boost::array<char, 4> array4_t;

array4_t& vector_advance(array4_t& val) {
    // C++11 람다 함수
    const auto inc = [](char& c){ ++c; };

    // boost::array는 begin(), cbegin(), end(), cend(), rbegin(),
    // size(), empty()와 다른 표준 라이브러리 컨테이너가 지원하는 공통 함수를 제공한다.
    std::for_each(val.begin(), val.end(), inc);
    return val;
}

int main() {
    // boost::array는 C++11의 다른 배열처럼 초기화할 수 있다.
    // array4_t val = {0, 1, 2, 3};
    // 하지만 C++03에서는 {}를 한 번 더 붙여줘야 한다.
    array4_t val = {{0, 1, 2, 3}};

    array4_t val_res;                   // 기본 생성할 수 있다.
    val_res = vector_advance(val);     // 할당할 수 있다.
```

```
        assert(val.size() == 4);
        assert(val[0] == 1);
        /*val[4];*/ // 인덱스의 최댓값이 3이므로 가정에 어긋난다.

        // 컴파일 시간에 단언문을 작업해보자.
        // 어떻게 하는 것인지 궁금하다면
        // '컴파일할 때 크기 검사' 예제를 읽어보자.
        assert(sizeof(val) == sizeof(char) * array4_t::static_size);
}
```

boost::array의 가장 큰 장점은 동적으로 메모리를 할당하지 않으며, 일반 C 배열과 완전히 똑같은 성능을 보인다는 점이다. C++ 표준위원회 사람들도 이런 점을 좋아해서 C++11 표준에 채택됐다. <array> 헤더를 인클루드시킨 후 std::array를 쓸 수 있는지 확인해보자. std::array는 C++17에서부터 constexpr과의 사용을 더욱 잘 지원한다.

참고 사항

- 부스트의 공식 문서에 Boost.Array가 제공하는 메소드에 대한 전체 목록과 각 메소드의 복잡도 및 예외 동작에 대한 설명도 나와 있으니 다음 링크를 참고하자.

    http://boost.org/libs/array

- boost::array 함수는 이 책에서 소개하는 예제에서 광범위하게 사용한다. 예를 들어 '함수의 파라미터 값 묶기와 재정렬' 예제를 참고하자.

▌여러 값을 하나로 연결

std::pair를 좋아하는 사람들에게 멋진 선물이 있다. 부스트는 Boost.Tuple이라는 라이브러리를 제공하는데, std::pair와 비슷하지만 세 개, 네 개, 그보다 더 많은 형식들도 묶을 수 있다.

준비

이 예제는 C++와 표준 라이브러리에 대한 기본 지식만으로도 충분히 이해할 수 있다.

예제 구현

다양한 값 하나로 묶고 싶을 때는 다음 과정을 따라 해보자.

1. 튜플^{tuple}을 사용히기 위해 적절한 헤더를 인클루드시키고 변수를 선언한다.

```
#include <boost/tuple/tuple.hpp>
#include <string>

boost::tuple<int, std::string> almost_a_pair(10, "Hello");
boost::tuple<int, float, double, int> quad(10, 1.0f, 10.0, 1);
```

2. 특정한 값을 얻고 싶을 때는 boost::get<N>( ) 함수를 사용한다. 여기서 N은 원하는 값의 인덱스(0에서 시작)다.

```
#include <boost/tuple/tuple.hpp>

void sample1( ) {
    const int i = boost::get<0>(almost_a_pair);
    const std::string& str = boost::get<1>(almost_a_pair);
```

```
    const double d = boost::get<2>(quad);
}
```

boost::get<> 함수에 대한 오버로딩은 많이 제공되고 있을 뿐 아니라, Boost
에서 널리 사용되고 있다. 다른 라이브러리와 함께 사용하는 방법은 '컨테이너
나 변수에 선택한 여러 가지 형식 저장' 예제를 참고하자.

3. 튜플을 만들 때 boost::make_tuple() 함수를 사용하면 형식을 일일이 나열
하지 않아도 되기 때문에 코드가 더 짧아진다.

```
#include <boost/tuple/tuple.hpp>
#include <boost/tuple/tuple_comparison.hpp>
#include <set>
#include <cassert>

void sample2() {
    // 튜플 비교 연산자는 "boost/tuple/tuple_comparison.hpp"에 정의돼 있다.
    // 이 파일을 잊지 말고 불러들이자!
    std::set<boost::tuple<int, double, int> > s;
    s.insert(boost::make_tuple(1, 1.0, 2));
    s.insert(boost::make_tuple(2, 10.0, 2));
    s.insert(boost::make_tuple(3, 100.0, 2));

    // C++11이어야 한다.
    const auto t = boost::make_tuple(0, -1.0, 2);
    assert(2 == boost::get<2>(t));
    // t의 형식에 대한 컴파일 시간 단언문을 작업할 수 있다.
    // 어떻게 하는 것인지 궁금한가?
    // 4장을 참고하자.
}
```

4. 코딩을 더 편하게 해주는 또 다른 함수로 boost::tie()도 있다. 이 함수는
make_tuple과 거의 비슷한 방식으로 동작하지만, 전달된 형식 각각에 대해

상수가 아닌 참조자를 추가한다. 한 튜플에서 값을 얻어 변수에 할당할 때 이 함수를 쓰면 좋다. 다음 예제를 살펴보면 어떻게 쓰는 것인지 금방 이해할 수 있을 것이다.

```cpp
#include <boost/tuple/tuple.hpp>
#include <cassert>

void sample3( ) {
    boost::tuple<int, float, double, int> quad(10, 1.0f, 10.0, 1);
    int i;
    float f;
    double d;
    int i2;

    // 'quad' 변수에서 'i', 'f', 'd', 'i2'로 값을 전달한다.
    boost::tie(i, f, d, i2) = quad;

    assert(i == 10);
    assert(i2 == 1);
}
```

예제 분석

독자 중에는 더 마음에 드는 이름을 붙여서 직접 구조체struct를 만들면 되지 왜 튜플이 필요한지 이해가 가지 않는 사람도 있을 것이다. 이를 테면 boost::tuple<int, std::string>을 쓰는 대신 다음과 같은 구조체를 만들면 되지 않을까?

```cpp
struct id_name_pair {
    int id;
    std::string name;
};
```

분명 이 구조체가 boost::tuple<int, std::string>보다 더 명확해 보인다. 튜플 라이브러리를 제공하게 된 가장 큰 목적은 템플릿 프로그래밍을 쉽게 하자는 것이다.

부연 설명

튜플은 std::pair만큼 빠르다(메모리를 힙에 할당하지 않고 가상 함수도 없다). C++ 표준위원회에서는 이 클래스를 유용하다고 생각해 표준 라이브러리에 새로이 추가했다. C++11을 지원하는 구현을 쓰고 있다면 헤더 파일 <tuple>을 인클루드해 튜플을 써보자(이때에는 네임스페이스로 boost::이 아니라 std::을 써야 한다는 걸 기억하자).

표준 라이브러리에 구현된 튜플은 여러 가지 세밀한 최적화를 거쳐야 하며, 일반적으로 사용자 측면에서 조금 더 낫다. 하지만 표준 라이브러리는 튜플 요소를 생성하는 순서를 보장하지 않으므로, 첫 번째 요소에서부터 순서대로 생성되는 튜플이 필요하다면 boost:: tuple을 사용해야 한다.

```cpp
#include <boost/tuple/tuple.hpp>
#include <iostream>

template <int I>
struct printer {
    printer() { std::cout << I; }
};

int main() {
    // 012 출력
    boost::tuple<printer<0>, printer<1>, printer<2> > t;
    (void)t;
}
```

현재 부스트가 구현한 튜플은 가변 인자 템플릿을 쓰지 않고, rvalue 참조자를 지원하지 않으며, C++17 구조화된 바인딩도 지원하지 않고, constexpr에서 쓸 수 없다.

- 부스트의 공식 문서에 더 많은 예제와 성능에 대한 정보 및 Boost.Tuple이 제공하는 기능이 나와 있다. 다음 링크를 참고하자.

    http://boost.org/libs/tuple

- 8장의 '튜플 요소를 문자열로 변환' 예제에 튜플의 고급 사용법이 나와 있다.

▌ 함수의 파라미터 값 묶기와 재정렬

표준 라이브러리를 많이 사용하고 <algorithm> 헤더를 사용한다면 함수 객체를 아주 많이 만들어야 한다. C++14에서는 이때 일반 람다를 쓸 수 있다. C++11에서는 일반 적인 람다만 쓸 수 있다. 더 옛날의 C++ 표준에서는 bind1st, bind2nd, ptr_fun, mem_fun, mem_fun_ref와 같은 어댑터[adapter] 함수를 사용해 함수 객체를 만들거나, 직 접 만들어 사용했다(사실 어댑터 함수들은 보기에도 무섭게 생겼다). 기쁜 소식 한 가지, Boost.Bind는 이런 어댑터 함수들 대신 쓸 수 있을 뿐 아니라 사람이 이해하기에 더 편한 문법을 쓴다.

준비

이 예제를 이해하려면 표준 라이브러리 함수와 알고리즘에 대해 알아야 한다.

예제 구현

Boost.Bind를 C++11 람다와 함께 쓰는 예제를 살펴보자.

1. 모든 예제 코드에서는 다음과 같이 헤더를 인클루드해야 한다.

```
// boost::bind와 플레이스홀더를 갖고 있는 헤더
#include <boost/bind.hpp>

// 예제에 필요한 헤더
#include <boost/array.hpp>
#include <algorithm>
#include <functional>
#include <string>
#include <cassert>
```

2. 다음 코드를 사용해 5보다 큰 값이 몇 개인지 세어보자.

```
void sample1() {
    const boost::array<int, 12> v = {{
        1, 2, 3, 4, 5, 6, 7, 100, 99, 98, 97, 96
    }};

    const std::size_t count0 = std::count_if(v.begin(), v.end(),
        [](int x) { return 5 < x; }
    );
    const std::size_t count1 = std::count_if(v.begin(), v.end(),
        boost::bind(std::less<int>(), 5, _1)
    );
    assert(count0 == count1);
}
```

3. 빈 문자열이 몇 개인지 세어보는 방식은 다음과 같다.

```
void sample2() {
    const boost::array<std::string, 3> v = {{
        "We ", "are", " the champions!"
    }};
```

```
        const std::size_t count0 = std::count_if(v.begin(), v.end(),
            [](const std::string& s) { return s.empty(); }
        );
        const std::size_t count1 = std::count_if(v.begin(), v.end(),
            boost::bind(&std::string::empty, _1)
        );
        assert(count0 == count1);
    }
```

4. 이제 길이가 5보다 작은 문자열이 몇 개인지 세어보자.

```
    void sample3() {
        const boost::array<std::string, 3> v = {{
            "We ", "are", " the champions!"
        }};

        const std::size_t count0 = std::count_if(v.begin(), v.end(),
            [](const std::string& s) { return s.size() < 5; }
        );
        const std::size_t count1 = std::count_if(v.begin(), v.end(),
            boost::bind(
                std::less<std::size_t>(),
                boost::bind(&std::string::size, _1),
                5
            )
        );
        assert(count0 == count1);
    }
```

5. 문자열을 비교하자.

```
    void sample4() {
        const boost::array<std::string, 3> v = {{
```

```
        "We ", "are", " the champions!"
    }};
    std::string s(
        "Expensive copy constructor is called when binding"
    );

    const std::size_t count0 = std::count_if(v.begin(), v.end(),
            [&s](const std::string& x) { return x < s; }
    );
    const std::size_t count1 = std::count_if(v.begin(), v.end(),
            boost::bind(std::less<std::string>(), _1, s)
    );
    assert(count0 == count1);
}
```

예제 분석

boost::bind 함수는 묶은 값과 원본 함수 객체 각각의 복사본을 저장하는 함수 객체를 반환하는 함수다. operator()를 실제로 호출하면 저장된 파라미터 값과 함수 호출 시 전달된 파라미터들을 원본 함수 객체에 전달한다.

부연 설명

이전 예제를 잠시 살펴보자. 값을 묶을 때 함수 객체에 값이 복사된다. 그런데 일부 클래스에서는 복사 연산이 상당히 비싸다. 복사를 건너뛸 수는 없을까?

Boost.Ref 라이브러리를 사용해보자! 이 라이브러리는 boost::ref()와 boost::cref()라는 두 함수를 제공하는데, 첫 번째 함수로는 파라미터를 참조자로 전달할 수 있고, 두 번째 함수로는 파라미터를 상수 참조자로 전달할 수 있다. ref()와 cref() 함수는 사실 암묵적으로 참조자형으로 변환되는 reference_wrapper<T>형이나 reference_wrapper<const T>형의 객체를 만들 뿐이다. 이제 이전 예제를 바꿔보자.

```
#include <boost/ref.hpp>

void sample5() {
    const boost::array<std::string, 3> v = {{
        "We ", "are", " the champions!"
    }};
    std::string s(
        "Expensive copy constructor is NOT called when binding"
    );

    const std::size_t count1 = std::count_if(v.begin(), v.end(),
            boost::bind(std::less<std::string>(), _1, boost::cref(s))
    );
    // ...
}
```

bind를 사용해 함수 파라미터의 순서를 바꾸거나, 무시하거나, 중복해서 쓸 수도 있다.

```
void sample6() {
    const auto twice = boost::bind(std::plus<int>(), _1, _1);
    assert(twice(2) == 4);

    const auto minus_from_second = boost::bind(std::minus<int>(), _2, _1);
    assert(minus_from_second(2, 4) == 2);

    const auto sum_second_and_third = boost::bind(
        std::plus<int>(), _2, _3
    );
    assert(sum_second_and_third(10, 20, 30) == 50);
}
```

ref, cref, bind 함수는 C++11 표준에 채택됐고, std:: 네임스페이스 내 <functional> 헤더에 정의됐다. 모든 함수는 동적으로 메모리를 할당하지 않으며, 가상 함수도 쓰지 않는다. 이 함수들이 반환하는 객체는 최적화하기 쉬우며, 좋은 컴파일러에서 사용하는 최적화 기법을 방해하지도 않는다.

이들 함수에 대한 표준 라이브러리 구현은 컴파일 시간을 줄이기 위해, 혹은 컴파일러별로 최적화하기 위해 최적화가 추가됐을 수 있다. 표준의 ref, cref, bind 함수는 어떠한 부스트 라이브러리와도 사용할 수 있으며, 부스트와 표준 라이브러리 버전을 섞어 쓸 수도 있다.

C++14 컴파일러를 쓴다면 std::bind나 boost::bind 대신 일반 람다^{generic lambda}를 쓸 수도 있다. 일반 람다가 덜 애매하고 이해하기도 쉽다. std::bind나 boost::bind와 달리 C++17 람다는 constexpr과도 함께 쓸 수 있다.

참고 사항

공식 문서에 더 많은 예제와 고급 특성에 대한 설명이 나와 있다.

http://boost.org/libs/bind

▌ 사람이 읽기 편한 형식 이름 알아내기

프로그램을 실행하는 도중에 사람이 알아볼 수 있는 형식 이름이 필요할 때가 종종 있다.

```
#include <iostream>
#include <typeinfo>

template <class T>
void do_something(const T& x) {
    if (x == 0) {
        std::cout << "Error: x == 0. T is " << typeid(T).name()
                << std::endl;
    }
```

```
    // ...
 }
```

하지만 앞서의 예제는 그다지 이식성이 높지 않다. RTTI가 비활성화돼 있다면 동작하지도 않고, 언제나 사람이 읽기 편한 이름을 만들어내지도 않는다. 어떤 플랫폼에서는 앞서의 코드로는 i나 d만 출력된다.

const, volatile 및 참조자를 벗겨내지 않은 형식 이름이 필요할 때는 더욱 문제가 어려워진다.

```
void sample1() {
    auto&& x = 42;
    std::cout << "x is "
              << typeid(decltype(x)).name()
              << std::endl;

    (void)x;
}
```

안타깝게도 위 코드를 실행해도 잘해봐야 int가 출력될 뿐이므로 원하는 것과는 크게 다르다.

준비

이번 예제에서는 C++에 대한 기본 지식만 있으면 된다.

예제 구현

첫 번째 예제로 한정자^{qualifier} 없이 사람이 읽기 편한 형식 이름을 얻어보자. 이번에 사용할 라이브러리는 Boost.TypeIndex다.

```
#include <iostream>
#include <boost/type_index.hpp>

template <class T>
void do_something_again(const T& x) {
    std::cout << "T is " << boost::typeindex::type_id<T>() << std::endl;

    // ...
}
```

두 번째 예제에서는 한정자를 유지해야 한다. 따라서 같은 라이브러리에 있지만 약간 다른 함수를 호출해야 한다.

```
#include <boost/type_index.hpp>

void sample2() {
    auto&& x = 42;
    std::cout << "x is "
              << boost::typeindex::type_id_with_cvr<decltype(x)>()
              << std::endl;
}
```

예제 분석

Boost.TypeIndex 라이브러리는 다양한 컴파일러를 위한 우회 방법을 많이 갖고 있고, 형식의 이름을 사람이 읽기 편하게 만드는 정말 효율적인 방법을 알고 있다. 형식을 템플릿 파라미터로 제공하면 이 라이브러리는 형식과 관련된 모든 계산이 컴파일 시간에 이뤄진다는 것과, RTTI가 비활성화돼 있어도 동작한다는 걸 보장한다.

boost::typeindex::type_id_with_cvr 함수 이름 안의 cvr은 const, volatile과 참조자reference를 나타낸다. 이 함수를 쓰면 형식이 형 소실decay되지 않는다.

부연 설명

모든 boost::typeindex::type_id* 함수는 boost::typeindex::type_index 인스턴스를 반환한다. 이 인스턴스화는 std::type_index와 매우 유사하지만 원형 형식 이름을 제공하는 raw_name() 메소드와 사람이 읽기 편한 형식 이름을 제공하는 pretty_name() 메소드를 추가로 제공한다.

C++17이 되더라도 표준의 std::type_index와 std::type_info는 플랫폼별 형식 이름 표현 방법을 반환하기 때문에 해석하기도 어렵고 이식성도 떨어진다.

표준 라이브러리의 typeid()와 달리 Boost.TypeIndex에서 제공하는 일부 클래스는 constexpr에서 쓸 수 있다. 다시 말해 특정 boost::typeindex::ctti_type_index 클래스를 사용한다면 여러분의 형식을 문자로 표현한 값을 컴파일 시간에 알아낼 수 있다.

Boost.TypeIndex 라이브러리를 사용해 자신만의 RTTI 구현을 고안할 수도 있다. 임베디드 개발자나 특정 형식에 대해 극도로 효율적이게 맞춰진 RTTI가 필요한 애플리케이션에서 유용하게 쓰일 것이다.

참고 사항

고급 기능과 더 많은 예제에 대한 문서는 http://boost.org/libs/type_index에서 찾아볼 수 있다.

▌C++11 이동 에뮬레이션 사용

C++ 표준의 가장 큰 특성 중 하나로 rvalue 참조자를 손꼽을 수 있다. 이 특성을 사용하면 임시 객체를 수정할 수도 있고, 이들에서 자원을 '빼앗아' 올 수도 있다. 짐작할

수 있듯이 C++03 표준은 rvalue 참조자를 지원하지 않지만, **Boost.Move** 라이브러리를 사용하면 rvalue를 사용하면서 이식 가능한 코드를 작성할 수 있을 뿐 아니라, 실제로 이동 문맥을 에뮬레이션할 수 있다.

준비

C++11 rvalue 참조자에 대한 기본 개념 정도는 알아두면 좋다.

예제 구현

다음 예제를 살펴보자.

1. 표준 라이브러리 컨테이너를 포함한 여러 멤버를 갖는 클래스가 있다고 가정해보자.

```
namespace other {
    class characteristics{};
}

struct person_info {
    std::string name_;
    std::string second_name_;
    other::characteristics characteristic_;
    // ...
};
```

2. 이동 할당 연산자와 이동 생성자를 여기에 추가해보자! C++03에서 표준 라이브러리 컨테이너에는 이동 연산자도, 이동 생성자도 없다는 걸 기억하자.

3. 이동 할당 연산자를 올바로 구현하려면 객체를 이동 생성한 후 this와 교환해야 한다. 바르게 구현된 이동 생성자라면 기본 생성 후 swap을 하는 것이 맞

다. 그러면 먼저 swap 멤버 함수에서부터 시작해보자.

```cpp
#include <boost/swap.hpp>

void person_info::swap(person_info& rhs) {
    name_.swap(rhs.name_);
    second_name_.swap(rhs.second_name_);
    boost::swap(characteristic_, rhs.characteristic_);
}
```

4. 이제 다음 매크로를 전용private 구역에 둔다.

```cpp
BOOST_COPYABLE_AND_MOVABLE(person_info)
```

5. 복사 생성자를 만든다.

6. 복사 할당 연산자를 만든다. 파라미터를 받을 때 BOOST_COPY_ASSIGN_REF(person_info)를 거치게 한다.

7. 이동 생성자와 이동 할당 연산자를 만든다. 파라미터를 받을 때 BOOST_RV_REF(person_info)를 거치게 한다.

```cpp
struct person_info {
    std::string name_;
    std::string second_name_;
    other::characteristics characteristic_;

    // 필드를 여기에 선언한다.
    // ...
private:
    BOOST_COPYABLE_AND_MOVABLE(person_info)
public:
    // 예제를 간단히 하기 위해
    // person_info의 기본 생성자와 swap은 매우 싸고 빠르다고 가정한다.
```

```cpp
    person_info();

    person_info(const person_info& p)
        : name_(p.name_)
        , second_name_(p.second_name_)
        , characteristic_(p.characteristic_)
    {}

    person_info(BOOST_RV_REF(person_info) person) {
        swap(person);
    }

    person_info& operator=(BOOST_COPY_ASSIGN_REF(person_info)
            person) {
        person_info tmp(person);
        swap(tmp);
        return *this;
    }

    person_info& operator=(BOOST_RV_REF(person_info) person) {
        person_info tmp(boost::move(person));
        swap(tmp);
        return *this;
    }

    void swap(person_info& rhs);
};
```

8. 이제 person_info 클래스에 대한 이식 가능^{portable}하고 빠른 이동 할당 연산자
   와 이동 생성 연산자 구현을 갖췄다.

예제 분석

다음 예제를 통해 이동 할당을 어떻게 쓰는지 알아보자.

```
int main( ) {
    person_info vasya;
    vasya.name_ = "Vasya";
    vasya.second_name_ = "Snow";

    person_info new_vasya(boost::move(vasya));
    assert(new_vasya.name_ == "Vasya");
    assert(new_vasya.second_name_ == "Snow");
    assert(vasya.name_.empty());
    assert(vasya.second_name_.empty());

    vasya = boost::move(new_vasya);
    assert(vasya.name_ == "Vasya");
    assert(vasya.second_name_ == "Snow");
    assert(new_vasya.name_.empty());
    assert(new_vasya.second_name_.empty());

    new_vasya = vasya;
    assert(vasya.name_ == "Vasya");
    assert(vasya.second_name_ == "Snow");
    assert(new_vasya.name_ == "Vasya");
    assert(new_vasya.second_name_ == "Snow");
}
```

Boost.Move 라이브러리는 매우 효율적인 방식으로 구현됐다. 컴파일러가 C++11을 지원한다면 rvalue에 대한 에뮬레이션을 위한 매크로들은 모두 C++11만의 특성으로 확장되며, 그렇지 않을 경우(C++03 컴파일러라면) rvalue를 흉내낸다.

부연 설명

boost::swap을 호출했다는 걸 혹시 알아봤는가? 이 함수는 정말이지 좋은 유틸리티 함수인데, 변수의 네임스페이스(이번 예제에서는 네임스페이스 other::)에서 swap 함수를 먼저 검색하며, 그 네임스페이스에 swap 함수가 없다면 std::swap 구현을 사용한다.

참고 사항

- 부스트 웹 사이트와 http://boost.org/libs/move의 **Boost.Move** 라이브러리 소스코드에서 에뮬레이션 구현에 대한 더 많은 정보를 얻을 수 있다.
- **Boost.Utility** 라이브러리는 **boost::swap**을 포함하는 라이브러리로, 유용한 함수와 클래스가 많이 포함돼 있다. 이에 대한 문서는 http://boost.org/libs/utility에 나와 있다.
- 2장의 '파생 클래스의 멤버로 기본 클래스 초기화' 예제를 참고하자.
- '복사할 수 없는 클래스 생성' 예제를 참고하자.
- '복사할 수는 없지만 이동은 할 수 있는 클래스 생성' 예제에 **Boost.Move**에 대한 더 많은 정보가 나와 있다. 또한 예제를 통해 컨테이너에서 이동 가능한 객체를 사용하는 이식 가능하고 효율적인 방법을 알아본다.

▌복사할 수 없는 클래스 생성

프로그램을 만들다 보면 복사 생성자나 이동 할당 연산자를 지원하려면 엄청나게 많은 일을 해야 하거나, 여러 가지 기술적 이유로 복사할 수 없는 자원을 갖고 있는 그런 상황이 거의 확실히 생긴다.

```cpp
class descriptor_owner {
    void* descriptor_;

public:
    explicit descriptor_owner(const char* params);

    ~descriptor_owner() {
        // system_api_free_descriptor(descriptor_);
    }
};
```

이전 예제의 경우 C++ 컴파일러는 복사 생성자와 할당 연산자를 생성하기 때문에 descriptor_owner 클래스의 사용자가 다음과 같은 끔찍한 일을 벌일지도 모른다.

```
void i_am_bad() {
    descriptor_owner d1("O_o");
    descriptor_owner d2("^_^");

    // d2가 가진 기술자(descriptor)가 올바르게 해제되지 않았다.
    d2 = d1;

    // d2의 소멸자가 기술자를 해제한다.
    // d1의 소멸자가 이미 해제된 기술자를 해제하려 한다.
}
```

준비

이 예제는 C++에 대한 매우 기초적인 지식만으로도 충분하다.

예제 구현

이와 같은 상황이 일어나지 않게 하려면 boost::noncopyable 클래스가 필요하다. 이 클래스에서 자신의 클래스를 파생시키면 C++ 컴파일러는 복사 생성자와 할당 연산자를 생성하지 않는다.

```
#include <boost/noncopyable.hpp>

class descriptor_owner_fixed : private boost::noncopyable {
    // ...
```

이제 사용자는 나쁜 짓을 하고 싶어도 할 수 없다.

```
void i_am_good( ) {
    descriptor_owner_fixed d1("O_o");
    descriptor_owner_fixed d2("^_^");

    // 컴파일되지 않는다.
    //d2 = d1;
    //descriptor_owner_fixed d3(d1);
}
```

예제 분석

주의 깊은 독자라면 다음과 같은 작업으로도 완전히 같은 결과를 얻을 수 있다는 걸 알아챘을 것이다.

- 복사 생성자와 할당 연산자를 descriptor_owning_fixed 전용으로 만든다.
- 복사 생성자와 할당 연산자를 실제 구현 없이 정의한다.
- C++11 문법인 = delete;를 사용해 명시적으로 삭제한다.

그렇다. 셋 다 맞는 말이다. 그래서 boost::noncopyable는 컴파일러의 기능에 따라 클래스를 복사하지 않게 하는 최적의 방법을 선택한다.

또한 boost::noncopyable는 자신의 클래스에 대한 훌륭한 문서 역할도 한다. 이 방식을 사용하면 "복사 생성자 정의는 다른데 있나요?"라든지 "표준이 아닌 복사 생성자(상수가 아닌 참조자 파라미터를 받음)를 갖나요?"와 같은 질문을 받지 않아도 된다.

참고 사항

- '복사할 수는 없지만 이동은 할 수 있는 클래스 생성' 예제에서는 C++03에서 자원을 이동할 수 있게 해서 소유권을 고유하게 만드는 방법을 소개한다.
- Boost.Core 라이브러리의 공식 문서를 살펴보면 도움이 될 만한 함수와 클래

스가 많다 공식 문서 http://www.boost.org/doc/libs/1_53_0/libs/utility/ utility.htm을 방문해보자.

- 2장의 '파생 클래스의 멤버로 기본 클래스 초기화' 예제를 참고하자.
- 'C++11 이동 에뮬레이션 사용' 예제를 참고하자.

▌복사할 수는 없지만 이동은 할 수 있는 클래스 생성

이제 복사할 수는 없지만 소멸자를 통해 해제해야 하는 자원이 있는데, 어떤 함수에서 그 자원을 반환받고 싶다고 가정해보자.

```
descriptor_owner construct_descriptor() {
    return descriptor_owner("Construct using this string");
}
```

사실 swap 메소드method를 사용하면 이런 상황을 에둘러 해결할 수 있다.

```
void construct_descriptor1(descriptor_owner& ret) {
    descriptor_owner("Construct using this string").swap(ret);
}
```

하지만 이런 방식으로는 컨테이너에서 descriptor_owner를 쓸 수 없다. 게다가 보기에도 별로다.

준비

적어도 C++11 rvalue 참조자에 대한 기본 지식은 갖추면 좋다. 'C++11 이동 에뮬레이션 사용' 예제도 읽어두면 좋다.

예제 구현

C++11을 써본 독자라면 이동 전용^{move-only} 클래스(std::unique_ptr이나 std::thread같은)를 들어봤을 것이다. 비슷한 접근 방법을 사용하기 위해 이동만 가능한 descriptor_owner 클래스를 만들어보자.

```cpp
class descriptor_owner1 {
    void* descriptor_;

public:
    descriptor_owner1()
        : descriptor_(nullptr)
    {}

    explicit descriptor_owner1(const char* param);

    descriptor_owner1(descriptor_owner1&& param)
        : descriptor_(param.descriptor_)
    {
        param.descriptor_ = nullptr;
    }

    descriptor_owner1& operator=(descriptor_owner1&& param) {
        descriptor_owner1 tmp(std::move(param));
        std::swap(descriptor_, tmp.descriptor_);
        return *this;
    }

    void clear() {
        free(descriptor_);
        descriptor_ = nullptr;
    }

    bool empty() const {
        return !descriptor_;
    }
```

```
    ~descriptor_owner1() {
        clear();
    }
};

// C++11과 그 이후의 GCC는 다음 코드를 컴파일할 수 있다.
descriptor_owner1 construct_descriptor2() {
    return descriptor_owner1("Construct using this string");
}

void foo_rv() {
    std::cout << "C++11\n";
    descriptor_owner1 desc;
    desc = construct_descriptor2();
    assert(!desc.empty());
}
```

이 코드는 C++11을 지원하는 컴파일러에서만 동작한다. 자, 이제 **Boost.Move**를 써보자! C++03 컴파일러에서도 사용할 수 있도록 앞의 예제를 고쳐보자.

문서에 따르면 이동은 가능하지만 복사는 할 수 없는 형식을 이식 가능한 문법으로 작성하려면 다음의 간단한 과정을 따라야 한다.

1. BOOST_MOVABLE_BUT_NOT_COPYABLE(classname) 매크로는 전용 구역에 둔다.

   ```
   #include <boost/move/move.hpp>

   class descriptor_owner_movable {
       void* descriptor_;

       BOOST_MOVABLE_BUT_NOT_COPYABLE(descriptor_owner_movable)
   ```

2. 이동 생성자와 이동 할당 연산자를 작성한다. 파라미터를 받을 때 BOOST_RV_REF(classname)을 거치게 한다.

```
public:
    descriptor_owner_movable()
        : descriptor_(NULL)
    {}

    explicit descriptor_owner_movable(const char* param)
        : descriptor_(strdup(param))
    {}

    descriptor_owner_movable(
        BOOST_RV_REF(descriptor_owner_movable) param
    ) BOOST_NOEXCEPT
        : descriptor_(param.descriptor_)
    {
        param.descriptor_ = NULL;
    }

    descriptor_owner_movable& operator=(
        BOOST_RV_REF(descriptor_owner_movable) param) BOOST_NOEXCEPT
    {
        descriptor_owner_movable tmp(boost::move(param));
        std::swap(descriptor_, tmp.descriptor_);
        return *this;
    }
    // ...
};

descriptor_owner_movable construct_descriptor3() {
    return descriptor_owner_movable("Construct using this string");
}
```

예제 분석

이제 C++03 컴파일러와 Boost.Containers에서도 사용할 수 있는, 이동은 가능하지만 복사할 수 없는 클래스를 갖게 됐다.

```
#include <boost/container/vector.hpp>
#include <your_project/descriptor_owner_movable.h>

int main() {
    foo_rv();

    // 다음 코드는 C++11과 C++03 컴파일러 모두에서 동작한다.
    descriptor_owner_movable movable;
    movable = construct_descriptor3();

    boost::container::vector<descriptor_owner_movable> vec;
    vec.resize(10);
    vec.push_back(construct_descriptor3());

    v.back() = boost::move(v.front());
}
```

아쉽게도 C++03 표준 라이브러리 컨테이너에서는 여전히 이 기능을 쓸 수 없다(그래 서 이 예제에서는 Boost.Containers의 벡터를 쓴 것이다).

부연 설명

C++03 컴파일러에서는 Boost.Containers를, C++11 컴파일러에서는 표준 라이브러 리 쓰고 싶다면 간단한 기법을 활용해보자. 다음과 같은 내용을 담는 헤더 파일을 프로젝트[project]에 추가한다.

```
// your_project/vector.hpp
// 저작권 등을 여기에 쓴다.

// 가드(guard)를 쓴다.
#ifndef YOUR_PROJECT_VECTOR_HPP
#define YOUR_PROJECT_VECTOR_HPP

// BOOST_NO_CXX11_RVALUE_REFERENCES 매크로를 가짐
```

```
#include <boost/config.hpp>

#if !defined(BOOST_NO_CXX11_RVALUE_REFERENCES)
// rvalue가 있다.
#include <vector>

namespace your_project_namespace {
    using std::vector;
} // your_project_namespace

#else
// rvalue가 없다.
#include <boost/container/vector.hpp>

namespace your_project_namespace {
    using boost::container::vector;
} // your_project_namespace

#endif // !defined(BOOST_NO_CXX11_RVALUE_REFERENCES)
#endif // YOUR_PROJECT_VECTOR_HPP
```

<your_project/vector.hpp>를 인클루드하고 네임스페이스 your_project_namespace
에서 벡터를 사용한다.

```
int main() {
    your_project_namespace::vector<descriptor_owner_movable> v;
    v.resize(10);
    v.push_back(construct_descriptor3());
    v.back() = boost::move(v.front());
}
```

하지만 컴파일러와 표준 라이브러리 구현에 따라 문제가 생길 수 있으니 주의하자.
예를 들어 이 코드는 이동 생성자, 소멸자와 이동 할당 연산자를 noexcept나 BOOST_
NOEXCEPT로 표시했을 때에만 C++11의 GCC 4.7에서 컴파일된다.

- noexcept와 BOOST_NOEXCEPT는 10장의 'C++11에서 사용자 정의 형식의 성능은 높이고 코드 크기는 줄이기' 예제를 참고하자.

- 부스트의 웹 사이트 http://boost.org/libs/move에 **Boost.Move**의 자세한 정보가 있으니 참고하자.

▌C++14와 C++11 알고리즘 사용

C++11의 <algorithm> 헤더에는 멋진 알고리즘이 새로 많이 추가됐다. C++14에는 더 많은 알고리즘이 추가됐다. C++11 이전의 컴파일러에 멈춰있다면 이런 알고리즘을 직접 바다에서부터 만들어야 한다. 예를 들어 65에서 125 사이의 코드에 해당하는 문자를 출력하고 싶다면 C++11 이전의 컴파일러에서는 다음과 같은 코드를 작성해야 한다.

```
#include <boost/array.hpp>

boost::array<unsigned char, 60> chars_65_125_pre11() {
    boost::array<unsigned char, 60> res;

    const unsigned char offset = 65;
    for (std::size_t i = 0; i < res.size(); ++i) {
        res[i] = i + offset;
    }

    return res;
}
```

준비

C++에 대한 기본 지식뿐 아니라 **Boost.Array** 라이브러리에 대한 기본 지식도 필요하다.

예제 구현

Boost.Algorithm 라이브러리에는 C++11과 C++14에 추가된 모든 새 알고리즘이 들어있다. 이걸 사용하면 앞서의 예제를 다음과 같이 바꿀 수 있다.

```
#include <boost/algorithm/cxx11/iota.hpp>
#include <boost/array.hpp>

boost::array<unsigned char, 60> chars_65_125() {
    boost::array<unsigned char, 60> res;
    boost::algorithm::iota(res.begin(), res.end(), 65);
    return res;
}
```

예제 분석

이미 알고 있을 수도 있지만, **Boost.Algorithm**은 각 알고리즘을 위한 헤더 파일을 갖고 있다. 헤더 파라미터를 추가한 후 원하는 함수를 쓰면 된다.

부연 설명

C++ 표준에 있는 알고리즘을 구현하기만 한 라이브러리는 지루하기 짝이 없다. 전혀 혁신적이지 않고, 부스트의 방식도 아니다. C++에는 포함되지 않은 함수, 그게 바로 **Boost.Algorithm**이 필요한 이유다. 예를 들어 다음 함수는 입력을 16진수 표현법으로 바꾼다.

```
#include <boost/algorithm/hex.hpp>
#include <iterator>
#include <iostream>

void to_hex_test1() {
    const std::string data = "Hello word";
    boost::algorithm::hex(
        data.begin(), data.end(),
        std::ostream_iterator<char>(std::cout)
    );
}
```

이 코드는 다음과 같이 출력한다.

48656C6C6F20776F7264

더 재미있는 것은 모든 함수에 추가적인 오버로딩이 있어 두 개의 반복자 대신 첫
번째 파라미터로 범위를 받을 수 있다는 점이다. 범위^{range}는 Ranges TS에서 나온 개념
이다. 배열과 컨테이너에 .begin()과 .end() 함수가 있다면 범위라는 개념을 만족시
킬 수 있다. 앞 예제를 다음과 같이 더 짧게 줄여보자.

```
#include <boost/algorithm/hex.hpp>
#include <iterator>
#include <iostream>

void to_hex_test2() {
    const std::string data = "Hello word";
    boost::algorithm::hex(
        data,
        std::ostream_iterator<char>(std::cout)
    );
    std::cout << '\n';
}
```

C++17은 **Boost.Algorithm**에 있는 검색 알고리즘을 갖췄다. **Boost.Algorithm** 라이브러리는 곧 새로운 알고리즘과 constexpr을 사용할 수 있는 알고리즘 등과 같은 C++20 특성으로 확장될 예정이다. 이 라이브러리를 주의 깊게 지켜보자. 언젠가는 여러분이 다루는 문제를 생각지도 못한 방식으로 해결해줄 수도 있다.

참고 사항

- **Boost.Algorithm**에 대한 공식 문서 http://boost.org/libs/algorithm에는 지원하는 함수에 대한 전체 목록과 짧은 설명이 나와 있다.
- 새로운 알고리즘을 온라인 http://apolukhin.github.io/Boost-Cookbook에서 실험해보자.

<u>**02**</u>

자원 관리

2장에서 다루는 내용은 다음과 같다.

- 영역을 벗어나지 않는 클래스에 대한 지역 포인터 관리
- 함수를 통해 접근하는 클래스에 대한 포인터의 참조 횟수 관리
- 영역을 벗어나지 않는 배열에 대한 지역 포인터 관리
- 함수를 통해 접근하는 배열에 대한 포인터의 참조 횟수 관리
- 변수에 아무 함수 객체나 저장
- 변수에 함수 포인터 전달
- 변수에 C++11 람다 함수 전달
- 포인터 컨테이너
- 영역을 벗어날 때의 처리

- 파생 클래스의 멤버로 기본 클래스 초기화

소개

2장에서는 형식을 다루는 방법을 알아본다. 부스트 라이브러리에 소개된 내용으로 포인터를 사용하는 방법에 초점을 맞출 예정이다. 어떻게 하면 자원을 쉽게 관리할 수 있는지, 어떠한 함수 객체, 함수, 그리고 람다^{lambda} 표현식까지도 저장할 수 있는 형식을 만드는 방법을 알아본다. 2장을 다 읽고 나면 좀 더 안전한 코드를 만들 수 있으며, 메모리 누수$^{memory\ leak}$란 그저 과거에 지나지 않을 것이다.

영역을 벗어나지 않는 클래스에 대한 지역 포인터 관리

동적으로 메모리를 할당한 후 그 메모리에 클래스를 만들어야 할 때가 있다. 그리고 거기서 문제가 시작된다. 다음 코드를 먼저 살펴보자.

```cpp
bool foo1() {
    foo_class* p = new foo_class("Some data");

    const bool something_else_happened = some_function1(*p);
    if (something_else_happened) {
        delete p;
        return false;
    }

    some_function2(p);

    delete p;
    return true;
}
```

처음 보기에는 잘 만든 코드 같아 보인다. 하지만 some_function1( )이나 some_function2( )가 예외를 던진다면 어떻게 될까? 그 경우 p는 삭제되지 않는다. 그러면 이제 코드를 다음처럼 바꿔보자.

```
bool foo2( ) {
    foo_class* p = new foo_class("Some data");
    try {
        const bool something_else_happened = some_function1(*p);
        if (something_else_happened) {
            delete p;
            return false;
        }
        some_function2(p);
    } catch (...) {
        delete p;
        throw;
    }
    delete p;
    return true;
}
```

코드는 보기 싫고 해석하기도 어려워졌지만, 적어도 제대로 만들기는 했다. 이것보다는 더 잘할 수 없을까?

준비

기본 C++ 지식과 예외가 발생했을 때의 동작 방식을 알고 있어야 한다.

예제 구현

Boost.SmartPtr 라이브러리를 살펴보자. boost::scoped_ptr 클래스를 사용하면 좋을 것 같다.

```
#include <boost/move/make_unique.hpp>

bool foo3_1() {
    const boost::movelib::unique_ptr<foo_class> p
        = boost::movelib::make_unique<foo_class>("Some initialization data");

    const bool something_else_happened = some_function1(*p);
    if (something_else_happened) {
        return false;
    }
    some_function2(p.get());
        return true;
}
```

이제 자원이 새어나갈 틈 따윈 없다. 그리고 소스코드도 훨씬 명확해졌다.

 some_function2(foo_class*)를 수정할 수 있다면 이 두 함수 모두 새로 만들어 foo_class에 대한 포인터 대신 참조자를 받는 것이 더 좋다. 출력 파라미터는 포인터로만 받아야 한다는 사내 규약이 있지 않는 한 포인터를 사용하는 인터페이스보다 참조자를 받는 인터페이스가 좀 더 직관적이다.

그건 그렇고 Boost.Move에는 boost::scoped_ptr 대신 사용할 수 있는 boost::movelib::unique_ptr이 있다.

```
#include <boost/move/make_unique.hpp>

bool foo3_1() {
    const boost::movelib::unique_ptr<foo_class> p
```

```
    = boost::movelib::make_unique<foo_class>("Some initialization data");
    const bool something_else_happened = some_function1(p.get());
    if (something_else_happened) {
        return false;
    }
    some_function2(p.get());
    return true;
}
```

예제 분석

boost::scoped_ptr<T>와 boost::movelib::unique_ptr은 전형적인 RAII 클래스다. 예외가 던져지거나 변수가 자신의 영역을 벗어나게 되면 스택이 풀리고, 소멸자가 호출된다.

소멸자에서 boost::scoped_ptr<T>와 unique_ptr<T>는 자신이 저장하고 있는 포인터에 대한 delete를 호출한다. 이들 클래스는 기본적으로 delete를 호출하기 때문에 기본[base] 클래스의 소멸자가 가상일 경우 파생[derived] 클래스는 기본 클래스에 대한 포인터로 저장하는 것이 안전하다.

```
#include <iostream>
#include <string>

struct base {
    virtual ~base(){}
};

class derived: public base {
    std::string str_;

public:
    explicit derived(const char* str)
```

```
            : str_(str)
    {}

    ~derived( ) /*오버라이드*/ {
        std::cout << "str == " << str_ << '\n';
    }
};

void base_and_derived( ) {
    const boost::movelib::unique_ptr<base> p1(
        boost::movelib::make_unique<derived>("unique_ptr")
    );

    const boost::scoped_ptr<base> p2(
        new derived("scoped_ptr")
    );
}
```

base_and_derived( ) 함수를 실행하면 다음과 같이 출력한다.

```
str == scoped_ptr
str == unique_ptr
```

 C++에서 객체의 소멸자는 생성 순서의 역순으로 호출된다. 그래서 unique_ptr의 소멸자보다 먼저 scoped_ptr의 소멸자가 호출된다.

boost::scoped_ptr<T> 클래스 템플릿은 복사할 수도 이동할 수도 없다. boost::
movelib::unique_ptr 클래스는 이동만 가능한 클래스며, C++11 이전의 컴파일러라면 이동 에뮬레이션을 사용한다. 두 클래스 모두 자신이 소유한 자원에 대한 포인터를 저장하며, T가 완전한 형식일 필요도 없다(전방 선언forward declared만 돼 있어도 된다).

일부 컴파일러에서는 불완전한 형식이 삭제된다는 걸 경고하지도 않기 때문에 알아내기 힘든 오류를 만들기도 한다. 하지만 scoped_ptr(과 Boost.SmartPtr 내의 모든 클래스) 은 그런 경우를 만나면 특정 컴파일 시간 단언문^{assert}에 걸린다. 그렇기 때문에 scoped_ptr과 unique_ptr은 Pimpl 관용구^{Pointer to IMPLementation idiom}를 구현하기에 적합 하다.

```cpp
// 헤더 파일 내
struct public_interface {
    // ...
private:
    struct impl; // 전방 선언
    boost::movelib::unique_ptr<impl> impl_;
};
```

부연 설명

이 클래스는 정말 빠르다. 컴파일러는 scoped_ptr과 unique_ptr을 사용하는 코드를 직접 손으로 작성한 버전에 거의 근접한 수준의 기계어 코드로 최적화한다.

C++11부터는 std::unique_ptr<T, D>을 지원해서 자원을 고유하게 소유하고, boost:: movelib::unique_ptr<T, D>와 완전히 똑같이 동작한다.

C++ 표준 라이브러리에는 boost::scoped_ptr<T>에 해당하는 것이 없지만 대신 const std::unique_ptr<T>를 쓸 수 있다. 둘의 차이점은 boost::scoped_ptr<T>가 const std::unique_ptr<T>와 달리 reset()을 호출할 수 있다는 것뿐이다.

참고 사항

* Boost.SmartPtr 라이브러리의 문서에는 스마트 포인터 클래스에 대한 예제 와 유용한 정보로 가득하다. 이 문서는 http://boost.org/libs/smart_ptr에서

찾아볼 수 있다.

- boost::movelib::unique_ptr에서 이동 에뮬레이션을 사용할 거라면 Boost. Move의 문서를 http://boost.org/libs/move에서 찾아보자.

▌ 함수를 통해 접근하는 클래스에 대한 포인터의 참조 횟수 관리

데이터를 담고 있는 구조체를 동적으로 할당했고, 여러 가지 실행 스레드에서 이 데이터를 처리하는 상황을 떠올려보자. 그런 작업은 다음과 같이 처리할 수 있다.

```cpp
#include <boost/thread.hpp>
#include <boost/bind.hpp>

void process1(const foo_class* p);
void process2(const foo_class* p);
void process3(const foo_class* p);

void foo1() {
    while (foo_class* p = get_data()) // C way
    {
        // 스레드가 너무 많다면
        // 스레드가 제어할 수 없을 정도로 생겨나는 걸 막기 위해
        // '동시에 여러 작업 실행' 예제를 읽어보자.
        boost::thread(boost::bind(&process1, p))
            .detach();
        boost::thread(boost::bind(&process2, p))
            .detach();
        boost::thread(boost::bind(&process3, p))
            .detach();

        // delete p; 이런!!!!
    }
}
```

처리 함수를 실행하는 스레드가 있는 한 while 루프가 끝나더라도 p를 지울 수 없다. 그런데 처리 함수들은 다른 스레드들이 더 이상 p를 쓰지 않는다는 걸 알 수 없기 때문에 p를 지울 수가 없다.

준비

이 예제는 헤더만 있는 라이브러리가 아닌 Boost.Thread 라이브러리를 사용한다. 따라서 자신의 프로그램과 boost_thread, boost_chrono, boost_systemlib 라이브러리를 링크해야 한다. 이번 예제를 더 읽기 전에 스레드의 개념을 이해해두면 좋다. 스레드를 사용하는 예제에 대해서는 '참조 사항' 절을 참고하자.

boost::bind나 std::bind에 대한 기본 지식도 필요하다(둘은 거의 똑같다).

예제 구현

짐작할 수 있듯이 부스트(와 C++11)에는 이런 상황에서 쓸 수 있는 클래스가 있다. boost::shared_ptr이라는 클래스로, 사용 방식은 다음과 같다.

```
#include <boost/shared_ptr.hpp>

void process_sp1(const boost::shared_ptr<foo_class>& p);
void process_sp2(const boost::shared_ptr<foo_class>& p);
void process_sp3(const boost::shared_ptr<foo_class>& p);

void foo2() {
    typedef boost::shared_ptr<foo_class> ptr_t;
    ptr_t p;
    while (p = ptr_t(get_data())) // C 방식
    {
        boost::thread(boost::bind(&process_sp1, p))
            .detach();
```

```
        boost::thread(boost::bind(&process_sp2, p))
            .detach();
        boost::thread(boost::bind(&process_sp3, p))
            .detach();

        // 아무 일도 안 해도 된다.
    }
}
```

이 클래스를 쓰는 또 다른 예제도 함께 살펴보자.

```
#include <string>
#include <boost/smart_ptr/make_shared.hpp>

void process_str1(boost::shared_ptr<std::string> p);
void process_str2(const boost::shared_ptr<std::string>& p);

void foo3() {
    boost::shared_ptr<std::string> ps = boost::make_shared<std::string>(
        "Guess why make_shared<std::string> "
        "is faster than shared_ptr<std::string> "
        "ps(new std::string('this string'))"
    );
    boost::thread(boost::bind(&process_str1, ps))
        .detach();
    boost::thread(boost::bind(&process_str2, ps))
        .detach();
}
```

예제 분석

shared_ptr 클래스는 원자atomic 참조 카운터reference counter를 갖고 있다. 이걸 복사하면 참조 카운터가 증가하며, 소멸자가 호출되면 참조 카운터가 줄어든다. 참조 카운터가

0이 되면 shared_ptr이 가리키는 객체에 대해 delete를 호출한다.

이제 boost::thread(boost::bind(&process_sp1, p))에서 쓰면 어떤 일이 일어나는지 알아보자. process_sp1 함수는 파라미터를 참조자 형식으로 받는다. 그러면 왜 while 루프를 빠져나갈 때 이 값을 삭제하지 않을까? 답은 간단하다. bind( )가 반환하는 함수 객체는 공유 포인터에 대한 복사본을 갖고 있기 때문에 함수 객체가 소멸되지 않는 한 p가 가리키는 데이터도 삭제되지 않는 것이다. 함수 객체는 스레드에 복사됐고 스레드가 실행되는 동안 살아있다.

boost::make_shared로 되돌아가서 shared_ptr<std::string> ps(new int(0))을 살펴보자. 이 경우 new를 두 번 호출한다.

- new int(0)으로 정수에 대한 포인터를 구성하는 동안
- 힙에 할당된 shared_ptr 클래스 내부 참조 카운터를 구성하는 동안

make_shared<T>를 써서 shared_ptr을 만들면 단 한 번만 new를 호출한다. make_shared<T>는 메모리 한 조각을 할당하고, 그 조각 위에 원자 카운터와 T 객체를 만든다.

부연 설명

원자 참조 카운터를 썼으므로 여러 스레드가 shared_ptr에 동시 접근하더라도 올바르게 동작할 수 있다. 하지만 원자 연산은 비원자[nonatomic]만큼 빠르지는 않다는 걸 기억하자. shared_ptr은 할당, 복사 생성과 shared_ptr을 이동시키지 않고 소멸시킬 때 원자 변수를 건드린다. 다시 말해 C++11을 지원하는 컴파일러라면 std::move를 사용해 카운터에 드는 원자 연산양을 줄일 수도 있다. 앞으로 변수 p를 더 이상 쓰지 않을 것 같다면 shared_ptr<T> p1(std::move(p))를 사용하자. 가리키고 있는 값을 수정하지 않을 것이라면 const로 만들자. 스마트 포인터의 템플릿 파라미터에 const를 추가하기만 해도 컴파일러가 앞으로 그 메모리가 수정되지 않을 것이란 점을 알 수 있다.

```
void process_cstr1(boost::shared_ptr<const std::string> p);
void process_cstr2(const boost::shared_ptr<const std::string>& p);

void foo3_const( ) {
    boost::shared_ptr<const std::string> ps
        = boost::make_shared<const std::string>(
            "Some immutable string"
    );

    boost::thread(boost::bind(&process_cstr1, ps))
        .detach( );
    boost::thread(boost::bind(&process_cstr2, ps))
        .detach( );

    // *ps = "qwe"; // 컴파일 오류, string이 const로 선언되지 않았다!
}
```

 const 때문에 헷갈리는가? 스마트 포인터의 상수성을 단순 포인터의 상수성과 비교해보면 다음과 같다.

shared_ptr<T>	T*
shared_ptr<const T>	const T*
const shared_ptr<T>	T* const
const shared_ptr<const T>	const T* const

shared_ptr 호출과 make_shared 함수는 C++11에 포함돼 있으며, <memory> 헤더 내의 std:: 네임스페이스에 선언돼 있다. 표준에 구현된 특성은 부스트와 거의 같다.

참고 사항

- 5장에 Boost.Thread와 원자 연산에 대한 정보가 많으니 참고하자.
- 1장의 '함수의 파라미터 값 묶기와 재정렬' 예제에 Boost.Bind에 대한 자세한

정보가 있으니 참고하자.

- 3장의 '스마트 포인터 변환' 예제에 shared_ptr<U>를 shared_ptr<T>로 변환하는 방식에 대한 정보가 있다.
- Boost.SmartPtr 라이브러리에 대한 문서에 스마트 포인터를 제공하는 클래스들에 대한 다양한 예제와 유용한 정보들이 담겨 있다. 이 문서는 http://boost.org/libs/smart_ptr에서 찾아볼 수 있다.

▌영역을 벗어나지 않는 배열에 대한 포인터 관리

'영역을 벗어나지 않는 클래스에 대한 지역 포인터 관리' 예제에서 자원에 대한 포인터를 관리하는 방법을 알아봤다. 하지만 배열을 다룰 때는 delete가 아니라 delete[]를 호출해야 한다. 다음 코드를 살펴보자.

```
void may_throw1(char ch);
void may_throw2(const char* buffer);

void foo() {
    // 10MB에 이르는 메모리는 스택에 할당할 수 없다.
    // 그러니 힙에 할당해야 한다.
    char* buffer = new char[1024 * 1024 * 10];

    // 여기에 예외를 던질 수도 있는 코드가 있다.
    // 원래 포인터를 쓰면 메모리 누수가 일어날 수 있다!
    may_throw1(buffer[0]);
    may_throw2(buffer);

    delete[] buffer;
}
```

준비

이 예제를 이해하려면 C++의 예외와 템플릿에 대한 지식이 필요하다.

예제 구현

Boost.SmartPointer 라이브러리는 scoped_ptr<> 클래스뿐 아니라 scoped_array<> 클래스도 함께 제공한다.

```
#include <boost/scoped_array.hpp>

void foo_fixed() {
    // 배열을 힙에 할당한다.
    boost::scoped_array<char> buffer(new char[1024 * 1024 * 10]);

    // 여기에 예외를 던질 수도 있는 코드가 있다.
    // 하지만 이번에는 예외가 발생해도 메모리가 누출되지 않는다.
    may_throw1(buffer[0]);
    may_throw2(buffer.get());

    // 'buffer'의 소멸자가 delete[] 호출
}
```

Boost.Move 라이브러리의 boost::movelib::unique_ptr<> 클래스도 배열을 다룰 수 있다. 템플릿 파라미터의 끝에 []를 둬서 배열을 저장하고 있다는 걸 알리기만 하면 된다.

```
#include <boost/move/make_unique.hpp>

void foo_fixed2() {
    // 힙에 할당한다.
    const boost::movelib::unique_ptr<char[]> buffer
        = boost::movelib::make_unique<char[]>(1024 * 1024 * 10);
```

```
        // 여기에 예외를 던질 수도 있는 코드가 있다.
        // 하지만 이번에는 예외가 발생해도 메모리가 누출되지 않는다.
        may_throw1(buffer[0]);
        may_throw2(buffer.get());

        // 'buffer'의 소멸자가 delete[] 호출
    }
```

예제 분석

scoped_array<>는 scoped_ptr<> 클래스와 거의 똑같이 동작하긴 하지만 소멸자에서 delete 대신 delete[]를 호출한다. unique_ptr<T[]>도 똑같이 동작한다.

부연 설명

보증과 설계 면에서 scoped_array<> 클래스와 scoped_ptr<>은 같다. 추가로 메모리를 할당하지도 않고 가상 함수를 호출하지도 않는다. 복사할 수도 없으며, C++11에 포함되지도 않았다. std::unique_ptr<T[]>는 C++11에 포함됐으며, boost::movelib::unique_ptr<T[]> 클래스와 동일한 보증과 성능을 제공한다.

 실제로 make_unique<char[]>(1024)는 new char[1024]와 같지 않다. 전자의 코드는 값을 초기화를 하는 데 반해 후자의 코드는 기본 초기화를 한다. 같은 역할을 하지만 기본 초기화를 하는 함수는 boost::movelib::make_unique_definit다.

부스트 버전은 C++11 이전의 컴파일러에서도 쓸 수 있으며, rvalue도 에뮬레이트할 수 있어 boost::movelib::unique_ptr이 이동만 가능한 형식이 되게 할 수 있다. 표준 라이브러리가 std::make_unique를 제공하지 않는다면 Boost.SmartPtr을 써보자. 헤더 파일인 boost/smart_ptr/make_unique.hpp를 인클루드하면 std::unique_ptr

을 반환하는 boost::make_unique를 사용할 수 있다. 이 헤더에서 기본 초기화를 하는 boost::make_unique_noinit 함수도 제공한다. C++17은 make_unique_noinit 함수를 제공하지 않는다.

> C++에서 메모리를 new로 할당하고 메모리를 직접 관리하는 것은 나쁜 습관이다. 가능한 make_unique와 make_shared 함수를 쓰자.

참고 사항

- Boost.SmartPtr 라이브러리에 대한 문서에 스마트 포인터를 제공하는 클래스들에 대한 다양한 예제와 유용한 정보들이 담겨 있다. 이 문서는 http://boost.org/libs/smart_ptr에서 찾아볼 수 있다.
- boost::movelib::unique_ptr에서 이동 에뮬레이션을 쓰고 싶다면 Boost.Move 문서를 보자. http://boost.org/libs/move에서 자세한 내용을 읽어볼 수 있다.

▌함수를 통해 접근하는 배열에 대한 포인터의 참조 횟수 관리

계속해서 포인터를 알아보자. 이번에는 배열에 대한 참조 카운터를 사용해보자. 스트림에서 데이터를 얻어 여러 스레드에서 처리하는 프로그램을 고려해보자. 이런 일을 하는 코드는 아래에 나와 있다.

```
#include <cstring>
#include <boost/thread.hpp>
#include <boost/bind.hpp>
```

```
void do_process(const char* data, std::size_t size);

void do_process_in_background(const char* data, std::size_t size) {
    // 호출자가 언제 데이터를 할당 해제할지 알 수 없으므로
    // 데이터를 복사해야 한다.
    char* data_cpy = new char[size];
    std::memcpy(data_cpy, data, size);

    // 데이터를 처리하기 위해 스레드를 시작한다.
    boost::thread(boost::bind(&do_process, data_cpy, size))
        .detach();
    boost::thread(boost::bind(&do_process, data_cpy, size))
        .detach();

    // do_process가 data_cpy를 처리하고 있을지도 모르므로
    // delete[] data_cpy를 쓸 수 없다.
}
```

'함수를 통해 접근하는 클래스에 대한 포인터의 참조 횟수 관리' 예제에서 나왔던 것과 똑같은 문제다.

준비

이 예제는 헤더만 있는 라이브러리가 아닌 Boost.Thread 라이브러리를 사용한다. 따라서 자신의 프로그램과 boost_thread, boost_chrono, boost_system 라이브러리를 링크해야 한다. 앞서 나가기 전에 스레드의 개념을 이해해두면 좋다.

boost::bind나 std::bind에 대한 기본 지식도 필요하다(둘은 거의 똑같다).

예제 구현

해결 방법은 네 가지다. 각 방식마다 data_cpy 변수의 형식과 생성 방식이 달라진다. 각각의 해결 방법은 이번 예제의 처음에 소개한 것과 같은 일을 하지만 메모리 누수는

일어나지 않게 한다. 각각의 해결 방법을 알아보자.

- 첫 번째 해결 방법은 컴파일 시간에 배열 크기를 알 수 있다면 잘 동작한다.

```cpp
#include <boost/shared_ptr.hpp>
#include <boost/make_shared.hpp>

template <std::size_t Size>
void do_process_shared(const boost::shared_ptr<char[Size]>& data);

template <std::size_t Size>
void do_process_in_background_v1(const char* data) {
    // '첫 번째 방식'과 속도가 같다.
    boost::shared_ptr<char[Size]> data_cpy
        = boost::make_shared<char[Size]>();
    std::memcpy(data_cpy.get(), data, Size);

    // 데이터를 처리할 실행 스레드 시작
    boost::thread(boost::bind(&do_process_shared<Size>, data_cpy))
        .detach();
    boost::thread(boost::bind(&do_process_shared<Size>, data_cpy))
        .detach();

    // 참조 카운트가 0이 되면
    // data_cpy 소멸자가 데이터를 할당 해제한다.
}
```

- 부스트 1.53에서부터 shared_ptr은 그 자체로도 크기가 알려지지 않은 배열을 처리할 수 있다. 두 번째 해결 방법을 알아보자.

```cpp
#include <boost/shared_ptr.hpp>
#include <boost/make_shared.hpp>

void do_process_shared_ptr(
        const boost::shared_ptr<char[]>& data,
```

```
        std::size_t size);

void do_process_in_background_v2(const char* data, std::size_t size)
{
    // '첫 번째 방법'보다 빠르다.
    boost::shared_ptr<char[]> data_cpy =
            boost::make_shared<char[]>(size);
    std::memcpy(data_cpy.get(), data, size);

    // 데이터를 처리하기 위해 스레드를 시작한다.
    boost::thread(boost::bind(&do_process_shared_ptr, data_cpy, size))
        .detach();
    boost::thread(boost::bind(&do_process_shared_ptr, data_cpy, size))
        .detach();

    // 참조 횟수가 0이 될 경우
    // data_cpy 소멸자가 알아서 데이터를 해제한다.
}
```

- 세 번째 해결 방법은 다음과 같다.

```
#include <boost/shared_ptr.hpp>

void do_process_shared_ptr2(
        const boost::shared_ptr<char>& data,
        std::size_t size);

void do_process_in_background_v3(const char* data, std::size_t size)
{
    // 첫 번째 방법과 속도가 같다.
    boost::shared_ptr<char> data_cpy(
            new char[size],
            boost::checked_array_deleter<char>()
    );
    std::memcpy(data_cpy.get(), data, size);

    // 데이터를 처리하기 위해 스레드를 시작한다.
```

```
        boost::thread(boost::bind(&do_process_shared_ptr2, data_cpy, size))
            .detach();
        boost::thread(boost::bind(&do_process_shared_ptr2, data_cpy, size))
            .detach();

        // 참조 횟수가 0이 될 경우
        // data_cpy 소멸자가 알아서 데이터를 해제한다.
    }
```

● 네 번째 해결 방법은 부스트 1.65에서부터 폐기 예정된 상태이지만 오래된
  부스트 버전에서는 사용할 수 있다.

```
    #include <boost/shared_array.hpp>

    void do_process_shared_array(
            const boost::shared_array<char>& data,
            std::size_t size);

    void do_process_in_background_v4(const char* data, std::size_t size)
    {
        // 호출자가 언제 데이터를 할당 해제할지 알 수 없으므로
        // 데이터를 복사해야 한다.
        boost::shared_array<char> data_cpy(new char[size]);
        std::memcpy(data_cpy.get(), data, size);

        // 데이터를 처리하기 위해 스레드를 시작한다.
        boost::thread(
            boost::bind(&do_process_shared_array, data_cpy, size)
        ).detach();
        boost::thread(
            boost::bind(&do_process_shared_array, data_cpy, size)
        ).detach();

        // 참조 횟수가 0이 될 경우
        // data_cpy 소멸자가 데이터를 해제하기 때문에
```

```
        // data_cpy에 대해 delete[]를 호출할 필요가 없다.
    }
```

예제 분석

각 예제에서 스마트 포인터^{smart pointer} 클래스들은 참조 횟수를 세며, 참조 횟수가 0으로 바뀌는 순간 포인터에 대해 delete[]를 호출한다. 첫 번째와 두 번째 예제는 간단하다. 세 번째 예제는 shared 포인터를 위해 맞춤형 deleter 객체를 제공한다. 그러면 스마트 포인터가 자원을 놓아줘야 할 때 스마트 포인터의 deleter 객체가 호출된다. 명시적인 deleter 없이 스마트 포인터를 만들었다면 스마트 포인터의 템플릿 형식에 따라 delete나 delete[]를 부르는 기본 deleter가 생성된다.

부연 설명

네 번째 해결 방법이 가장 보수적이다. 부스트 1.53 이전에는 두 번째 해결 방법에서 필요한 기능이 shared_ptr에 구현되지 않았다. 첫 번째와 두 번째 해결 방법은 메모리 할당 호출을 단 한 번만 사용하기 때문에 가장 빠르다. 세 번째 해결 방법은 오래된 부스트 버전에서도 쓸 수 있고, C++11 표준 라이브러리의 shared_ptr<>에서도 쓸 수 있다(boost::checked_array_deleter<T>( )를 std::default_delete<T[]>( )로 꼭 바꿔야 한다).

사실 boost::make_shared<char[]>(size)는 모든 요소에 대해 값 초기화를 한다는 면에서 new char[size]와 같지 않다. 같은 역할을 하지만 기본 초기화를 하는 함수는 boost::make_shared_noinit이다.

C++11과 C++14 버전의 std::shared_ptr은 배열을 다룰 수 없다는 점에 주의하자!
C++17 std::shared_ptr<T[]>가 도입된 이후에만 적절히 동작한다. 이식성이 높은
코드를 작성해야 한다면 boost::shared_ptr, boost::shared_array를 사용하거나
std::shared_ptr에 명시적으로 deleter를 전달하자.

 boost::shared_ptr<T[]>, boost::shared_array, C++17 std::shared_ptr<T[]>에는
operator[](std::size_t index)가 있어 인덱스를 통해 공유 배열의 요소에 접근할 수
있다.

맞춤 deleter를 가진 boost::shared_ptr<T>와 std::shared_ptr<T>에는 operator[]가
없어 유용성이 좀 떨어진다.

참고 사항

Boost.SmartPtr 라이브러리에 대한 문서에 스마트 포인터를 제공하는 클래스들에
대한 다양한 예제와 유용한 정보들이 담겨 있다. 이 문서는 http://boost.org/libs/
smart_ptr에서 찾아볼 수 있다.

▌변수에 아무 함수 객체나 저장

라이브러리를 개발 중일 때 API를 헤더 파일에 선언하고, 소스 파일에서 구현한다고
가정해보자. 이 라이브러리에는 어떠한 함수 객체든 받아들일 수 있는 함수가 있어야
한다. 어떻게 하면 함수 객체를 전달할 수 있을까? 다음 코드를 살펴보자.

```
// int를 받아들이고 아무것도 반환하지 않는
// 함수 포인터에 대한 typedef
typedef void (*func_t)(int);
```

```
// 함수에 대한 포인터를 받아
// 자신이 가진 각 정수에 대해 그 함수를 호출하는 함수로,
// 함수 객체는 받지 못한다.
void process_integers(func_t f);

// 함수 객체
class int_processor {
    const int min_;
    const int max_;
    bool& triggered_;

public:
    int_processor(int min, int max, bool& triggered)
        : min_(min)
        , max_(max)
        , triggered_(triggered)
    {}

    void operator()(int i) const {
        if (i < min_ || i > max_) {
            triggered_ = true;
        }
    }
};
```

process_integers 함수를 어떻게 바꾸면 어떠한 함수 객체라도 받아들일 수 있을까?

준비

이 예제를 읽기 전 1장의 '컨테이너나 변수에 아무 값이나 저장' 예제를 읽어보자.

예제 구현

해결 방법은 바로 **Boost.Function** 라이브러리를 사용하는 것이다. 이 라이브러리를 사용하면 어떠한 함수, 멤버 함수나 함수 객체든 저장할 수 있는데, 서명^{signature}만 템플릿 인자로 정해진 것과 일치하면 된다.

```
#include <boost/function.hpp>
typedef boost::function<void(int)> fobject_t;

// 이제 이 함수에서도 함수 객체를 받을 수 있다.
void process_integers(const fobject_t& f);

int main() {
    bool is_triggered = false;
    int_processor fo(0, 200, is_triggered);
    process_integers(fo);
    assert(is_triggered);
}
```

예제 분석

`fobject_t` 메소드는 함수 객체에서 꺼낸 데이터를 자신의 안에 저장한 후 데이터의 정확한 형식을 삭제한다. `boost::function`은 상태가 있는 객체에 대해서도 안전하게 쓸 수 있다.

```
bool g_is_triggered = false;
void set_functional_object(fobject_t& f) {
    // 지역 변수
    int_processor fo( 100, 200, g_is_triggered);

    f = fo;
    // 'f'는 'fo'의 복사본을 저장한다.
```

```
    // 'fo'가 영역을 벗어나면서 소멸된다.
    // 하지만 외부 영역에 속한 'f'는 써도 괜찮다.
}
```

boost::function을 보면 boost::any 클래스가 떠오르지 않는가? 둘 다 어떠한 함수 객체라도 저장하기 위해 형식 지우기^{type erasure}라는 기법을 사용하기 때문이다.

부연 설명

boost::function 클래스는 기본 생성자를 가지며, 빈 상태도 있다. 빈/기본 생성 상태를 검사하는 방법은 다음과 같다.

```
void foo(const fobject_t& f) {
    // boost::function는 bool로 변환할 수 있다.
    if (f) {
        // 'f'에 값이 있다면
        // ...
    } else {
        // 'f'가 비었다면
        // ...
    }
}
```

Boost.Function 라이브러리는 비정상적일 정도로 최적화에 신경 썼다. 게다가 메모리를 할당하지 않고도 작은 함수 객체를 저장할 수도 있으며, 최적화된 이동 할당 연산자를 갖는다. C++11 표준 라이브러리의 일부로 포함됐으며 <functional> 헤더에서 std:: 네임스페이스 아래에 정의됐다.

boost::function은 저장한 객체에 대해 RTTI를 사용한다. RTTI를 비활성화시키더라도 라이브러리를 쓸 수 있기는 하지만, 컴파일된 바이너리의 크기가 급격히 증가한다.

- Boost.Function에 대한 공식 문서에 더 많은 예제와 성능 측정 기록, 그리고
클래스 참조 문서가 나와 있다. 이 문서는 http://boost.org/libs/function에서
찾아볼 수 있다.
- '변수에 함수 포인터 전달' 예제를 참고하자.
- '변수에 C++11 람다 함수 전달' 예제를 참고하자.

변수에 함수 포인터 전달

이전 예제를 계속해서 살펴보자. 이번에는 함수에 대한 포인터를 우리가 만든 process_integeres() 메소드로 전달하고 싶다. 함수 포인터만을 위해 오버로딩을 해야 할까? 아니면 좀 더 우아한 방법이 있지는 않을까?

준비

이번 예제는 이전 예제에서 다룬 내용을 계속해서 알아본다. 이전 예제를 먼저 읽어야 만 한다.

예제 구현

함수 포인터에 대해서도 boost::function<>을 쓸 수 있기 때문에 사실 추가로 할 일은 없다.

```
void my_ints_function(int i);

int main() {
```

```
    process_integers(&my_ints_function);
}
```

예제 분석

`my_ints_function`에 대한 포인터는 `boost::function` 클래스 내부에 저장되고, `boost::function`을 호출하면 실제로는 저장된 포인터가 호출된다.

부연 설명

Boost.Function 라이브러리는 함수에 대한 포인터로써의 성능이 좋다. 그리고 힙에 메모리를 할당하지도 않는다. 표준 라이브러리의 `std::function`도 함수 포인터를 저장하는 데 효과적이다. 부스트 1.58에서부터 Boost.Function 라이브러리는 함수 서명에 rvalue 참조자가 포함된 함수와 함수 객체를 저장할 수 있다.

```
boost::function<int(std::string&&)> f = &something;
f(std::string("Hello"));  // 동작한다.
```

참고 사항

- Boost.Function에 대한 공식 문서에 더 많은 예제와 성능 측정 기록, 그리고 클래스 참조 문서가 나와 있다. 이 문서는 http://boost.org/libs/function에서 찾아볼 수 있다.
- '변수에 C++11 람다 함수 전달' 예제를 참고하자.

변수에 C++11 람다 함수 전달

이전 예제를 계속해서 살펴보자. 이번에는 process_integers( ) 메소드에서 람다 함수를 사용하고 싶다.

준비

이번 예제에서는 이전의 두 예제에서 다룬 내용을 계속해서 알아본다. 두 예제를 먼저 읽어야만 한다. 또한 C++11을 지원하는 컴파일러나 최소한 C++11 람다를 지원하는 컴파일러가 필요하다.

예제 구현

boost::function<>이 어떤 어려움도 없이 람다 함수를 쓸 수 있기 때문에 필요한 것은 아무것도 없다.

```
#include <deque>
//#include <your_project/process_integers.h>

void sample( ) {
    // 파라미터도 받지 않고, 아무것도 하지 않는 람다 함수
    process_integers([](int /*i*/){});

    // 참조자를 저장하는 람다 함수
    std::deque<int> ints;
    process_integers([&ints](int i){
        ints.push_back(i);
    });

    // 자신의 내용을 수정하는 람다 함수
    std::size_t match_count = 0;
    process_integers([ints, &match_count](int i) mutable {
```

```
        if (ints.front() == i) {
            ++ match_count;
        }
        ints.pop_front();
    });

    assert(match_count == 6);
}
```

부연 설명

Boost.Function에서 람다 함수 저장과 관련된 성능은 다른 경우들과 같다. 람다 표현식이 생성한 함수 객체가 boost::function의 인스턴스에 맞을 만큼 작다면 메모리를 동적으로 할당하지 않는다. boost::function에 저장된 객체를 호출하는 것은 포인터로 함수를 호출하는 속도와 거의 같다. boost::function을 복사할 때 초기 boost::unction이 가진 객체가 메모리 할당을 하지 않고는 저장할 수 없을 때에만 힙 메모리를 할당한다. 인스턴스를 이동시킬 때는 메모리를 할당하지도 해제하지도 않는다.

boost::function을 쓰면 컴파일러의 최적화를 가로막을 수 있다. 다음 예제로 이 말의 의미를 살펴보자.

```
std::for_each(v.begin(), v.end(), [](int& v) { v += 10; });
```

위 코드는 컴파일러에서 다음 코드보다 더 잘 최적화될 수 있다.

```
const boost::function<void(int&)> f0(
    [](int& v) { v += 10; }
);
std::for_each(v.begin(), v.end(), f0);
```

그렇기 때문에 진짜로 필요한 상황이 아닌 이상 Boost.Function은 가능하면 사용하지 않아야 한다. 어떤 경우에는 C++11의 **auto** 키워드로 손쉽게 대체할 수 있다.

```cpp
const auto f1 = [](int& v) { v += 10; };
std::for_each(v.begin(), v.end(), f1);
```

참고 사항

성능과 Boost.Function에 관한 부가 정보는 공식 문서 페이지인 http://www.boost.org/libs/function에서 찾아볼 수 있다.

▌포인터 컨테이너

컨테이너에 포인터를 저장해야 할 때가 있다. 예를 들면 컨테이너에 다형적^{polymorphic} 데이터를 저장한다든지, 컨테이너 내에 있는 데이터를 빠르게 복사할 수 있게 한다든지, 컨테이너 내의 데이터로 작업할 때 엄격한 예외 요구 사항을 적용한다든지 하는 경우가 있다. 그런 경우 C++ 프로그래머가 쓸 수 있는 방법들을 알아보자.

- 컨테이너에 포인터를 저장하고 **delete**를 사용해 주의 깊게 소멸시킨다.

```cpp
#include <set>
#include <algorithm>
#include <cassert>

template <class T>
struct ptr_cmp {
    template <class T1>
    bool operator()(const T1& v1, const T1& v2) const {
        return operator ()(*v1, *v2);
```

```
        }
        bool operator( )(const T& v1, const T& v2) const {
            return std::less<T>( )(v1, v2);
        }
    };

    void example1( ) {
        std::set<int*, ptr_cmp<int> > s;
        s.insert(new int(1));
        s.insert(new int(0));

        // ...
        assert(**s.begin( ) == 0);
        // ...

        // 이런! 이 코드에서 예외가 발생하면 메모리가 누출된다.

        // 자원을 할당 해제한다.
        std::for_each(s.begin( ), s.end( ), [](int* p) { delete p; });
    }
```

이런 접근 방법을 쓰면 실수하기 쉽고 코드의 양도 많다.

• 컨테이너에 C++11 스마트 포인터를 저장한다.

```
    #include <memory>
    #include <set>

    void example2_cpp11( ) {
        typedef std::unique_ptr<int> int_uptr_t;
        std::set<int_uptr_t, ptr_cmp<int> > s;
        s.insert(int_uptr_t(new int(1)));
        s.insert(int_uptr_t(new int(0)));

        // ...
        assert(**s.begin( ) == 0);
        // ...
```

```
    // unique_ptr<>로 자원을 해제한다.
}
```

이번 해결 방법은 괜찮긴 하지만 C++03에서는 쓸 수 없다. 게다가 여전히
비교자^{comparator} 함수 객체를 만들어야 한다.

C++14에서는 std::uniue_ptr을 생성할 수 있도록 std::make_unique 함수를 제공한다.
new 대신 이걸 쓰는 것이 좋은 코딩 스타일이다.

- 컨테이너에 Boost.SmartPtr로 저장하는 예제를 살펴보자.

```
#include <boost/shared_ptr.hpp>
#include <boost/make_shared.hpp>

void example3() {
    typedef boost::shared_ptr<int> int_sptr_t;
    std::set<int_sptr_t, ptr_cmp<int> > s;
    s.insert(boost::make_shared<int>(1));
    s.insert(boost::make_shared<int>(0));

    // ...
    assert(**s.begin() == 0);
    // ...

    // shared_ptr<>로 자원을 해제한다.
}
```

이번 해결 방법은 이식 가능^{portable}하다. 하지만 여전히 비교자를 만들어야 하며, 성능
도 떨어진다(원자 카운터 때문에 메모리를 더 사용하며, 원자 카운트의 증감 연산은 일반 변수
에 대한 증감 연산만큼 빠르지 않다).

118

준비

이번 예제를 잘 이해하려면 표준 라이브러리 컨테이너에 대해 알아야 한다.

예제 구현

Boost.PointerContainer 라이브러리에서 제공하는 이식 가능하며 멋진 해결 방법을
알아보자.

```cpp
#include <boost/ptr_container/ptr_set.hpp>

void correct_impl() {
    boost::ptr_set<int> s;
    s.insert(new int(1));
    s.insert(new int(0));

    // ...
    assert(*s.begin() == 0);
    // ...

    // 컨테이너 자체에서 자원 해제
}
```

예제 분석

Boost.PointerContainer 라이브러리는 ptr_array, ptr_vector, ptr_set, ptr_multimap
클래스 등을 갖는다. 이 클래스들은 필요한 것과 같이 포인터를 할당 해제하며, 포인
터가 가리키는 데이터로 접근하는 것도 쉽다(assert(*s.begin() == 0);처럼 추가로 참조
해제dereference할 필요도 없다).

부연 설명

데이터를 복사하고 싶다면 복사할 객체의 네임스페이스에 T*new_clone(const T& r) 이라는 독립 함수를 정의해야 한다. 또한 다음 코드에서처럼 <boost/ptr_container/ clone_allocator.hpp>를 인클루드한다면 기본 T* new_clone(const T& r) 구현도 쓸 수 있다.

```cpp
#include <boost/ptr_container/clone_allocator.hpp>
#include <boost/ptr_container/ptr_vector.hpp>
#include <cassert>

void theres_more_example() {
    // 값이 100인 10개의 요소를 갖는 벡터를 생성한다.
    boost::ptr_vector<int> v;
    int value = 100;
    v.resize(10, &value); // 조심! 포인터의 소유권이 없는 상태다!

    assert(v.size() == 10);
    assert(v.back() == 100);
}
```

C++ 표준 라이브러리에는 포인터 컨테이너가 없지만, std::unique_ptr의 컨테이너를 만들면 똑같은 기능을 구현할 수 있다. 한편으로 부스트 1.58에서부터는 C++03에서도 쓸 수 있는 boost::movelib::unique_ptr 클래스가 제공된다. 이 클래스와 Boost. Container 라이브러리의 컨테이너를 함께 쓴다면 C++11의 기능 중 하나인 포인터 저장을 지원할 수 있다.

```cpp
#include <boost/container/set.hpp>
#include <boost/move/make_unique.hpp>
#include <cassert>

void example2_cpp03() {
    typedef boost::movelib::unique_ptr<int> int_uptr_t;
```

```
    boost::container::set<int_uptr_t, ptr_cmp<int> > s;
    s.insert(boost::movelib::make_unique<int>(1));
    s.insert(boost::movelib::make_unique<int>(0));
    // ...
    assert(**s.begin() == 0);
}
```

 모든 개발자가 부스트 라이브러리를 잘 아는 것은 아니다. 개발자들은 표준 라이브러리 기능을 더 잘 알고 있을 테니 C++ 표준 라이브러리에 대체제가 있다면 표준 라이브러리의 함수나 클래스를 쓰는 것이 좋다. 큰 차이가 없다면 Boost.Container는boost::movelib:: unique_ptr과 같이 쓰자.

참고 사항

- 각 클래스에 대한 상세한 참고 자료가 공식 문서에 나와 있으니 http://boost. org/libs/ptr_container를 참고하자.

- 2장에서 살펴본 첫 네 개의 예제를 살펴보면 스마트 포인터를 어떻게 사용할 것인지에 대한 예제를 찾을 수 있다.

- 9장의 여러 가지 예제에서 Boost.Container 라이브러리의 특성을 다루고 있다. 멋지고 유용하고 빠른 컨테이너에 대해 알고 싶다면 9장을 참고하자.

▌영역을 벗어날 때의 처리

자바Java, C#이나 델파이Delphi같은 언어를 써봤다면 try{} finally{} 구문을 써봤을 것이다. 이런 구문들이 어떤 일을 하는지 잠깐 살펴보자.

프로그램이 반환이나 예외 때문에 현재 영역^{scope}을 벗어나게 되면 코드는 finally 블록 내의 코드를 수행한다. 다음 코드에서 볼 수 있듯이 이런 메커니즘은 RAII 패턴을 구현하기에 매우 적합하다.

```
// 의사(pseudo) 코드(자바 코드와 유사)
try {
    FileWriter f = new FileWriter("example_file.txt");
    // 예외를 던지거나 반환하는 코드를 여기에 둔다.
    // ...
}
finally {
    // 위 영역에서 무슨 일이 일어나든 이 코드는 무조건 실행되므로
    // 파일을 올바르게 닫을 수 있다.
    if (f != null) {
        f.close()
    }
}
```

C++에서도 이런 일을 할 수 있을까?

준비

이번 예제를 이해하려면 기본적인 C++ 지식이 있어야 한다. 예외가 발생했을 때 어떻게 처리되는지 알고 있으면 좋다.

예제 구현

C++는 try {} finally{} 구문 대신 RAII 패턴을 사용한다. Boost.ScopeExit 라이브러리를 쓰면 함수 몸체에 적합한 RAII 래퍼를 사용자가 정의할 수 있다.

122

```
#include <boost/scope_exit.hpp>
#include <cstdlib>
#include <cstdio>
#include <cassert>

int main() {
    std::FILE* f = std::fopen("example_file.txt", "w");
    assert(f);

    BOOST_SCOPE_EXIT(f) {
        // 위 영역에서 무슨 일이 일어나든 이 코드는 무조건 실행되므로
        // 파일을 올바르게 닫을 수 있다.
        std::fclose(f);
    } BOOST_SCOPE_EXIT_END

    // 예외를 던지거나 반환하는 코드를 여기에 둔다.
    // ...

    unique_ptr_example();
}
```

예제 분석

변수 f는 BOOST_SCOPE_EXIT(f)를 통해 값으로 전달된다. 프로그램이 실행 영역을
벗어나게 되면 BOOST_SCOPE_EXIT(f) {와 } BOOST_SCOPE_EXIT_END 사이의 코드가
실행된다. 참조로 전달하고 싶다면 BOOST_SCOPE_EXIT 매크로에서 & 기호를 사용하
자. 여러 개의 값을 전달하고 싶다면 쉼표로 분리해주기만 하면 된다.

포인터에 대한 참조자는 일부 컴파일러에서 잘 동작하지 않을 수 있다. BOOST_
SCOPE_EXIT(&f) 매크로가 컴파일되지 못하는 것이다. 그래서 이번 예제에서는 참조
로 전달하지 않았다.

부연 설명

멤버 함수 내에서 this를 전달하고 싶다면 특별한 기호인 this_를 사용한다.

```
class theres_more_example {
public:
    void close(std::FILE*);

    void func() {
        std::FILE* f = 0;
        BOOST_SCOPE_EXIT(f, this_) { // `this`를 `this_`로 객체 붙잡기
            this_->close(f);
        } BOOST_SCOPE_EXIT_END
    }
};
```

Boost.ScopeExit 라이브러리는 힙에 메모리를 추가로 할당하지 않으며 가상 함수도 쓰지 않는다. 기본 문법을 사용하며 BOOST_SCOPE_EXIT_CONFIG_USE_LAMBDAS를 정의하지도 않아야 한다. 그러지 않는다면 영역을 빠져 나가는 작업은 메모리를 할당하거나 최적화를 방해할 수도 있는 boost::function을 사용하게 되니 조심하자. boost::movelib::unique_ptr이나 std::unique_ptr에 맞춤형 삭제자를 명시하면 BOOST_SCOPE_EXIT를 쓴 것과 거의 같은 결과를 얻을 수 있다.

```
#include <boost/move/unique_ptr.hpp>
#include <cstdio>

void unique_ptr_example() {
    boost::movelib::unique_ptr<std::FILE, int(*)(std::FILE*)> f(
        std::fopen("example_file.txt", "w"), // 파일 열기
        &std::fclose // 지정 삭제자
    );
    // ...
}
```

124

> **TIP**
> BOOST_SCOPE_EXIT에 대해 두 개 이상의 비슷한 몸체를 작성해야 한다면 리팩토링을 해서
> 코드를 완전한 기능을 갖춘 RAII 클래스로 바꾸는 걸 생각해봐야 한다.

참고 사항

공식 문서에 더 많은 예제와 사례들이 나와 있다. http://boost.org/libs/scope_exit를
참고하자.

▌파생 클래스의 멤버로 기본 클래스 초기화

다음 예제를 살펴보자. 가상 함수를 갖는 클래스가 있는데, std::ostream 객체에 대
한 참조자로 초기화돼야만 한다고 가정해보자.

```cpp
#include <boost/noncopyable.hpp>
#include <sstream>

class tasks_processor: boost::noncopyable {
    std::ostream& log_;

protected:
    virtual void do_process() = 0;

public:
    explicit tasks_processor(std::ostream& log)
        : log_(log)
    {}

    void process() {
        log_ << "Starting data processing";
        do_process();
```

```
    }
};
```

std::ostream 객체를 갖고 do_process() 함수를 구현한 파생 클래스도 있다.

```
class fake_tasks_processor: public tasks_processor {
    std::ostringstream logger_;

    virtual void do_process() {
        logger_ << "Fake processor processed!";
    }
public:
    fake_tasks_processor()
        : tasks_processor(logger_) // 이런! logger_는 여기에 없다.
        , logger_()
    {}
};
```

위 코드처럼 쓸 일이 흔한 것은 아니지만 이런 실수를 한 후에 해결할 방법을 찾기란
쉽지 않다. 어떤 사람들은 logger_와 기본 형식 초기화의 순서를 바꿔 해결하려고도
한다.

```
fake_tasks_processor()
    : logger_()// 이런! 그래도 여전히 task_processor 다음에 생성된다.
    , tasks_processor(logger_)
{}
```

하지만 멤버 초기화자의 순서와 관계없이 정적이지 않은 데이터 멤버 전에 기본 클래
스를 초기화하기 때문에 이 방식도 예상대로 동작하지 않는다.

126

준비

이 예제는 C++의 기본 지식만으로도 충분하다.

예제 구현

Boost.Utility 라이브러리를 써서 쉽게 해결해보자. boost::base_from_member 템플릿을 쓰면 된다. 이제 이 템플릿을 쓰는 방법을 알아보자.

1. base_from_member.hpp 헤더를 인클루드한다.

```
#include <boost/utility/base_from_member.hpp>
```

2. boost::base_from_member<T>에서 자신의 클래스를 파생시킨다. 여기서 T는 기본 클래스 전에 초기화돼야 하는 형식이다(기본 클래스들의 순서에 신경 쓰자. boost::base_from_member<T>가 T를 사용하는 클래스 앞에 있어야 한다).

```
class fake_tasks_processor_fixed
    : boost::base_from_member<std::ostringstream>
    , public tasks_processor
```

3. 다음과 같이 생성자를 제대로 만든다.

```
{
    typedef boost::base_from_member<std::ostringstream> logger_t;

    virtual void do_process() {
        logger_t::member << "Fake processor processed!";
    }

public:
```

```
        fake_tasks_processor_fixed()
            : logger_t()
            , tasks_processor(logger_t::member)
        {}
    };
```

예제 분석

기본 명시자 목록에 나타난 선언 순서에 따라 정적이 아닌 데이터 멤버를 초기화하기 전에 직접 기본 클래스^{direct base class}가 초기화된다. 무언가를 사용해서 기본 클래스 B를 초기화해야 한다면 그 무언가를 B보다 먼저 선언된 기본 클래스 A의 일부가 되게 해야 한다. 다시 말해 boost::base_from_member는 템플릿 파라미터를 정적이 아닌 데이터 멤비로 저장하는 간난한 클래스다.

```
template < typename MemberType, int UniqueID = 0 >
class base_from_member {
protected:
    MemberType member;
    // 생성자는 여기로 옮긴다.
};
```

부연 설명

앞에서 봤듯이 base_from_member는 두 번째 템플릿 인자로 정수를 받는다. 같은 형식을 갖는 여러 base_from_member 클래스가 필요할 경우에 이 템플릿을 쓸 수 있다.

```
class fake_tasks_processor2
    : boost::base_from_member<std::ostringstream, 0>
    , boost::base_from_member<std::ostringstream, 1>
```

```
        , public tasks_processor
{

    typedef boost::base_from_member<std::ostringstream, 0> logger0_t;
    typedef boost::base_from_member<std::ostringstream, 1> logger1_t;

    virtual void do_process() {
        logger0_t::member << "0: Fake processor2 processed!";
        logger1_t::member << "1: Fake processor2 processed!";
    }
public:
    fake_tasks_processor2()
        : logger0_t()
        , logger1_t()
        , tasks_processor(logger0_t::member)
    {}
};
```

boost::base_from_member 클래스는 동적 메모리도, 가상 함수도 쓰지 않는다. 현재
구현은 컴파일러가 지원하더라도 완벽한 전달[perfect forwarding]과 가변 인자 템플릿[variadic
template]을 지원하지 않는다. C++ 표준 라이브러리에서는 base_from_member가 제공되
지 않는다.

참고 사항

- Boost.Utility 라이브러리는 유용한 클래스들과 메소드를 많이 제공한다. 더
  자세한 것은 http://boost.org/libs/utility에 있는 문서를 참고하자.

- 1장의 '복사할 수 없는 클래스 생성' 예제에서도 Boost.Utility가 제공하는
  클래스들에 대한 예제가 많다.

- 또한 1장의 'C++11 이동 에뮬레이션 사용' 예제에서도 Boost.Utility가 제공
  하는 클래스들에 대한 예제가 많다.

03

데이터 변환

3장에서 다루는 내용은 다음과 같다.

- 문자열에서 숫자로 변환
- 숫자에서 문자열로 변환
- 숫자에서 숫자로 변환
- 사용자 정의 형식과 문자열 간 변환
- 스마트 포인터 변환
- 다형적 객체의 형 변환
- 간단한 입력 파싱
- 복잡한 입력 파싱

▌소개

이제 기본적인 부스트 형식에 대해서는 좀 알게 됐으니, 데이터 변환 함수를 알아보자. 3장에서는 문자열과 숫자, 그리고 사용자 정의 형식이 서로 어떻게 변환되는지, 어떻게 하면 다형적 형식을 안전하게 형 변환할 수 있는지, 그리고 C++ 소스 파일 안에서 크거나 작은 파서를 어떻게 작성하는지 알아본다.

▌문자열에서 숫자로 변환

C++에서 문자열을 숫자로 변환하는 작업은 비효율적이며 불친절하기 때문에 많은 사람들이 힘겨워했다. 100이라는 문자열을 int로 변환해보자.

```
#include <sstream>

void sample1() {
    std::istringstream iss("100");
    int i;
    iss >> i;

    // ...
}
```

코드 내의 변환을 하는 동안 불필요한 연산이나 가상 함수, 원자 연산과 메모리 할당이 얼마나 많이 일어날지 생각 않는 것이 더 낫다. 그뿐 아니라 iss 변수는 더 이상 필요하지도 않지만 영역이 끝날 때까지 살아남는다.

C 메소드라고 더 나을 것은 없다.

```
#include <cstdlib>

void sample2( ) {
    char * end;
    const int i = std::strtol ("100", &end, 10);

    // ...
}
```

모든 값을 정수로 변환했을까? 아니면 중간에 멈췄을까? 이를 알아보려면 end 변수의 내용을 확인해봐야 한다. 영역의 끝에 이르기까지 필요하지도 않은 end 변수를 갖고 있어야 한다. 그리고 int를 원했지만 strtol은 long int를 반환한다. 변환된 값은 정수에 들어맞을까?

준비

이 예제는 C++와 STL에 대한 기본 지식만으로도 충분히 이해할 수 있다.

예제 구현

부스트는 문자열을 숫자로 변환하는 어려움을 줄이는 라이브러리도 제공한다. Boost. LexicalCast라는 라이브러리로, boost::bad_lexical_cast 예외 클래스와 몇 가지 boost::lexical_cast와 boost::conversion::try_lexical_convert 함수를 갖는다.

```
#include <boost/lexical_cast.hpp>

void sample3( ) {
    const int i = boost::lexical_cast<int>("100");
    // ...
}
```

심지어 0으로 끝나지 않는 문자열에서도 쓸 수 있다.

```cpp
#include <boost/lexical_cast.hpp>

void sample4() {
    char chars[] = { 'x', '1', '0', '0', 'y' };
    const int i = boost::lexical_cast<int>(chars + 1, 3);
    assert(i == 100);
}
```

예제 분석

boost::lexical_cast 함수는 입력으로 문자열을 받아 부등호(< >) 안에 명시된 형식으로 변환한다. 이 뿐만 아니라 경계 값bound을 초과하는지도 검사한다.

```cpp
#include <boost/lexical_cast.hpp>
#include <iostream>

void sample5() {
    try {
        // 대부분의 short는 32767보다 큰 수를 저장할 수 없다.
        const short s = boost::lexical_cast<short>("1000000");
        assert(false); // 여기로 오면 안 된다.
    } catch (const boost::bad_lexical_cast& e) {
        std::cout << e.what() << '\n';
    }
}
```

이 코드는 다음과 같이 출력한다.

bad lexical cast: source type value could not be interpreted as target.

134

또한 입력값이 문법을 잘 따랐는지도 검사해서 입력이 잘못됐다면 예외를 던진다.

```
#include <boost/lexical_cast.hpp>
#include <iostream>

void sample6( ) {
    try {
        const int i = boost::lexical_cast<int>("This is not a number!");
        assert(false); // 여기로 오면 안 된다.
    } catch (const boost::bad_lexical_cast& /*e*/) {}
}
```

부스트 1.56부터는 반환 코드로 오류를 알리는 boost::conversion::try_lexical_ convert 함수가 제공된다. 입력이 잘못 들어오는 일이 잦으면서도 성능이 중요할 때 이 함수를 쓰면 좋다.

```
#include <boost/lexical_cast.hpp>
#include <cassert>

void sample7( ) {
    int i = 0;
    const bool ok = boost::conversion::try_lexical_convert("Bad stuff", i);
    assert(!ok);
}
```

부연 설명

lexical_cast는 std::stringtreams 클래스들처럼 std::locale을 사용하며, 현지화된 숫자들도 변환할 수 있다. 그리고 C 로케일과 숫자 그룹이 없는 로케일들을 위한 수많은 최적화 방식도 갖추고 있다.

```
#include <boost/lexical_cast.hpp>
#include <locale>

void sample8( ) {
    try {
        std::locale::global(std::locale("ru_RU.UTF8"));
        // 러시아에서는 소수점으로 쉼표를 쓴다.
        float f = boost::lexical_cast<float>("1,0");
        assert(f < 1.01 && f > 0.99);
        std::locale::global(std::locale::classic( )); // C 로케일로 복원
    } catch (const std::runtime_error&) { /* 로케일이 지원되지 않는다. */ }
}
```

C++ 표준 라이브러리에는 lexical_cast가 없지만, C++17에서부터는 std::from_chars 함수를 사용해 어마어마하게 빠르면서도 일반적인 변환기를 만들 수 있다. 이런 변환기는 로케일을 전혀 사용하지 않기 때문에 기능상으로 약간 차이가 있다는 점은 알아 두자. std::from_chars 함수는 메모리를 할당하지 않고, 예외를 던지지 않으며, 원자 연산이나 그 외의 비싼 연산을 사용하지 않도록 설계됐다.

참고 사항

- boost::lexical_cast의 성능에 대해서는 '숫자에서 문자열로 변환' 예제를 참고하자.
- Boost.LexicalCast의 공식 문서에 몇 가지 예제와 성능 측정치 및 자주 묻는 질문에 대한 답이 나와 있다. http://boost.org/libs/lexical_cast를 참고하자.

숫자에서 문자열로 변환

이번 예제에서도 계속해서 사전적^{lexical} 변환을 알아본다. 이전 예제와 달리 이번에는 Boost.LexicalCast를 사용해서 숫자를 문자열로 바꿔본다. 그리고 앞에 살펴본 것처럼 boost::lexical_cast를 사용하면 정말 간단하게 데이터를 변환할 수 있다.

준비

이 예제는 C++와 STL의 기본 지식만으로도 충분히 이해할 수 있다.

예제 구현

boost::lexical_cast를 써서 정수 값 100을 std::string으로 변환해보자.

```cpp
#include <cassert>
#include <boost/lexical_cast.hpp>

void lexical_cast_example() {
    const std::string s = boost::lexical_cast<std::string>(100);
    assert(s == "100");
}
```

기존의 C++ 변환 메소드와 비교해보자.

```cpp
#include <cassert>
#include <sstream>

void cpp_convert_example() {
    std::stringstream ss; // 느리고 무거운 기본 생성자
    ss << 100;
    std::string s;
```

```
    ss >> s;

    // 뭘 어떻게 하든지 이 영역이 끝날 때까지 변수인 'ss'가 계속해서 남는다.
    // 변환하는 동안 가상 함수가 여러 번 호출된다.
    assert(s == "100");
}
```

그리고 C 변환 메소드와도 비교해보자.

```
#include <cassert>
#include <cstdlib>

void c_convert_example() {
    char buffer[100];
    std::sprintf(buffer, "%i", 100);

    // 이 세상에 존재하는 'printf' 종류의 함수에서 얼마나 오류가 많이 나는지 세어 보려면
    // unsigned long long int 정도는 써야 할 것이다.
    // 게다가 'printf' 함수는 항상 보안 문제가 있다!

    // 그래도 잠시만 기다려보자. std::string을 만들어야 하니까.
    const std::string s = buffer;
    // 이제 쓰이지 않을 버퍼 변수를 갖게 됐다.

    assert(s == "100");
}
```

예제 분석

boost::lexical_cast 함수는 숫자를 입력으로 받을 수 있으며, 템플릿 파라미터(부등호(< >) 사이)로 명시한 문자열 형식으로 변환할 수 있다. 이전 예제에서 한 일과 거의 똑같다.

부연 설명

세심한 독자라면 lexical_cast를 호출하기 전에 추가로 문자열을 복사했고, 그로 인해 성능에 영향을 미칠 수 있다는 걸 알아차렸을 것이다. 맞는 말이긴 하지만 예전 컴파일러이거나 성능이 나쁜 컴파일러에서나 맞는 말이다. 최신 컴파일러에서는 이름 있는 반환값 최적화^{NRVO, Named Return Value Optimization}를 통해 생성자와 소멸자를 불필요하게 호출하지 않게 한다. 이름 있는 반환값 최적화를 사용하지 않더라도 C++11 호환 컴파일러라면 std::string의 이동 복사 생성자를 사용하기 때문에 빠르고 효율적으로 동작한다. Boost.LexicalCast 문서에 있는 성능 측정 부분에 다양한 형식에 대한 변환 속도를 여러 가지 컴파일러에서 측정해 기록해뒀다. 그리고 대부분의 경우 lexical_cast가 std::stringtream이나 printf 함수보다 빨랐다.

boost::lexical_cast에 출력 파라미터 형식으로 boost::array나 std::array가 전달된다면 동적 메모리 할당이 조금 덜 일어난다(혹은 메모리를 전혀 할당하지 않는다. 이런 동작은 std::locale 구현에 따라 정해진다).

C++11의 <string> 헤더에는 std::to_string과 std::to_wstring 함수가 선언돼 있다. 이 함수들은 로케일을 사용하며, 각각 boost::lexical_cast<std::string> 및 boost::lexical_cast<std::wstring>과 거의 같은 방식으로 동작한다. C++17에는 숫자를 char 문자열로 아주 빨리 변환하는 std::to_chars 함수가 있다. std::to_chars 는 메모리를 할당하지 않고, 예외를 던지지 않으며, 오류가 있다면 오류 코드로 알린다. 로케일을 쓸 필요가 없고 엄청나게 빠른 변환 함수가 필요하다면 std::to_chars 를 사용하자.

참고 사항

- 부스트의 공식 문서에 lexical_cast와 다른 변환 방법의 성능을 비교한 표가 나와 있다. 그리고 대부분의 경우 lexical_cast의 성능이 더 좋다. http://

boost.org/libs/lexical_cast에서 볼 수 있다.

- '문자열에서 숫자로 변환' 예제를 참고하자.
- '사용자 정의 형식과 문자열 간 변환' 예제를 참고하자.

▌ 숫자에서 숫자로 변환

다음과 비슷한 코드를 작성해야 했던 때를 기억해보자.

```
void some_function(unsigned short param);
int foo();

void do_something() {
    // 어떤 컴파일러에서는 int가 unsigned short로 변환되며,
    // 데이터를 잃을 수 있다고 경고할지도 모른다.
    some_function(foo());
}
```

일반적으로 프로그래머들은 다음 코드 조각에 나온 것처럼 unsigned short로 암묵적으로 형 변환한다는 경고를 무시한다.

```
// 경고가 억제됨
some_function(
    static_cast<unsigned short>(foo())
);
```

하지만 foo()가 unsigned short에 안 맞는 값을 반환한다면 어떻게 될까? 위 코드로는 오류를 찾아내기가 지극히 어렵다. 이런 오류들을 찾아내서 고치고 나면 이미 그 오류가 만들어진 지 수년이 지난 후일 경우도 있다. foo() 정의를 살펴보자.

```
// 오류가 발생하면 -1을 반환
int foo() {
    if (some_extremely_rare_condition()) {
        return -1;
    } else if (another_extremely_rare_condition()) {
        return 1000000;
    }

    return 42;
}
```

준비

이 예제는 C++의 기본 지식만으로도 충분하다.

예제 구현

이 경우 Boost.NumericConversion 라이브러리를 써보자. static_cast 대신 boost::
numeric_cast를 쓰면 된다. 원본 데이터를 대상에 맞춰 변환할 수 없을 때 예외를
던진다.

```
#include <boost/numeric/conversion/cast.hpp>
void correct_implementation() {
    // 100% 정확
    some_function(
        boost::numeric_cast<unsigned short>(foo())
    );
}

void test_function() {
    for (unsigned int i = 0; i < 100; ++i) {
        try {
```

```
            correct_implementation( );
      } catch (const boost::numeric::bad_numeric_cast& e) {
          std::cout << '#' << i << ' ' << e.what( ) << std::endl;
      }
    }
}
```

이제 test_function( )을 실행하면 다음과 같이 출력한다.

#47 bad numeric conversion: negative overflow
#58 bad numeric conversion: positive overflow

게다가 오버플로우^{overflow}된 이유도 알아낼 수 있다.

```
void test_function1( ) {
    for (unsigned int i = 0; i < 100; ++i) {
        try {
            correct_implementation( );
        } catch (const boost::numeric::positive_overflow& e) {
            // 양의 오버플로우(overflow)에 대처하기
            std::cout << "POS OVERFLOW in #" << i << ' '
                        << e.what( ) << std::endl;
        } catch (const boost::numeric::negative_overflow& e) {
            // 음의 오버플로우에 대처하기
            std::cout <<"NEG OVERFLOW in #" << i << ' '
                        << e.what( ) << std::endl;
        }
    }
}
```

test_function1( ) 함수는 다음과 같이 출력한다.

예제 분석

boost::numeric_cast는 입력 파라미터의 값이 새 형식에 잘 맞는지, 데이터 일부를 잃지는 않는지 검사하며, 변환할 경우 일부 데이터가 사라진다면 예외를 던진다.

Boost.NumericConversion 라이브러리는 매우 빠른 성능을 보이도록 구현됐다. 컴파일할 때 많은 작업을 처리한다. 예를 들어 더 넓은 범위를 갖는 형식으로 변환한다면 컴파일하는 중 static_cast 메소드를 호출하게 바꿔 버린다.

부연 설명

boost::numeric_cast 함수는 boost::numeric::converter를 써서 구현한다. boost::numeric::converter의 오버플로우, 범위 검사, 소수점 처리 정책은 바꿀 수 있다. 하지만 대개 numeric_cast만으로 충분할 것이다.

boost::numeric::cast를 위한 나만의 오버플로우 처리기[handler]를 만드는 예는 다음과 같다.

```cpp
template <class SourceT, class TargetT>
struct mythrow_overflow_handler {
    void operator() (boost::numeric::range_check_result r) {
        if (r != boost::numeric::cInRange) {
            throw std::logic_error("Not in range!");
        }
    }
};
```

```
template <class TargetT, class SourceT>
TargetT my_numeric_cast(const SourceT& in) {
    typedef boost::numeric::conversion_traits<
        TargetT, SourceT
    > conv_traits;
    typedef boost::numeric::converter <
        TargetT,
        SourceT,
        conv_traits, // default conversion traits
        mythrow_overflow_handler<SourceT, TargetT> // !!!
    > converter;

    return converter::convert(in);
}
```

맞춤 변환기를 사용하는 방법은 다음과 같다.

```
void example_with_my_numeric_cast() {
    short v = 0;
    try {
        v = my_numeric_cast<short>(100000);
    } catch (const std::logic_error& e) {
        std::cout << "It works! " << e.what() << std::endl;
    }
    (void)v;
}
```

이 코드는 다음과 같이 출력한다.

It works! Not in range!

C++17에서도 안전한 숫자 변환을 위한 특성을 제공하지 않는다. 하지만 제공하려는 방향으로 계속해서 작업 중이다. 2020년도 이후에 이러한 특성을 제공할 가능성은

얼마든지 열려 있다.

참고 사항

부스트의 공식 문서에 숫자 변환기^{numeric converter}가 받아들이는 모든 템플릿 파라미터가 자세히 나와 있다. http://boost.org/libs/numeric/conversion을 참고하자.

▌사용자 정의 형식과 문자열 간 변환

Boost.LexicalCast에서는 lexical_cast에서 자신만의 형식을 쓸 수 있게 하는 특성을 제공한다. 이 특성을 쓰려면 자신의 형식에 올바른 std::ostream과 std::istream 연산자를 정의하기만 하면 된다.

예제 구현

1. operator<<와 operator>> 스트림^{stream} 연산자만 제공하면 된다. 이미 자신의 클래스가 스트림 연산을 갖추고 있다면 따로 할 일은 없다.

```
#include <iostream>
#include <stdexcept>

// '-' 기호를 저장하지 않는 음수 값
class negative_number {
    unsigned short number_;

public:
    explicit negative_number(unsigned short number = 0)
        : number_(number)
    {}
```

```
// ...
    unsigned short value_without_sign() const {
        return number_;
    }
};

inline std::ostream&
        operator<<(std::ostream& os, const negative_number& num)
{
    os << '-' << num.value_without_sign();
    return os;
}

inline std::istream& operator>>(std::istream& is,
        negative_number& num)
{
    char ch;
    is >> ch;
    if (ch != '-') {
        throw std::logic_error(
            "negative_number class stores ONLY negative values"
        );
    }

    unsigned short s;
    is >> s;
    num = negative_number(s);
    return is;
}
```

2. 이제 boost::lexical_cast를 사용해 negative_number 클래스를 다른 형식
   으로 변환해보고, 반대로도 해보자. 그 예는 다음과 같다.

```
#include <boost/lexical_cast.hpp>
#include <boost/array.hpp>
```

```
#include <cassert>

void example1() {
    const negative_number n
        = boost::lexical_cast<negative_number>("-100");
    assert(n.value_without_sign() == 100);

    const int i = boost::lexical_cast<int>(n);
    assert(i == -100);

    typedef boost::array<char, 10> arr_t;
    const arr_t arr = boost::lexical_cast<arr_t>(n);
    assert(arr[0] == '-');
    assert(arr[1] == '1');
    assert(arr[2] == '0');
    assert(arr[3] == '0');
    assert(arr[4] == 0);
}
```

예제 분석

boost::lexical_cast 함수는 사용자 정의 형식을 변환하기 위한 스트림 연산자를 찾아내 사용할 수 있다.

Boost.LexicalCast 라이브러리는 기본 형식에 대한 많은 최적화를 제공한다. 사용자 정의 형식을 기본 형식으로 형 변환하거나, 기본 형식을 사용자 정의 형식으로 형 변환할 때 이 최적화들이 사용된다.

부연 설명

boost::lexical_cast 함수는 넓은 문자 문자열^{wide character string}로도 변환할 수 있지만, 그러려면 알맞은 basic_istream과 basic_ostream 연산자를 오버로딩^{overloading}해둬야 한다.

```cpp
template <class CharT>
std::basic_ostream<CharT>&
        operator<<(std::basic_ostream<CharT>& os, const negative_number& num)
{
    os << static_cast<CharT>('-') << num.value_without_sign();
    return os;
}

template <class CharT>
std::basic_istream<CharT>&
        operator>>(std::basic_istream<CharT>& is, negative_number& num)
{
    CharT ch;
    is >> ch;
    if (ch != static_cast<CharT>('-')) {
        throw std::logic_error(
            "negative_number class stores ONLY negative values"
        );
    }
    unsigned short s;
    is >> s;
    num = negative_number(s);
    return is;
}

void example2() {
    const negative_number n = boost::lexical_cast<negative_number>(L"-1");
    assert(n.value_without_sign() == 1);

    typedef boost::array<wchar_t, 10> warr_t;
    const warr_t arr = boost::lexical_cast<warr_t>(n);
    assert(arr[0] == L'-');
    assert(arr[1] == L'1');
    assert(arr[2] == 0);
}
```

Boost.LexicalCast 라이브러리는 C++11에 포함돼 있지 않다. 많은 부스트 라이브러리들이 이 라이브러리를 쓰고 있으며, 이걸 써서 여러분의 삶도 더 나아지면 좋겠다.

참고 사항

- Boost.LexicalCast 문서에 몇 가지 예제와 성능 측정치, 자주 묻는 질문에 대한 답이 나와 있다. http://boost.org/libs/lexical_cast를 참고하자.
- '문자열에서 숫자로 변환' 예제를 참고하자.
- '숫자에서 문자열로 변환' 예제를 참고하자.

▌ 스마트 포인터 변환

다음과 같은 문제가 있다.

1. some_class라는 이름의 클래스가 있다.

```
struct base {
    virtual void some_methods() = 0;
    virtual ~base();
};

struct derived: public base {
    void some_methods() /*오버라이드*/;
    virtual void derived_method() const;

    ~derived() /*오버라이드*/;
};
```

2. 제 3자가 제공하는 API가 있는데, 각각은 derived 인스턴스를 만들어서 base에 대한 공유 포인터로 반환하는 함수와 const derived에 대한 공유 포인터를 받는 함수다.

```
#include <boost/shared_ptr.hpp>
boost::shared_ptr<const base> construct_derived();
void im_accepting_derived(boost::shared_ptr<const derived> p);
```

3. 그리고 다음 코드가 동작하게 만들어야 한다.

```
void trying_hard_to_pass_derived() {
    boost::shared_ptr<const base> d = construct_derived();

    // 이런! 컴파일 오류
    // 'const struct base'에는 'derived_method'라는 멤버가 없다.
    d->derived_method();

    // 이런! 컴파일 오류
    // 'd'를 'boost::shared_ptr<const derived>'로 변환할 수 없다.
    im_accepting_derived(d);
}
```

어떻게 하면 이 문제를 멋지게 해결할 수 있을까?

준비

C++와 스마트 포인터에 대한 기본 지식이 필요하다.

예제 구현

해결책은 스마트 포인터 간의 특별한 변환이다. 이번 경우에는 dynamic_cast 기능을 사용해야 한다. 다음과 같은 코드를 작성해보자.

```
void trying_hard_to_pass_derived2() {
    boost::shared_ptr<const derived> d
        = boost::dynamic_pointer_cast<const derived>(
            construct_derived()
        );

    if (!d) {
        throw std::runtime_error(
            "Failed to dynamic cast"
        );
    }

    d->derived_method();
    im_accepting_derived(d);
}
```

예제 분석

Boost 라이브러리에는 스마트 포인터 변환에 대한 함수가 아주 많다. 모든 함수가 스마트 포인터와 템플릿 파라미터 T를 받는데, 여기서 T는 원하는 스마트 포인터의 템플릿 형식이다. 이러한 변환 연산자는 참조 카운터와 스마트 포인터 내부 값들을 적절히 다루면서도 내장 형 변환 동작을 흉내낸다.

- **boost::static_pointer_cast<T>(p):** static_cast<T*>(p.get())을 흉내냄
- **boost::dynamic_pointer_cast<T>(p):** dynamic_cast<T*>(p.get())을 흉내냄
- **boost::const_pointer_cast<T>(p):** const_cast<T*>(p.get())을 흉내냄

- **boost::reinterpret_pointer_cast<T>(p):** reinterpret_cast<T*>(p.get( )) 을 흉내냄

부연 설명

<boost/pointer_cast.hpp>를 인클루드한다면 모든 boost::*_pointer_cast 함수 는 표준 라이브러리와 C 포인터에서 나온 스마트 포인터를 다룰 수 있다.

C++11의 표준 라이브러리에서는 <memory> 헤더에 정의된 std::static_pointer_cast, std::dynamic_pointer_cast, std::const_pointer_cast를 제공하지만 std::shared_ ptr에서만 사용할 수 있다. C++17 표준 라이브러리는 std::reinterpret_pointer_ cast를 제공하는데, 역시 std::shared_ptr에서만 사용할 수 있다.

참고 사항

- Boost.SmartPointer 라이브러리 문서에는 표준 라이브러리 라이브러리의 포인터 변환에 대한 여러 가지 예제가 잘 나와 있다. http://boost.org/libs/ smart_ptr/pointer_cast.html을 참고하자.
- boost::shared_ptr을 위한 참조자 변환은 http://boost.org/libs/smart_ptr/ shared_ptr.htm을 참고하자.
- 3장의 '다형적 객체의 형 변환' 예제에 동적 변환을 더 잘 실행하는 방법이 있다.

▌다형적 객체의 형 변환

어떤 프로그래머가 다음과 같은 끔찍한 인터페이스를 디자인했다고 상상해보자(이 코드는 인터페이스를 이렇게 만들어선 안 된다는 걸 보여주는 좋은 예다).

```cpp
struct object {
    virtual ~object() {}
};

struct banana: public object {
    void eat() const {}
    virtual ~banana(){}
};

struct penguin: public object {
    bool try_to_fly() const {
        return false; // 펭귄은 날 수 없다.
    }
    virtual ~penguin(){}
};

object* try_produce_banana();
```

그리고 바나나를 먹는 함수를 만들어야 하는데, 바나나 대신 다른 것이 들어온다면 (try_produce_banana()가 nullptr을 반환할 수도 있다) 예외를 던져야 한다. 그러나 함수가 반환한 값을 참조 해제할 때 사실은 널 포인터를 참조 해제할지도 모른다는 위험이 도사리고 있다.

준비

이 예제는 C++의 기본 지식만으로도 충분하다.

예제 구현

그러므로 다음과 같은 코드를 작성해야 한다.

```
void try_eat_banana_impl1() {
    const object* obj = try_produce_banana();
    if (!obj) {
        throw std::bad_cast();
    }

    dynamic_cast<const banana&>(*obj).eat();
}
```

보기 싫지 않은가? 이럴 때 Boost.Conversion을 쓰면 좀 낫다.

```
#include <boost/cast.hpp>
void try_eat_banana_impl2() {
    const object* obj = try_produce_banana();
    boost::polymorphic_cast<const banana*>(obj)->eat();
}
```

예제 분석

boost::polymorphic_cast 함수는 단순히 첫 번째 예제에 있는 코드를 둘러싸는 역할만 할 뿐이다. 입력이 널인지 확인한 후 동적 형 변환을 한다. 그리고 오류가 발생하면 std::bad_cast 예외를 던진다.

부연 설명

Boost.Convert 라이브러리에는 polymorphic_downcast 함수도 있는데, 항상 실제로 할 수 있는 하향 형 변환에 대해서만 사용해야 한다. 디버그 모드일 경우(NDEBUG가 정의되지 않음) dynamic_cast를 사용해 올바른 하향 형 변환인지 검사한다. NDEBUG가 정의됐다면 polymorphic_downcast 함수는 static_cast 연산처럼 동작한다. 성능이 중요한 부분에서 이 함수를 사용하면 최적화된 바이너리에서는 성능 문제가 없고 디버그 바이너리에서 오류를 찾을 수 있어 좋다.

부스트 1.58부터는 Boost.Conversion 라이브러리에서 boost::polymorphic_pointer_downcast와 boost::polymorphic_pointer_cast를 제공한다. 이 함수를 사용하면 스마트 포인터에 대해서도 안전하게 형 변환할 수 있는데, 동작 특성은 boost::polymorphic_cast나 boost::polymorphic_downcast와 똑같다.

C++ 표준 라이브러리에는 polymorphic_cast와 polymorphic_downcast가 없다.

참고 사항

- 처음 polymorphic_cast에 대한 아이디어를 제시한 곳은 비야네 스트롭스트룹Bjarne Stroustrup의 책 『The C++ Programming Language』였다. 자세한 내용과 또 다른 주제들에 대한 아이디어를 알고 싶다면 이 책을 읽어보자.
- 공식 문서도 읽어볼 만하다. http://boost.org/libs/conversion을 참고하자.
- 스마트 포인터의 형 변환을 자세히 알고 싶다면 이전 예제를 참고하자.

▌간단한 입력 파싱

짧은 텍스트text를 파싱parsing하는 것은 흔한 일이다. 그리고 언제나 딜레마에 빠지게 된다. Bison이나 ANTLR과 같이 외부에서 만든 전문적인 유틸리티를 사용할까? 아니면 C++와 표준 라이브러리만 써서 직접 만들까? 외부에서 만든 유틸리티를 사용하면 복잡한 텍스트의 파싱을 처리하기 좋고 파서parser를 만들기도 쉽다. 하지만 사용한 유틸리티의 문법에서 C++나 C 코드를 만들기 위해 또 다른 도구를 써야 하고, 지금 프로젝트가 그 유틸리티에 종속되게 된다.

손으로 만든 파서는 일반적으로 관리하기 어렵지만 C++ 컴파일러만 있으면 된다는
면에서는 더 좋다.

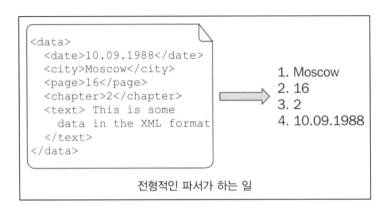

전형적인 파서가 하는 일

이제 다음과 같은 ISO 형식에 맞춰 날짜를 파싱하는 간단한 작업을 해보자.

```
YYYY-MM-DD
```

입력으로 받을 수 있는 예들은 다음과 같다.

```
2013-03-01
2012-12-31    // (와우, 곧 새해가 되네!)
```

http://www.ietf.org/rfc/rfc333 링크에 나와 있는 파서의 문법을 참고하자.

```
date-fullyear   = 4DIGIT
date-month      = 2DIGIT  ; 01-12
date-mday       = 2DIGIT  ; 01-28, 01-29, 01-30, 01-31
                          ; 월/연도 기반
full-date       = date-fullyear "-" date-month "-" date-mday
```

준비

플레이스홀더 개념에 익숙해져 있어야 한다. 필요하다면 1장의 '함수의 파라미터 값 묶기와 재정렬' 예제를 참고하자. 파싱 유틸리티에 대한 기본 지식이 있으면 좋다.

예제 구현

이번에는 Boost.Spirit 라이브러리를 알아본다. 이 라이브러리를 사용하면 파서(그리고 어휘 분석기^{lexer}와 생성기^{generator})를 직접 C++ 코드 형식으로 만들 수 있다. 즉시 실행 가능한 형태로 말이다(즉, C++ 코드로 생성해주는 도구가 필요 없다). Boost.Spirit의 문법은 확장 백커스 나우어 형식^{EBNF, Extended Backus-Naur Form}과 매우 유사하다. EBNF는 문법을 표현하기 위해 많은 표준에서 사용하고 있으며, 널리 쓰이는 파서들도 EBNF 형식을 해석할 수 있다. 3장의 처음에 나오는 문법이 바로 EBNF다.

1. 다음 헤더를 인클루드시켜야 한다.

```
#include <boost/spirit/include/qi.hpp>
#include <boost/spirit/include/phoenix_core.hpp>
#include <boost/spirit/include/phoenix_operator.hpp>
#include <cassert>
```

2. 이제 파싱된 데이터를 저장하는 date 구조체를 만들어보자.

```
struct date {
    unsigned short year;
    unsigned short month;
    unsigned short day;
};
```

3. 이제 파서를 살펴보자(어떻게 동작하는지에 대한 단계별 설명은 다음 절에서 알아보자).

```cpp
// 파라미터 's'의 형식으로 std::string보다 나은 걸 쓰고 싶다면
// '문자열 형식에 대한 참조자 사용' 예제를 참고하자.
date parse_date_time1(const std::string& s) {
    using boost::spirit::qi::_1;
    using boost::spirit::qi::ushort_;
    using boost::spirit::qi::char_;
    using boost::phoenix::ref;

    date res;
    const char* first = s.data();
    const char* const end = first + s.size();
    const bool success = boost::spirit::qi::parse(first, end,

        // EBNF 문법에 맞춰 '전체 날짜'를 표시하게 구현한다.
        ushort_[ ref(res.year) = _1 ] >> char_('-')
            >> ushort_[ ref(res.month) = _1 ] >> char_('-')
            >> ushort_[ ref(res.day) = _1 ]

    );

    if (!success || first != end) {
        throw std::logic_error("Parsing failed");
    }
    return res;
}
```

4. 이제 어디서나 원한다면 이 파서를 쓸 수 있다.

```cpp
int main() {
    const date d = parse_date_time1("2017-12-31");
    assert(d.year == 2017);
    assert(d.month == 12);
```

```
        assert(d.day == 31);
    }
```

예제 분석

구현이 정말 간단하다. 숫자의 자릿수도 검사하지 않는다. 파싱 자체는 boost::spirit::qi::parse 함수가 처리한다. 먼저 파싱에 성공했을 때 하는 작업들을 없애서 코드를 간단하게 해보자.

```
const bool success = boost::spirit::qi::parse(first, end,
    ushort_ >> char_('-') >> ushort_ >> char_('-') >> ushort_
);
```

인자 first는 파싱할 데이터의 시작을 가리킨다. parse 함수는 이 인자를 사용해 파싱된 시퀀스의 끝을 나타내기 때문에 이 인자는 수정할 수 있는 (상수가 아닌) 변수여야 한다.

인자 end는 마지막의 다음 요소를 가리킨다. first와 end에 반복자를 전달해도 된다.

세 번째 인자는 파싱 규칙이다. 여기서는 정확히 EBNF 규칙을 따랐다

```
date-fullyear "-" date-month "-" date-md
```

이제 공백 부분을 >> 연산자로 치환했다.

parse 함수는 성공하면 참을 반환한다. 전체 문자열이 잘 파싱됐는지 확인하고 싶다면 파서의 반환값을 검사하고 인자로 준 end와 수정된 first 반복자가 같은지 확인한다.

이제 파싱에 성공한 후 해야 할 일을 살펴본 후 이번 예제를 마치자.

Boost.Spirit에서 의미상 해야 하는 일^{semantic action}이 있다면 [ ]에 명시할 수 있는데, 함수 포인터, 함수 객체, **boost::bind**, **std::bind**(또는 다른 bind( ) 구현)나 C++11 람다 함수로 작성할 수 있다.

그러면 YYYY에 대한 규칙을 C++11 람다^{lambda}로 만들어보자.

```
const auto y = [&res](unsigned short s) { res.year = s; };
// ...
ushort_[y] >> char_('-') >> // ...
```

> [ ] 안에 바로 람다를 정의하면 C++ 컴파일러가 속성이라고 생각하기 때문에 이 방법을 쓸 수는 없다. 그 대신에 람다 함수를 갖는 auto 변수를 만들어 파서 규칙 설명 내에서 그 변수를 사용할 수는 있다(바로 위의 코드 조각에서 한 것처럼 말이다).

이제 각각의 월마다 해야 하는 일의 의미를 좀 더 자세히 살펴보자.

```
ushort_[ ref(res.month) = _1 ]
```

책을 처음부터 읽고 있는 독자라면 여기서 boost::bind, boost::ref와 플레이스홀더가 떠오를 것이다. ref(res.month)는 res.month를 수정할 수 있는 참조자로 전달한다는 뜻이고, _1은 숫자 값일 첫 번째 입력 파라미터(ushort_ 파싱의 결과)를 말한다.

부연 설명

이제 앞에서 만들어본 파서를 고쳐서 숫자 개수를 고려하도록 적절한 파라미터를 주어 unit_parser 템플릿 클래스를 써보자.

```
date parse_date_time2(const std::string& s) {
    using boost::spirit::qi::_1;
    using boost::spirit::qi::uint_parser;
    using boost::spirit::qi::char_;
    using boost::phoenix::ref;

    date res;

    // unsigned short를 출력형으로 사용하며,
    // Radix 10과 2에서부터 2개의 숫자가 필요하다.
    uint_parser<unsigned short, 10, 2, 2> u2_;

    // unsigned short를 출력형으로 사용하며,
    // Radix 10과 4에서부터 4개의 숫자가 필요하다.
    uint_parser<unsigned short, 10, 4, 4> u4_;

    const char* first = s.data();
    const char* const end = first + s.size();
    const bool success = boost::spirit::qi::parse(first, end,

        u4_ [ ref(res.year) = _1 ] >> char_('-')
            >> u2_ [ ref(res.month) = _1 ] >> char_('-')
            >> u2_ [ ref(res.day) = _1 ]

    );
    if (!success || first != end) {
        throw std::logic_error("Parsing failed");
    }
    return res;
}
```

이 예제가 복잡해 보이긴 해도 걱정은 말자. 나도 처음에는 Boost.Spirit를 보고
겁먹었지만 이젠 이 라이브러리 덕분에 내 삶이 단순해졌다. 이 코드를 보고도 무섭지
않았다면 정말 용감한 사람이다.

프로젝트의 컴파일 시간을 늘리지 않으려면 파서를 헤더가 아닌 소스 파일에 만들자.
파서는 소스 파일에 작성하고, Boost.Spirit 관련된 모든 것은 해당 파일에 숨기자.

이 법칙에 따라 이전 예제를 수정하면 헤더 파일은 다음과 같이 바뀐다.

```
// 헤더 파일
#ifndef MY_PROJECT_PARSE_DATE_TIME
#define MY_PROJECT_PARSE_DATE_TIME

#include <string>

struct date {
    unsigned short year;
    unsigned short month;
    unsigned short day;
};

date parse_date_time2(const std::string& s);

#endif // MY_PROJECT_PARSE_DATE_TIME
```

그리고 boost::spirit::parse 함수에 반복자 형식을 전달할 때는 주의를 기울이자. 반복자 형식의 수를 줄일수록 최종 바이너리의 크기가 작아진다.

날짜 정도는 표준 라이브러리를 써서 직접 파싱하는 것이 더 낫다고 생각한다면 맞는 말이다! 하지만 이번 예제에서나 맞는 말이다. 다음 예제를 살펴보면 Boost.Spirit의 사용법에 대한 더 많은 예제가 나와 있는데, 특히 Boost.Spirit를 쓰는 것보다 손으로 파서를 만드는 것이 어려운 상황으로 이번 예제를 확장해볼 것이다.

Boost.Spirit 라이브러리는 C++에 포함되지 않았으며, 조만간 C++ 표준에 제안하지도 않을 것 같다. 하지만 최신 C++ 특성과도 잘 동작하니 컴파일러가 C++11을 지원한다면 이 라이브러리를 사용해보자.

```
date parse_date_time2_cxx(const std::string& s) {
    using boost::spirit::qi::uint_parser;
    using boost::spirit::qi::char_;
```

```
date res;

uint_parser<unsigned short, 10, 2, 2> u2_;
uint_parser<unsigned short, 10, 4, 4> u4_;

const auto y = [&res](unsigned short s) { res.year = s; };
const auto m = [&res](unsigned short s) { res.month = s; };
const auto d = [&res](unsigned short s) { res.day = s; };

const char* first = s.data();
const char* const end = first + s.size();
const bool success = boost::spirit::qi::parse(first, end,
    u4_[y] >> char_('-') >> u2_[m] >> char_('-') >> u2_[d]
);

if (!success || first != end) {
    throw std::logic_error("Parsing failed");
}
return res;
}
```

참고 사항

- 1장의 '함수의 파라미터 값 묶기와 재정렬' 예제를 참고하자.

- Boost.Spirit는 거대한 헤더로만 구성된 라이브러리다. 이 라이브러리만 다루는 또 다른 책이 나올지도 모른다. 그러니 이 라이브러리에 대한 문서인 http://boost.org/libs/spirit를 얼마든지 읽어보길 바란다.

▌복잡한 입력 파싱

이전 예제에서는 날짜에 대한 간단한 파서를 만들어봤다. 이제 시간이 좀 흘러서 해야 할 일이 바뀌었다고 상상해보자. 이제 다양한 입력 형식과 시간대^{zone} 오프셋^{offset}을

지원하는 날짜-시간 파서가 필요하다. 즉, 이제 파서는 다음과 같은 입력도 이해할
수 있어야 한다.

```
2012-10-20T10:00:00Z           // 시간대 차이가 없는 날짜 시간
2012-10-20T10:00:00            // 시간대 차이를 명시하지 않은 날짜 시간
2012-10-20T10:00:00+09:15      // 시간대 차이를 명시한 날짜 시간
2012-10-20-09:15               // 시간대 차이를 명시한 날짜 시간
10:00:09+09:15                 // 시간대 차이를 명시한 시간
```

준비

Boost.Spirit 라이브러리를 사용할 예정이므로, 이번 예제를 읽기 전에 '간단한 입력
파싱' 예제를 읽어보자.

예제 구현

1. 제일 먼저 파싱된 결과를 저장할 날짜-시간 구조체를 만들어보자.

```cpp
#include <stdexcept>
#include <cassert>

struct datetime {
    enum zone_offsets_t {
        OFFSET_NOT_SET,
        OFFSET_Z,
        OFFSET_UTC_PLUS,
        OFFSET_UTC_MINUS
    };

private:
    unsigned short year_;
    unsigned short month_;
```

```cpp
        unsigned short day_;

        unsigned short hours_;
        unsigned short minutes_;
        unsigned short seconds_;

        zone_offsets_t zone_offset_type_;
        unsigned int zone_offset_in_min_;

        static void dt_assert(bool v, const char* msg) {
            if (!v) {
                throw std::logic_error(
                    "Assertion failed in datetime: " + std::string(msg)
                );
            }
        }

    public:
        datetime()
            : year_(0), month_(0), day_(0)
            , hours_(0), minutes_(0), seconds_(0)
            , zone_offset_type_(OFFSET_NOT_SET), zone_offset_in_min_(0)
        {}

        // 얻어오기 함수(getter): year(), month(), day(), hours(), minutes(),
        // seconds(), zone_offset_type(), zone_offset_in_min()
        // ...
        // 설정하기 함수(setter): set_year(unsigned short),
...
        // set_day(unsigned short), ...
        //
        // void set_*(unsigned short v) {
        //     Some dt_assert.
        //     Setting the '*_' to 'v'.
        // }
        // ...
};
```

2. 이제 시간대 오프셋을 설정하는 함수를 만들어보자.

```
void set_zone_offset(datetime& dt, char sign, unsigned short hours
    , unsigned short minutes)
{
    dt.set_zone_offset(
        sign == '+'
        ? datetime::OFFSET_UTC_PLUS
        : datetime::OFFSET_UTC_MINUS
    );
    dt.set_zone_offset_in_min(hours * 60 + minutes);
}
```

3. 이번 파서는 간단한 파서 몇 개로 나눠서 만들 수 있다. 먼저 시간대-오프셋 파서에서부터 시작해보자.

```
// Boost.Spirit를 쓰려면 다음 파일을 인클루드해야 한다.
#include <boost/spirit/include/qi.hpp>
#include <boost/spirit/include/phoenix_core.hpp>
#include <boost/spirit/include/phoenix_operator.hpp>

// Boost.Spirit의 bind() 함수를 사용할 생각이다.
// 파서와 함께 쓸 때 반복 동작을 더 잘하기 때문이다.
#include <boost/spirit/include/phoenix_bind.hpp>

datetime parse_datetime(const std::string& s) {
    using boost::spirit::qi::_1;
    using boost::spirit::qi::_2;
    using boost::spirit::qi::_3;
    using boost::spirit::qi::uint_parser;
    using boost::spirit::qi::char_;
    using boost::phoenix::bind;
    using boost::phoenix::ref;

    datetime ret;
```

```cpp
// unsigned short를 출력형으로 사용하며,
// Radix 10과 2에서부터 2개의 숫자가 필요하다.
uint_parser<unsigned short, 10, 2, 2> u2_;

// unsigned short를 출력형으로 사용하며,
// Radix 10과 4에서부터 4개의 숫자가 필요하다.
uint_parser<unsigned short, 10, 4, 4> u4_;

boost::spirit::qi::rule<const char*, void()> timezone_parser
    = -(    // '-' 하나만 있으면 옵션이란 뜻이다.

        // 0 오프셋
        char_('Z')[ bind(
            &datetime::set_zone_offset, &ret, datetime::OFFSET_Z
        ) ]

        |    // 혹은

        // 특정 지역 오프셋
        ((char_('+')|char_('-')) >> u2_ >> ':' >> u2_) [
            bind(&set_zone_offset, ref(ret), _1, _2, _3)
        ]
    );
```

4. 나머지 파서를 만들어 이번 예제를 마무리한다.

```cpp
boost::spirit::qi::rule<const char*, void()> date_parser =
        u4_ [ bind(&datetime::set_year, &ret, _1) ] >> '-'
    >> u2_ [ bind(&datetime::set_month, &ret, _1) ] >> '-'
    >> u2_ [ bind(&datetime::set_day, &ret, _1) ];

boost::spirit::qi::rule<const char*, void()> time_parser =
        u2_ [ bind(&datetime::set_hours, &ret, _1) ] >> ':'
    >> u2_ [ bind(&datetime::set_minutes, &ret, _1) ] >> ':'
    >> u2_ [ bind(&datetime::set_seconds, &ret, _1) ];

const char* first = s.data();
```

```
        const char* const end = first + s.size();
        const bool success = boost::spirit::qi::parse(first, end,
            (
                (date_parser >> 'T' >> time_parser)
                | date_parser
                | time_parser
            )
            >> timezone_parser
        );

        if (!success || first != end) {
            throw std::logic_error("Parsing of '" + s + "' failed");
        }
        return ret;
    } // parse_datetime() 함수의 끝
```

예제 분석

여기서 가장 재미있는 변수는 boost::spirit::qi::rule<const char*, void()>다.
이걸로 얻어낸 파서의 정확한 형식을 삭제하면 재귀적인 문법을 위한 파서를 만들어
낼 수 있다. 또한 소스 파일에서 작성한 파서를 다른 헤더로 내보내더라도 프로젝트의
컴파일 시간에 큰 영향을 미치지 않을 수 있다.

예를 통해 알아보자.

```
// 헤더 파일의 어딘가
class example_1 {
    boost::spirit::qi::rule<const char*, void()> some_rule_;
public:
    example_1();
};

// 소스 파일 내
```

168

```
example_1::example_1() {
    some_rule_ = /* ... 수많은 파서 코드 ... */ boost::spirit::qi::char_('!');
}
```

하지만 이 클래스에는 컴파일러의 최적화를 방해하는 부분이 포함돼 있으니 필요할 때에만 쓰자.

때로는 **>>** char_(':') 대신 **>>** ':'을 사용했다. 두 번째에는 좀 더 제약이 많아 어떤 동작을 거기에 묶을^{binding} 수 없고 문자들을 결합해 새로운 법칙을 실행할 수도 없다(예를 들어 char_를 전혀 사용하지 않으면서 char_('+')|char_('-')를 쓸 수는 없다). 하지만 두 번째 방식을 쓰면 어떤 컴파일러에서는 최적화가 좀 더 잘 되기 때문에 성능은 더 나아질 수 있다.

부연 설명

형식을 삭제하는 데 쓰는 rule<> 객체를 제거하면 좀 더 빨라진다. C++11을 쓴다면 이 부분을 auto 키워드로 대체할 수도 있다.

Boost.Spirit 라이브러리가 만드는 파서는 아주 빠르다. 성능을 공식적으로 잰 적도 있다. 공식 문서에 빠른 파서를 작성하기 위한 고급 추천 사항도 나와 있다.

boost::phoenix::bind를 꼭 써야 하는 것은 아니지만, 그게 없으면 timezone_parser 내의 특정 시간대 오프셋을 파싱하는 법칙은 boost::fusion::vector<char, unsigned short, unsigned short> 형식을 다뤄야 한다. bind(&set_zone_offset, ref(ret), _1, _2, _3)이 읽기에 더 나아 보인다.

큰 파일을 파싱할 때는 11장의 '가장 빠르게 파일 읽기' 예제를 읽어보자. 프로그램의 성능은 파싱보다는 파일을 잘못 다룰 때 프로그램의 성능이 더 큰 영향을 받는다.

Boost.Spirit 라이브러리(또는 Boost.Fusion)를 쓰는 코드는 컴파일할 때 시간이 많이 들 수 있다. 템플릿 인스턴스화가 엄청나게 많이 일어나기 때문이다. Boost.
Spirit 라이브러리를 최신 컴파일러에서 컴파일해보니 시간이 약간 더 짧아지는 걸
확인할 수 있었다.

참고 사항

Boost.Spirit 라이브러리는 그 자체만으로도 책 한 권을 따로 쓸 만한 가치가 있다.
몇 개의 예제만으로 이 라이브러리가 제공하는 모든 기능을 설명할 수는 없다. 더
자세히 알고 싶다면 http://boost.org/libs/spirit에 있는 문서를 읽어보자. 더 많은 예
제와 미리 만들어놓은 파서, 그리고 부스트를 사용해 C++11에서 어휘 분석기와 생성
기를 직접 만드는 방법 등의 유용한 정보가 있다.

## 04

컴파일 시간 트릭

4장에서 다루는 내용은 다음과 같다.

- 컴파일할 때 크기 검사
- 정수 형식에 대해 함수 템플릿 사용하게 만들기
- 실수 형식에 대해 함수 템플릿 사용 못하게 만들기
- 숫자에서 형식 만들기
- 형식 특질 구현
- 템플릿 파라미터에 맞춰 최적인 연산자 선택
- C++03에서 표현식의 형식 알아내기

▍소개

4장에서는 부스트 라이브러리를 사용해 컴파일 시간 검사를 하고, 알고리즘을 튜닝하고, 메타프로그래밍 작업을 하는 방법에 대한 기본 예제를 살펴본다.

어떤 독자들은 "왜 내가 컴파일 시간에 일어나는 것까지 신경 써야 하나?"싶을 것이다. 그런데도 생각해봐야 하는 이유는, 프로그램 컴파일은 딱 한 번 하지만 실행은 여러 번 하기 때문이다. 컴파일 시간에 더 많은 일을 할수록 실행 시간에 할 일을 줄일 수 있다. 그러면 훨씬 빠르고 더 믿을 수 있는 프로그램을 만들 수 있다. 실행 시간 검사를 하면 검사한 코드가 실행될 때에만 수행되지만, 컴파일 시간 검사를 하면 오류가 있는 프로그램은 컴파일되지 않고, 이상적인 경우 의미 있는 컴파일 오류 메시지를 얻을 수도 있다.

4장은 가장 중요한 주제 중 하나다. 4상에서 다루는 내용 없이 부스트의 소스나 다른 부스트와 유사한 라이브러리를 이해한다는 것은 거의 불가능하다.

▍컴파일할 때 크기 검사

크기가 정해져 있는 버퍼에 값을 저장하는 직렬화^{serialization} 함수를 만드는 중이라고 가정해보자.

```
#include <cstring>
#include <boost/array.hpp>

// C++17부터는 std::byte이 제공된다!
// 하지만 이번 코드는 C++03 예제다.
typedef unsigned char byte_t;

template <class T, std::size_t BufSizeV>
void serialize_bad(const T& value, boost::array<byte_t, BufSizeV>& buffer) {
```

```
    // 할 일: 버퍼 크기 점검
    std::memcpy(&buffer[0], &value, sizeof(value));
}
```

이 코드의 문제점을 알아보자.

- 버퍼의 크기를 검사하지 않았으므로 오버플로우가 일어날 수 있다.
- 이 함수는 일반적이지 않고 복사할 수 있는 형식에서도 쓰일 수 있는데, 그럴 경우 오작동할 수 있다.

이럴 때 다음과 같은 단언문^{assert}을 넣으면 이런 문제를 부분적으로 해결할 수도 있다.

```
template <class T, std::size_t BufSizeV>
void serialize_bad(const T& value, boost::array<byte_t, BufSizeV>& buffer) {
    // 할 일: 좀 더 좋은 방법 생각해내기
    assert(BufSizeV >= sizeof(value));
    std::memcpy(&buffer[0], &value, sizeof(value));
}
```

하지만 이는 나쁜 방식이다. 실행 시간 검사를 할 때 함수가 호출되지 않는다면 디버그 모드로 테스트해도 단언문이 실행되지 않는다. 실행 시간 검사는 배포판 버전^{release}에서는 최적화돼 없어질 수도 있다. 그러면 정말 나쁜 일이 벌어질 것이다.

BufSizeV와 sizeof(value) 값은 컴파일 시간에 알아낼 수 있다. 실행 시간에 가정을 검사하는 것이 아니라 버퍼가 너무 작다면 컴파일에 실패하도록 바꿀 수 있는 것이다.

준비

이 예제를 이해하려면 C++ 템플릿과 Boost.Array 라이브러리에 대해 잘 알아야 한다.

예제 구현

Boost.StaticAssert와 Boost.TypeTraits 라이브러리를 사용해 제대로 된 해결책을
만들어보자. 그 코드는 다음과 같다.

```cpp
#include <boost/static_assert.hpp>
#include <boost/type_traits/has_trivial_copy.hpp>

template <class T, std::size_t BufSizeV>
void serialize(const T& value, boost::array<byte_t, BufSizeV>& buffer) {
    BOOST_STATIC_ASSERT(BufSizeV >= sizeof(value));
    BOOST_STATIC_ASSERT(boost::has_trivial_copy<T>::value);

    std::memcpy(&buffer[0], &value, sizeof(value));
}
```

예제 분석

BOOST_STATIC_ASSERT 매크로^{macro}는 assert 표현식을 컴파일 시간에 검사할 수 있으
며, 암묵적으로 bool로 변환할 수 있을 때에만 쓸 수 있다. 다시 말해 sizeof()와
정적 상수, 상수 표현식^{constexpr} 변수, 파라미터를 컴파일 시간에 알 수 있는 상수 표현
식 함수, 그리고 그 외의 상수 표현식만을 BOOST_STATIC_ASSERT에 쓸 수 있다. 단언
문 표현식의 값이 거짓^{false}이라면 BOOST_STATIC_ASSERT 때문에 프로그램의 컴파일이
중단된다. serialize() 함수의 경우 첫 번째 정적 단언문이 실패하면 그 함수를 사용한
누군가가 너무 작은 버퍼를 썼기 때문에 코드를 고쳐야 한다는 뜻이다.

다른 예도 살펴보자.

```cpp
BOOST_STATIC_ASSERT(3 >= 1);

struct some_struct { enum enum_t { value = 1}; };
BOOST_STATIC_ASSERT(some_struct::value);
```

174

```
template <class T1, class T2>
struct some_templated_struct {
    enum enum_t { value = (sizeof(T1) == sizeof(T2))};
};
BOOST_STATIC_ASSERT((some_templated_struct<int, unsigned int>::value));

template<class T1, class T2>
struct some_template {
    BOOST_STATIC_ASSERT(sizeof(T1) == sizeof(T2));
};
```

 BOOST_STATIC_ASSERT 매크로의 단언문 표현식에 쉼표(,)가 들어간다면 전체 표현식을 괄호로 한 번 더 감싸야 한다.

마지막 예는 serialize( ) 함수의 두 번째 행에서 볼 수 있는 것과 매우 흡사하다. 따라서 이제 Boost.TypeTraits 라이브러리에 대해 알아보자. 이 라이브러리는 형식에 대한 정보를 알아내고 형식을 수정하는 데 사용하는 수많은 컴파일 시간 메타함수를 제공한다. 메타함수는 boost::function_name<parameters>::value나 boost::function_name<parameters>::type과 같은 식으로 사용한다. 메타함수인 boost::has_trivial_copy<T>::value는 형식 T가 간단한 복사 가능 형식이면 참을 반환한다.

이제 다른 예를 좀 더 살펴보자.

```
#include <iostream>
#include <boost/type_traits/is_unsigned.hpp>
#include <boost/type_traits/is_same.hpp>
#include <boost/type_traits/remove_const.hpp>

template <class T1, class T2>
void type_traits_examples(T1& /*v1*/, T2& /*v2*/) {
    // T1이 부호 없는 숫자라면 true를 반환한다.
```

```
    std::cout << boost::is_unsigned<T1>::value;

    // T1이 T2와 완전히 같은 형식을 갖는다면 true를 반환한다.
    std::cout << boost::is_same<T1, T2>::value;

    // 다음 코드로 t1의 const 수정자를 제거한다.
    // T1 형식에 일어날 일:
    // const int => int
    // int => int
    // int const volatile => int volatile
    // const int& => const int&
    typedef typename boost::remove_const<T1>::type t1_nonconst_t;
}
```

 어떤 컴파일러에서는 typename 키워드가 없어도 이 코드를 컴파일할 수 있디. 하지만 C++
표준을 어기는 것이니 typename을 제대로 붙이자.

부연 설명

BOOST_STATIC_ASSSERT 매크로에는 좀 더 긴 버전으로 BOOST_STATIC_ASSSERT_MSG
라는 것도 있는데, 이 매크로는 단언문에 실패할 경우 컴파일러 로그(또는 IDE 창)에
오류 메시지를 열심히 출력한다. 다음 코드를 살펴보자.

```
template <class T, std::size_t BufSizeV>
void serialize2(const T& value, boost::array<byte_t, BufSizeV>& buf) {
    BOOST_STATIC_ASSERT_MSG(boost::has_trivial_copy<T>::value,
        "This serialize2 function may be used only "
        "with trivially copyable types."
    );

    BOOST_STATIC_ASSERT_MSG(BufSizeV >= sizeof(value),
```

```
        "Can not fit value to buffer. "
        "Make the buffer bigger."
    );

    std::memcpy(&buf[0], &value, sizeof(value));
}

int main() {
    // 코드 어디엔가:
    boost::array<unsigned char, 1> buf;
    serialize2('2', buf);

    (void)buf;
}
```

C++11 모드인 g++ 컴파일러로 이 코드를 컴파일하면 다음과 같은 결과를 볼 수 있다.

```
boost/static_assert.hpp:31:45: error: static assertion failed: This
serialize2 function may be used only with trivially copyable types.
 #      define BOOST_STATIC_ASSERT_MSG( ... ) static_assert(__VA_ARGS__)
                                               ^

Chapter04/01_static_assert/main.cpp:76:5: note: in expansion of macro
'BOOST_STATIC_ASSERT_MSG;
        BOOST_STATIC_ASSERT_MSG(boost::has_trivial_copy<T>::value,
        ^~~~~~~~~~~~~~~~~~~~~~~~
boost/static_assert.hpp:31:45: error: static assertion failed: Can not fit
value to buffer. Make the buffer bigger.
 #      define BOOST_STATIC_ASSERT_MSG( ... ) static_assert(__VA_ARGS__)
                                               ^

Chapter04/01_static_assert/main.cpp:81:5: note: in expansion of macro
'BOOST_STATIC_ASSERT_MSG;
        BOOST_STATIC_ASSERT_MSG(BufSizeV >= sizeof(value),
        ^~~~~~~~~~~~~~~~~~~~~~~~
```

BOOST_STATIC_ASSSERT나 BOOST_STATIC_ASSSERT_MSG 혹은 그 외의 어떤 형식 특질[trait] 라이브러리를 쓰더라도 실행 시간을 소비하진 않는다. 모든 함수는 컴파일 시간에 실행되며, 바이너리 파일에 단 하나의 어셈블리[assembly] 명령도 추가하지 않는다. C++ 표준에는 부스트의 BOOST_STATIC_ASSSERT_MSG와 동일한 static_assert(condition, "message")가 있다. 사용자가 제공한 메시지 없이 컴파일 시간에 단언하는 BOOST_STATIC_ASSSERT 기능도 C++17에 포함됐으며, static_assert(condition)으로 쓸 수 있다. 내장 static_assert를 쓸 때는 헤더 파일을 인클루드할 필요가 없다.

Boost.TypeTraits 라이브러리는 C++11 표준에 부분적으로만 포함됐다. <type_traits> 헤더의 std:: 네임스페이스에서 이 같은 특질들을 찾아볼 수 있다. C++11 <type_traits>는 Boost.TypeTraits에는 없는 특질도 제공하지만, 일부 메타함수는 부스트에서만 제공한다. 이름이 has_로 시작하는 메타함수는 표준에서 is_로 시작한다. 따라서 has_trivial_copy는 is_trivial_copy로 바뀌었다.

C++14와 부스트 1.65에서는 모든 형식 특질에 대해 ::type 멤버를 지름길로 사용할 수 있다. 이 지름길을 사용하면 typename remove_const<T1>::type 대신 remove_const_t<T1>로 코드를 줄일 수 있다. 부스트 1.65의 경우 C++11을 지원하는 컴파일러가 있어야 형식 별칭[type alias] 기능으로 구현된 이 지름길을 활용할 수 있다.

```
template <class T>
using remove_const_t = typename remove_const<T>::type;
```

C++17은 ::value를 가진 형식 특질에 대해 _v 지름길도 추가했다. C++17에서부터는 std::is_unsigned<T1>::value 대신 std::is_unsigned_v<T1>로 쓸 수 있다. 이 기법은 변수 템플릿[variable template]을 활용해 구현됐다.

```
template <class T>
inline constexpr bool is_unsigned_v = is_unsigned<T>::value;
```

부스트와 표준 라이브러리에 비슷한 특질이 있다면 C++11 이전 컴파일러에서도 동작하는 프로젝트를 작성 중일 때는 부스트 버전을 사용하자. 그 외의 경우에는 표준 라이브러리가 좀 더 잘 동작할 수도 있다.

참고 사항

- 4장의 다음 예제들에서 정적^{static} 단언문과 형식 특질을 어떻게 사용하는지 더 많은 예를 살펴보자.
- 더 많은 예제를 보고 싶다면 **Boost.StaticAssert**의 공식 문서인 http://boost.org/libs/static_assert를 참고하자.

▌정수 형식에 대해 함수 템플릿 사용하게 만들기

정수 형식에 대해 함수 템플릿을 사용하는 것은 어떤 기능을 구현하는 클래스 템플릿에서는 흔한 일이다. 다음 코드 조각을 살펴보자.

```
// 일반 구현
template <class T>
class data_processor {
    double process(const T& v1, const T& v2, const T& v3);
};
```

다음으로 정수형과 실수형 각각을 위한 클래스가 더 있다고 해보자.

```
// 정수형 맞춤 버전
template <class T>
class data_processor_integral {
    typedef int fast_int_t;
```

```
    double process(fast_int_t v1, fast_int_t v2, fast_int_t v3);
};

// 부동소수점형에 대한 SSE 최적화 버전
template <class T>
class data_processor_sse {
    double process(double v1, double v2, double v3);
};
```

이제 컴파일러가 알아서 특정 형식에 맞는 클래스를 선택하게 하려면 어떻게 해야 할까?

준비

이번 예제를 보기 전에 C++ 템플릿에 대해 알아두자.

예제 구현

이런 문제를 해결하기 위해 Boost.Core와 Boost.TypeTraits를 써보자.

1. 먼저 헤더를 인클루드한다.

    ```
    #include <boost/core/enable_if.hpp>
    #include <boost/type_traits/is_integral.hpp>
    #include <boost/type_traits/is_float.hpp>
    ```

2. 앞에서 살펴본 일반^{Generic} 구현에 기본값을 갖는 템플릿 파라미터를 추가한다.

    ```
    // 일반 구현
    template <class T, class Enable = void>
    ```

```
class data_processor {
    // ...
};
```

3. 최적화된 버전을 다음과 같은 방식으로 수정해 컴파일러가 이 버전을 템플릿 특수화^{specialization}로 취급할 수 있게 한다.

```
// 정수형 맞춤 버전
template <class T>
class data_processor<
    T,
    typename boost::enable_if_c<boost::is_integral<T>::value >::type
>
{
    // ...
};

// 부동소수점형에 대한 SSE 최적화 버전
template <class T>
class data_processor<
    T,
    typename boost::enable_if_c<boost::is_float<T>::value >::type
>
{
    // ...
};
```

4. 이제 됐다! 이제 컴파일러가 올바른 클래스를 알아서 선택한다.

```
template <class T>
double example_func(T v1, T v2, T v3) {
    data_processor<T> proc;
    return proc.process(v1, v2, v3);
```

```
    }

    int main ( ) {
        // 정수형 맞춤 버전이 쓰인다.
        example_func(1, 2, 3);
        short s = 0;
        example_func(s, s, s);

        // 실수형 맞춤 버전이 쓰인다.
        example_func(1.0, 2.0, 3.0);
        example_func(1.0f, 2.0f, 3.0f);

        // 일반 버전이 쓰인다.
        example_func("Hello", "word", "processing");
    }
```

예제 분석

boost::enable_if_c 템플릿은 교묘한 방법을 쓴다. 이 템플릿은 템플릿 인스턴스화
할 때 사용되는 SFINAE^Substitution Failure Is Not An Error(치환 실패는 오류가 아님) 원칙을 활용
한다. 이 원칙이 동작하는 방식을 알아보자. 함수나 클래스 템플릿을 인스턴스화할
때 부적절한 인자나 반환형이 만들어진다면 해당 템플릿 인스턴스는 오버로딩 해석
집합^overload resolution set에서 제거될 뿐 컴파일 오류는 발생하지 않는다. 교묘한 부분이
있는데, boost::enable_if_c<true>에는 ::type으로 접근할 수 있는 멤버 형식이 있
지만 boost::enable_if_c<false>에는 ::type이 없다는 점이다. 이제 해결책으로
되돌아가서 다양한 형식을 data_processor 클래스의 T 파라미터로 전달했을 때 어떤
일이 벌어지는지 알아보자.

형식 T로 int를 전달하면 컴파일러는 특수하지 않은 버전(일반 버전)보다 이전에 먼저
3단계의 템플릿 부분 특수화를 인스턴스화해본다. float 버전을 시도한다면 boost::
is_float<T>::value 메타함수가 거짓을 반환하고 boost::enable_if_c<false>::

182
```
```

type 메타함수는 제대로 인스턴스화될 수 없다(boost::enable_if_c<false>에 ::type 이 없기 때문). 이때 바로 SFINAE가 동작한다. 클래스 템플릿을 인스턴스화할 수 없긴 하지만 오류라고 해석하진 않는다. 컴파일러는 그저 이번 템플릿 특수화를 건너뛸 뿐이다. 다음으로 정수형을 위해 최적화된 부분 특수화가 인스턴스화된다. boost:: is_integral<T>::value 메타함수는 참을 반환할 것이고, boost::enable_if_c <true>::type은 인스턴스화될 수 있어 전체 data_processor 특수화가 인스턴스화 될 수 있다. 컴파일러는 잘 일치하는 부분 특수화를 찾았기 때문에 특수하지 않은 메소드를 인스턴스화하지 않는다.

이제 숫자형이 아닌 형식(예를 들어 const char *)을 전달해보고 컴파일러가 어떻게 처 리하는지 알아보자. 먼저 컴파일러는 템플릿 부분 특수화를 인스턴스화해본다. is_float<T>::value 값과 is_integral<T>::value 값을 갖는 특수화들이 각각 인스 턴스화에 실패할 것이기 때문에 컴파일러는 일반 버전을 시도해보고 이번 인스턴스화 에는 성공한다.

boost::enable_if_c<>가 없다면 어떤 형식에 대해서든 모든 부분 특수화 버전들이 동시에 다 인스턴스화될 것이고, 어느 걸 선택할지 모호하기 때문에 컴파일에 실패 한다.

 템플릿을 쓰는 코드를 컴파일하는 도중 해당 메소드에 대한 두 템플릿 클래스 중 어느 걸 선택할지 모르겠다는 컴파일러 오류가 발생한다면 boost::enable_if_c<>를 써야 한다.

부연 설명

이번 메소드와 유사한 버전으로 끝에 _c가 없는 boost::enable_if도 있다. enable_if_c는 상수를 템플릿 파라미터로 받지만, _c가 없는 버전은 value라는 정적 멤버를 갖는 객체를 받는다는 점이 다르다. 예를 들어 boost::enable_if_c<boost::is_integral<T>::value>::type은 boost::enable_if<boost::is_integral <T>>::type 과 같다.

 부스트 1.56 이전의 boost::enable_if 메타함수는 <boost/core/enable_if.hpp>가 아 닌 <boost/utility/enable_if.hpp>에 정의돼 있었다.

C++11에도 std::enable_if가 있는데 <type_traits> 헤더에 정의돼 있으며, 동작은 boost::enable_if_c와 완전히 똑같다. 둘 사이에는 어떠한 차이도 없긴 하지만, 부스트의 버전은 C++11 컴파일러가 아니어도 쓸 수 있기 때문에 이식성이 더 좋다.

C++14에서는 지름길로 std::enable_if_t를 제공하는데, typename과 ::type 없이 써야만 한다.

```
template <class T>
class data_processor<
    T, std::enable_if_t<boost::is_float<T>::value >
>;
```

모든 함수는 컴파일 시간에 실행되기 때문에 실행 시간의 성능에는 영향을 주지 않는 다. 하지만 템플릿 파라미터를 추가했기 때문에 typeid(your_class).name( )에서 클 래스 이름이 더 커졌을 것이며, 일부 플랫폼에서는 두 개의 typeid( )를 비교하기 위해 성능 부하가 아주 조금 더 들 수도 있다.

참고 사항

- 다음 예제에서 enable_if를 사용하는 더 많은 예를 알아보자.
- Boost.Utility의 공식 문서를 살펴보자. 이 문서에는 많은 예제뿐 아니라

유용한 클래스도 많다(이 책에서도 널리 사용한다). http://boost.org/libs/core
에서 읽어보자.

- 템플릿 부분 특수화는 http://msdn.microsoft.com/en-us/library/3967w96
  f%28v=vs.110%29.aspx에 있는 글들을 읽어보면 좋다.

▌실수 형식에 대해 함수 템플릿 사용 못하게 만들기

계속해서 부스트 메타프로그래밍 라이브러리를 살펴보자. 이전 예제에서는 클래스에
서 enable_if_c를 쓰는 방법을 알아봤으니, 이번에는 템플릿 함수에서 쓰는 방법을
알아보자.

먼저 모든 가능한 형식에 대해 동작할 수 있는 템플릿 함수가 있다고 해보자.

```
template <class T>
T process_data(const T& v1, const T& v2, const T& v3);
```

이 함수를 만든 지 꽤 오래됐다고 해보자. 이걸 사용하는 코드도 많이 만들었다. 그런
데 갑자기 T::operator+=(const T&)가 있는 형식에 대해서만 최적화된 process_
data 함수를 갖게 됐다고 해보자.

```
template <class T>
T process_data_plus_assign(const T& v1, const T& v2, const T& v3);
```

이미 코드가 엄청나게 많기 때문에 적절한 연산자를 가진 형식에 대해서만 일일이
process_data를 process_data_plus_assign으로 바꾸려면 몇 달은 걸릴 것 같다.
그래서 이미 만들어 놓은 코드는 바꾸고 싶지 않다. 가능하다면 컴파일러가 알아서
기본 함수 대신 최적화된 함수를 선택해줬으면 좋겠다.

준비

boost::enable_if_c가 하는 일과 SFINAE에 대한 개념을 파악하기 위해 이전 예제를 읽어보는 것이 좋다. 또한 템플릿에 대한 지식도 필요하다.

예제 구현

부스트 라이브러리를 사용하면 계속해서 템플릿 마술을 부릴 수 있다. 이제 어떻게 하는지 알아보자.

1. boost::has_plus_assign<T> 메타함수와 <boost/enable_if.hpp> 헤더를 인클루드해야 한다.

```
#include <boost/core/enable_if.hpp>
#include <boost/type_traits/has_plus_assign.hpp>
```

2. 이제 더하기 할당자가 있는 형식에 대해서는 기본 구현을 쓰지 못하게 만든다.

```
// process_data의 수정된 일반 버전
template <class T>
typename
boost::disable_if_c<boost::has_plus_assign<T>::value,T>::type
    process_data(const T& v1, const T& v2, const T& v3)
```

3. 더하기 할당자가 있는 형식에 대해서는 최적화 버전을 사용한다.

```
// 이 process_data는 process_data_plus_assign를 호출한다.
template <class T>
typename boost::enable_if_c<boost::has_plus_assign<T>::value,
    T>::type
```

```
    process_data(const T& v1, const T& v2, const T& v3)
{
    return process_data_plus_assign(v1, v2, v3);
}
```

4. 이제 가능하다면 항상 최적화된 버전이 사용된다.

```
int main() {
    int i = 1;
    // 최적화된 버전
    process_data(i, i, i);

    // 기본 버전
    // 템플릿 파라미터를 명시적으로 지정
    process_data<const char*>("Testing", "example", "function");
}
```

예제 분석

boost::disable_if_c<bool_value>::type 메타함수는 bool_value가 참일 경우 해당 메소드를 쓰지 못하게 한다(boost::enable_if_c<!bool_value>::type처럼 동작한다).

boost::enable_if_c나 boost::disable_if_c의 두 번째 파라미터로 전달된 클래스는 성공적으로 치환됐다면 ::type을 통해 반환된다. 다시 말해 boost::enable_if_c<true, T>::type은 T다.

이제 process_data(i, i, i)를 한 단계씩 알아보자. T 형식으로 int를 전달한다면 컴파일러는 process_data(int, int, int) 함수를 찾는다. 그런 함수는 없기 때문에 다음으로 process_data의 템플릿 버전을 인스턴스화한다. 하지만 템플릿 process_data 함수는 두 개다. 예를 들어 컴파일러가 두 번째 (최적화된) 버전에서부터 인스턴스화를 시작했다고 해보자. 그러면 typename boost::enable_if_c<boost::

has_plus_assign<T>::value, T>::type 표현식의 값을 성공으로 평가할 것이고, T를 반환형으로 취한다. 하지만 컴파일러는 거기서 멈추지 않고 인스턴스화를 계속 시도한다. 컴파일러는 함수의 첫 번째 버전도 인스턴스화한다. 그러면 typename boost::disable_if_c<boost::has_plus_assign<T>::value를 치환하는 데 실패한다. 실패하더라도 SFINAE 법칙에 따라 컴파일 오류가 되진 않는다. 더 이상 인스턴스화할 process_data 함수가 없으므로, 컴파일러는 인스턴스화 과정을 끝마친다. 여기서 알 수 있듯이 enable_if_c와 disable_if_c가 없었다면 컴파일러는 두 템플릿을 모두 인스턴스화했을 것이고, 결국 두 함수 중 어느 걸 선택해야 할지가 모호했을 것이다.

부연 설명

enable_if_c와 enable_if처럼 함수를 못 쓰게 만드는 disable_if 버전도 있다.

```
// 첫 번째 버전
template <class T>
typename boost::disable_if<boost::has_plus_assign<T>, T>::type
process_data2(const T& v1, const T& v2, const T& v3);

// process_data_plus_assign
template <class T>
typename boost::enable_if<boost::has_plus_assign<T>, T>::type
process_data2(const T& v1, const T& v2, const T& v3);
```

C++11은 disable_if_c나 disable_if를 지원하지 않지만 대신 std::enable_if<!bool_value>::type을 쓸 수 있다.

 부스트는 1.56 이전에는 boost::disable_if가 <boost/core/enable_if.hpp>가 아닌 <boost/utility/enable_if.hpp> 헤더에 정의돼 있었다.

이전 예제에서 살펴본 것처럼 이번에 살펴본 enable_이나 disable_ 함수들은 컴파일 시간에만 실행되며, 실행 시간 동안에는 어떠한 성능 부하도 없다.

참고 사항

- 많은 컴파일 시간 트릭을 살펴보고 싶다면 4장을 처음부터 읽어보자.
- 더 많은 예제와 메타함수 전체 목록을 살펴보고 싶다면 Boost.TypeTraits 공식 문서(http://boost.org/libs/type_traits)를 살펴보자.
- Boost.Core 라이브러리에서도 boost::enable_if를 활용하는 다양한 예제를 제공한다. http://boost.org/libs/core를 읽어보자.

▌숫자에서 형식 만들기

앞서 boost::enable_if_c를 사용해 함수 중 하나를 고르는 방법을 알아봤다. 4장에서는 앞서의 기법은 잊어버리고 다른 방식을 사용해본다. 먼저 POD 형식을 처리하는 일반 메소드를 사용하는 다음 예제에서부터 시작해보자.

```
#include <boost/static_assert.hpp>
#include <boost/type_traits/is_pod.hpp>
// 일반 구현
template <class T>
T process(const T& val) {
    BOOST_STATIC_ASSERT((boost::is_pod<T>::value));
    // ...
}
```

크기가 1, 4, 8바이트에 맞춰 최적화된 함수로 바꿔보자. 어떻게 하면 다시 process 함수를 만들어 각각의 최적화된 버전으로 함수 호출을 잘 나눌 수 있을까?

준비

적어도 4장의 첫 번째 예제는 읽어두자. 그래야 여기서 일어나는 일들을 헷갈리지 않고 이해할 수 있을 것이다. 템플릿과 메타프로그래밍 때문에 겁먹지 않아야 한다(적어도 엄청난 수의 템플릿과 메타프로그래밍을 볼 준비는 돼 있어야 한다).

예제 구현

어떻게 하면 템플릿 형식의 크기를 일부 형식의 변수로 변환할 수 있는지, 그리고 어떻게 하면 변수를 사용해 적절한 함수 오버로딩을 알아낼 수 있는지 알아보자.

1. process_impl 함수의 일반 버전과 최적화 버전을 정의한다.

```cpp
#include <boost/mpl/int.hpp>

namespace detail {
    // 일반 구현
    template <class T, class Tag>
    T process_impl(const T& val, Tag /* 무시 */) {
        // ...
        BOOST_STATIC_ASSERT(sizeof(val) != 1
            && sizeof(val) != 4
            && sizeof(val) != 8
        );
        return val;
    }

    // 1바이트 최적화 구현
    template <class T>
    T process_impl(const T& val, boost::mpl::int_<1> /* 무시 */) {
        // ...
        BOOST_STATIC_ASSERT(sizeof(val) == 1);
        return val;
    }
```

```
// 4바이트 최적화 구현
template <class T>
T process_impl(const T& val, boost::mpl::int_<4> /* 무시 */) {
    // ...
    BOOST_STATIC_ASSERT(sizeof(val) == 4);
    return val;
}

// 8바이트 최적화 구현
template <class T>
T process_impl(const T& val, boost::mpl::int_<8> /* 무시 */) {
    // ...
    BOOST_STATIC_ASSERT(sizeof(val) == 8);
    return val;
}
} // 네임스페이스 detail
```

2. 이제 처리 함수를 만든다.

```
// 함수 호출 분배
template <class T>
T process(const T& val) {
    BOOST_STATIC_ASSERT((boost::is_pod<T>::value));
    return detail::process_impl(val, boost::mpl::int_<sizeof(T)>());
}
```

예제 분석

여기서 가장 재미있는 부분은 boost::mpl::int_<sizeof(T)>()다. sizeof(T)는 컴파일 시간에 실행되기 때문에 결과 값을 템플릿 파라미터로 쓸 수 있다. 클래스인 boost::mpl::int_<>는 정수형인 컴파일 시간 값을 저장할 뿐인 빈 클래스다. Boost.MPL 라이브러리에서 이런 클래스는 정수 상수^{Integral Constant}라고 부른다. 이런 역할을 하는 부분은 다음처럼 구현할 수 있다.

```
template <int Value>
struct int_ {
    static const int value = Value;
    typedef int_<Value> type;
    typedef int value_type;
};
```

이 클래스의 인스턴스화가 필요하다. 그래서 boost::mpl::int_<sizeof(T)>( )의 끝에 괄호를 붙인 것이다.

이제 컴파일러가 어떤 process_impl 함수를 사용할지 결정하는 방식을 좀 더 자세히 살펴보자. 컴파일러는 먼저 함수 중 두 번째 파라미터가 템플릿이 아닌 쪽에 일치하는지 확인한다. sizeof(T)가 4라면 컴파일러는 process_impl(T, boost::mpl::int_<4>)라는 서명을 갖는 함수가 있는지 알아볼 것이고, detail 네임스페이스 아래에서 우리가 만든 4바이트에 최적화된 버전을 찾아낼 것이다. sizeof(T)가 34라면 컴파일러는 process_impl(T, boost::mpl::int_<34>)라는 서명을 갖는 함수를 찾을 수 없기 때문에 템플릿 함수 process_impl(const T& val, Tag /*무시*/)를 사용한다.

부연 설명

Boost.MPL 라이브러리에는 메타프로그래밍을 위한 데이터 구조체가 있다. 이번 예제에서 살펴본 것은 빙산의 일각에 지나지 않는다. MPL에서 제공하는 유용한 정수 상수 클래스는 다음과 같다.

- bool_
- int_
- long_

- size_t
- char_

모든 Boost.MPL 함수(for_each 실행 시간 함수 제외)는 컴파일 시간에 실행되며, 실행하는 동안에는 더 이상 시간을 쓰지 않는다.

Boost.MPL 라이브러리는 C++에 포함되지 않았다. 하지만 C++는 MPL 라이브러리의 여러 가지 기법을 재활용했다. C++11에서는 헤더 파일 type_traits를 통해 앞 예제와 같은 방식으로 사용할 수 있는 std::integral_constant<type, value>를 제공한다. 이걸 사용해 자신만의 형식 별칭을 정의할 수도 있다.

```
template <int Value>
using int_ = std::integral_constant<int, Value>;
```

참고 사항

- 8장에 나오는 예제들에서는 Boost.MPL 라이브러리를 사용하는 예제가 더 많이 나온다. 자신감이 생겼다면 http://boost.org/libs/mpl에 있는 문서도 읽어 보자.
- 태그[tag] 사용법에 대한 예제는 http://boost.org/libs/type_traits/doc/html/boost_typetraits/examples/fill.html과 http://boost.org/libs/type_traits/doc/html/boost_typetraits/examples/copy.html에 많이 나와 있다.

▌형식 특질 구현

std::vector형이 템플릿 파라미터로 전달될 경우 참을 전달하고, 그 외에는 거짓을 전달하는 형식 특질[trait]을 구현해야 한다고 해보자.

준비

Boost.TypeTrait이나 표준 라이브러리의 형식 특질에 대한 기본 지식이 필요하다.

예제 구현

먼저 형식 특질을 구현하는 방법을 알아보자.

```
#include <vector>
#include <boost/type_traits/integral_constant.hpp>

template <class T>
struct is_stdvector: boost::false_type {};

template <class T, class Allocator>
struct is_stdvector<std::vector<T, Allocator> >: boost::true_type {};
```


예제 분석

거의 대부분 작업은 boost::true_type과 boost::false_type 클래스에서 일어난다. boost::true_type 클래스는 값이 참인 불리언^{boolean} ::value를 정적 상수로 가지며, boost::false_type 클래스는 값이 거짓인 불리언 ::value를 정적 상수로 갖는다. 이 두 클래스는 Boost.MPL 라이브러리와 함께 동작할 수 있게 돕는 몇 가지 typedef 가 있다.

첫 번째 is_stdvector 구조체는 일반 구조체로 원하는 구조체의 템플릿 특수화 버전이 없을 경우 사용된다. 두 번째 is_stdvector 구조체는 std::vector 형식을 위한 템플릿 특수화(true_type에서 파생됐다는 점을 기억하자)다. 따라서 is_stdvector 구조체로 std::vector 형식을 전달한다면 템플릿 특수화 버전이 사용된다. std::vector 외의 데이터 형식을 전달한다면 false_type에서 파생된 일반 버전이 사용된다.

부연 설명

C++11을 지원하는 컴파일러를 쓴다면 <type_traits> 헤더의 std:: 네임스페이스 아래에 선언된 true_type과 false_type 형식을 써서 자신만의 형식 특질을 만들 수 있다. C++17에서부터는 표준 라이브러리에서 편리하세 사용할 수 있는 bool_constant <true_or_false> 형식 별칭을 제공한다.

언제나처럼 부스트 버전을 쓰면 C++11 이전 컴파일러에서도 쓸 수 있기 때문에 이식성이 더 뛰어나다.

참고 사항

- 4장에서 다루는 거의 모든 예제는 형식 특질을 쓴다. 더 많은 예제와 정보를 알아보고 싶다면 http://boost.org/libs/type_traits에서 Boost.TypeTraits의 문서를 찾아보자.
- 정수 상수에 대한 더 많은 정보와 true_type, false_type이 어떻게 구현되는지를 기초부터 알아보고 싶다면 이전 예제를 살펴보자.

▌템플릿 파라미터에 맞춰 최적인 연산자 선택

여러 사업자에서 제공하는 다양한 클래스를 쓰고 있는데, 각 클래스마다 여러 가지 수학 연산을 구현하며, 정수를 위한 생성자도 따로 갖는다고 가정해보자. 그리고 어떤 클래스든 자신에게 전달되면 값을 1만큼 증가시키는 함수를 만들고 싶다고 가정해보자. 또한 이 함수가 효율적이면 좋겠다! 다음 코드를 살펴보자.

```
template <class T>
void inc(T& value) {
    // 할 일: ++value를 호출
    // 또는 value ++ 호출
    // 또는 value += T(1);
    // 또는 value = value + T(1);
}
```

준비

C++ 템플릿과 Boost.TypeTrait이나 표준 라이브러리 형식 특질에 대한 기본 지식이 필요하다.

예제 구현

컴파일 시간에 적절한 연산을 선택할 필요가 있다. Boost.TypeTraits 라이브러리를 사용해 다음과 같은 단계로 구현해보자.

1. 올바른 함수 객체를 만드는 것부터 시작한다.

```
namespace detail {
    struct pre_inc_functor {
    template <class T>
        void operator()(T& value) const {
            ++ value;
        }
    };
```

```
    struct post_inc_functor {
    template <class T>
        void operator( )(T& value) const {
            value++;
        }
    };

    struct plus_assignable_functor {
    template <class T>
        void operator( )(T& value) const {
            value += T(1);
        }
    };

    struct plus_functor {
    template <class T>
        void operator( )(T& value) const {
            value = value + T(1);
        }
    };
}
```

2. 그런 후 형식 특질이 잔뜩 필요하다.

```
#include <boost/type_traits/conditional.hpp>
#include <boost/type_traits/has_plus_assign.hpp>
#include <boost/type_traits/has_plus.hpp>
#include <boost/type_traits/has_post_increment.hpp>
#include <boost/type_traits/has_pre_increment.hpp>
```

3. 이제 원하는 함자^{functor}를 추론해낼 준비가 끝났으니 사용해본다.

```
template <class T>
void inc(T& value) {
```

```
// 할 일: ++value를 호출
// 또는 value ++ 호출
// 또는 value += T(1);
// 또는 value = value + T(1);

typedef detail::plus_functor step_0_t;

typedef typename boost::conditional<
    boost::has_plus_assign<T>::value,
    detail::plus_assignable_functor,
    step_0_t
>::type step_1_t;

typedef typename boost::conditional<
    boost::has_post_increment<T>::value,
    detail::post_inc_functor,
    step_1_t
>::type step_2_t;

typedef typename boost::conditional<
    boost::has_pre_increment<T>::value,
    detail::pre_inc_functor,
    step_2_t
>::type step_3_t;

step_3_t()    // 함자 기본 생성
    (value);  // 함자의 operator() 호출
}
```

예제 분석

이 마술 같은 일은 모두 conditional<bool Condition, Class T1, Class T2> 메타함수를 사용했기에 가능하다. 이 메타함수는 첫 번째 파라미터로 참^{true}을 받으면 ::type typedef를 통해 T1을 반환한다. boost::conditional 메타함수가 첫 번째 파라미터로 거짓^{false}을 받으면 ::type typedef로 T2를 반환한다. 마치 컴파일 시간에 쓸 수

있는 if문처럼 동작하는 것이다.

그래서 step0_t는 detail::plus_functor 메타함수를 갖고 있고, step1_t는 step0_t 나 detail::plus_assignable_functor를 갖는다. step2_t 형식은 step1_t나 detail:: post_inc_functor를 갖는다. step3_t 형식은 step2_t나 detail::pre_inc_functor 를 저장한다. 각 step*_t typedef가 갖는 값은 형식 특질을 이용해 추론한 값이다.

부연 설명

이 함수는 C++11 버전도 있는데, <type_traits> 헤더의 std:: 네임스페이스 아래에 정의돼 있다. 부스트는 다양한 라이브러리에서 이 함수를 여러 가지 버전으로 만들어 쓰고 있다. 예를 들어 Boost.MPL은 boost::conditional과 완전히 똑같이 동작하는 boost::mpl::if_c 함수를 갖고 있다. 또한 boost::mpl::if_라고 끝에 c가 없는 버 전도 있는데, 첫 번째 템플릿 인자에 대해 ::type을 호출한다. 그리고 boost::true_ type에서 파생된 것이라면 ::type을 호출할 때 두 번째 인자를 반환한다. 그 외에는 마지막 템플릿 파라미터를 반환한다. Boost.MPL을 써서 inc() 함수를 새로 만들어 보자.

```
#include <boost/mpl/if.hpp>
template <class T>
void inc_mpl(T& value) {
    typedef detail::plus_functor step_0_t;

    typedef typename boost::mpl::if_<
        boost::has_plus_assign<T>,
        detail::plus_assignable_functor,
        step_0_t
    >::type step_1_t;

    typedef typename boost::mpl::if_<
        boost::has_post_increment<T>,
```

```
        detail::post_inc_functor,
        step_1_t
    >::type step_2_t;

    typedef typename boost::mpl::if_<
        boost::has_pre_increment<T>,
        detail::pre_inc_functor,
        step_2_t
    >::type step_3_t;

    step_3_t( )    // 함자 기본 생성
        (value);   // 함자의 operator( ) 호출

}
```

C++17에서는 if constexpr을 사용할 수 있어 앞의 예제를 훨씬 간단하게 구현할 수 있다.

```
template <class T>
void inc_cpp17(T& value) {
    if constexpr (boost::has_pre_increment<T>( )) {
        ++value;
    } else if constexpr (boost::has_post_increment<T>( )) {
        value++;
    } else if constexpr(boost::has_plus_assign<T>( )) {
        value += T(1);
    } else {
        value = value + T(1);
    }
}
```

참고 사항

- '정수 형식에 대해 함수 템플릿 사용하게 만들기' 예제를 참고하자.
- '실수 형식에 대해 함수 템플릿 사용 못하게 만들기' 예제를 참고하자.
- Boost.TypeTraits 문서에 사용할 수 있는 모든 메타함수에 대한 목록이 나와 있다. http://boost.org/libs/type_traits를 참고하자.
- 8장에 Boost.MPL 라이브러리를 사용하는 예제가 더 많이 나온다. 자신 있다 면 http://www.Boost.org/doc/libs/1_53_0/libs/mpl/doc/index.html에 있는 문서도 읽어보자.
- C++에 형식 switch를 추가하자는 제안이 나와 있는데, 상당히 흥미롭다. http://boost.org/libs/mpl에서 읽어보자.

C++03에서 표현식의 형식 알아내기

이전 예제에서 boost::bind를 사용하는 예를 살펴봤었다. C++11 이전의 세상에서는 유용할 수 있지만, C++03에서 boost::bind 메타함수의 함수 객체를 변수처럼 저장하기는 어렵다.

```
#include <functional>
#include <boost/bind.hpp>
```

```
const ??? var = boost::bind(std::plus<int>(), _1, _1);
```

C++11에서는 ???의 자리에 auto 키워드를 쓰면 잘 동작한다. C++03에서도 비슷하게 할 수 있는 방법은 없을까?

준비

C++11의 auto와 decltype 키워드를 알면 이번 예제를 이해하는 데 도움이 된다.

예제 구현

표현식의 반환형을 알아내려면 Boost.Typeof 라이브러리를 써야 한다.

```
#include <boost/typeof/typeof.hpp>

BOOST_AUTO(var, boost::bind(std::plus<int>(), _1, _1));
```

예제 분석

이 코드는 이름이 var인 변수를 생성하고, 표현식의 값을 두 번째 인자로 전달한다. 그러면 표현식의 형식을 통해 var의 형식을 결정한다.

부연 설명

C++를 잘 안다면 C++11에서 표현식의 형식을 검출하는 데 쓰이는 키워드가 더 있다는 걸 알고 있을 것이다. Boost.Typeof에서는 각각에 대응되는 매크로를 제공한다. 다음 C++11 코드를 살펴보자.

```
typedef decltype(0.5 + 0.5f) type;
```

Boost.Typeof를 사용하면 위 코드를 다음처럼 바꿀 수 있다.

```
typedef BOOST_TYPEOF(0.5 + 0.5f) type;
```

C++11 버전의 decltype(expr)은 expr의 형식을 추론해 반환한다.

```
template<class T1, class T2>
auto add(const T1& t1, const T2& t2) ->decltype(t1 + t2) {
    return t1 + t2;
};
```

Boost.Typeof를 사용하면 위 코드를 다음처럼 바꿀 수 있다.

```
// 길지만 이식성 높은 방법
template<class T1, class T2>
struct result_of {
    typedef BOOST_TYPEOF_TPL(T1( ) + T2( )) type;
};

template<class T1, class T2>
typename result_of<T1, T2>::type add(const T1& t1, const T2& t2) {
    return t1 + t2;
};

// ... 혹은 ...

// 더 짧지만 일부 컴파일러에서는 문제가 생길 수 있다.
template<class T1, class T2>
BOOST_TYPEOF_TPL(T1( ) + T2( )) add2(const T1& t1, const T2& t2) {
    return t1 + t2;
};
```

C++11에는 함수 선언의 끝에 반환형을 명시하는 특별한 문법이 도입됐다. 하지만 이것만은 C++03에서 따라 만들 수 없기 때문에 매크로에서 t1과 t2 변수를 쓸 수 없다.

템플릿이나 다른 컴파일 시간 표현식에서도 BOOST_TYPEOF() 함수의 결과를 얼마든지 쓸 수 있다.

```
#include <boost/static_assert.hpp>
#include <boost/type_traits/is_same.hpp>
BOOST_STATIC_ASSERT((boost::is_same<BOOST_TYPEOF(add(1, 1)), int>::value));
```

하지만 이 마술 같은 일이 저절로 일어나는 것은 아니다. 예를 들어 사용자 정의 클래스는 검출이 잘 되지 않기 때문에 일부 컴파일러에서는 다음 코드를 컴파일할 수 없다.

```
namespace readers_project {
    template <class T1, class T2, class T3>
    struct readers_template_class{};
}

#include <boost/tuple/tuple.hpp>

typedef
    readers_project::readers_template_class<int, int, float>
readers_template_class_1;

typedef BOOST_TYPEOF(boost::get<0>(
    boost::make_tuple(readers_template_class_1(), 1)
)) readers_template_class_deduced;

BOOST_STATIC_ASSERT((
    boost::is_same<
        readers_template_class_1,
        readers_template_class_deduced
```

```
    >::value
));
```

그럴 경우에 템플릿을 등록해 Boost.Typeof를 도와주자.

```
BOOST_TYPEOF_REGISTER_TEMPLATE(
    readers_project::readers_template_class /* 클래스 이름 */,
    3 /* 템플릿 클래스 수 */
)
```

하지만 널리 쓰이는 대부분의 컴파일러는 BOOST_TYPEOF_REGISTER_TEMPLATE이나 C++11 없이도 제대로 형식을 검출해낼 수 있다.

참고 사항

Boost.Typeof의 공식 문서에 더 많은 예제가 나와 있다. http://boost.org/libs/typeof 에서 공식 문서를 읽어보자.

## 05

다중 스레드

5장에서 다루는 내용은 다음과 같다.

- 실행 스레드 생성
- 공통 자원에 대한 접근 동기화
- 원자 연산으로 공통 자원에 빠르게 접근
- Work_queue 클래스 생성
- 다중-읽기-단일-쓰기 잠금
- 스레드가 개별적으로 갖는 변수 생성
- 스레드 인터럽트
- 스레드 그룹 다루기
- 공유 변수의 안전한 초기화

- 여러 뮤텍스 잠그기

소개

5장에서는 스레드[thread] 및 관련 사항들에 대해 알아본다. 다중 스레드[multithread]에 대한 기본 지식을 갖추고 시작하면 좋다.

다중 스레드란 하나의 프로세스에 있는 여러 개의 실행 스레드를 말한다. 스레드는 일부 자원은 공유하지만 자신만의 자원도 따로 갖는다. 다중 스레드는 각기 다른 CPU에서 독립적으로 실행될 수 있기 때문에 좀 더 빠르며 응답 시간도 짧은 프로그램을 만들 수 있다.

Boost.Thread 라이브러리는 스레드를 다루는 라이브러리로, 여러 가지 운영체제에서도 같은 인터페이스를 제공한다. 이 라이브러리는 헤더만 있는 라이브러리가 아니기 때문에 5장에 나오는 모든 예제는 libboost_thread와 libboost_system 라이브러리를 링크해야 한다.

실행 스레드 생성

현대의 다중 코어 컴파일러에서 최대한의 성능을 끌어내기 위해(혹은 그저 사용자 편의성을 높이기 위해) 프로그램들은 대개 다중 실행 스레드를 사용한다. 사용자 인터페이스를 제공하는 스레드에서 큰 파일을 만들고 채우는 일을 하는 재미있는 다음과 같은 예를 살펴보자.

```
#include <cstddef> // std::size_t를 위해 필요

bool is_first_run();
```

```
// 실행 시간이 긴 함수
void fill_file(char fill_char, std::size_t size, const char* filename);

// 사용자 인터페이스를 그리는 스레드의 어딘가
void example_without_threads() {
    if (is_first_run()) {
        // 사용자 인터페이스가 정지해있는 동안
        // 이 부분이 오랫동안 실행된다.
        fill_file(0, 8 * 1024 * 1024, "save_file.txt");
    }
}
```

준비

이 예제를 읽기 전에 boost::bind나 std::bind 라이브러리를 알아두자.

예제 구현

다음처럼 쉽게 실행 스레드를 만들 수 있다.

```
#include <boost/thread.hpp>

// 사용자 인터페이스를 그리는 스레드의 어딘가
void example_with_threads() {
    if (is_first_run()) {
        boost::thread(boost::bind(
            &fill_file,
            0,
            8 * 1024 * 1024,
            "save_file.txt"
        )).detach();
    }
}
```

예제 분석

boost::thread 변수는 파라미터 없이 호출될 수 있는 함수 객체(boost::bind를 사용해 함수 객체를 하나 만들었다)를 받아 독립적인 실행 스레드를 만든다.

이 함수 객체는 생성된 실행 스레드로 복사되고 거기서 실행된다. 함수 객체의 반환값은 무시한다.

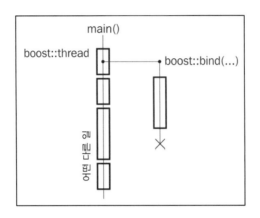

그런 후 detach( ) 함수를 호출하면 다음과 같은 일을 한다.

* 실행 스레드가 boost::thread 변수에서 분리되긴 하지만, 자신의 일은 계속해서 실행한다.
* boost::thread 변수는 이제 Not-A-Thread 상태다.

> detach( )를 호출하지 않으면 boost::thread의 소멸자는 여전히 자신이 OS 스레드를 갖고 있기 때문에 std::terminate를 호출한다. 그러면 소멸자를 호출하지도 않고, 자원을 놓지도 않고, 그 외의 다른 종료 작업도 없이 프로그램이 끝나버리게 된다.

기본값으로 생성된 스레드도 역시 Not-A-Thread 상태를 갖지만 분리된 실행 스레드를 만들진 않는다.

부연 설명

다른 작업을 하기 전에 파일을 생성하고 쓰는 걸 보장하려면 어떻게 해야 할까? 이럴 때는 다음에 나온 것처럼 스레드를 조인^{join}시켜야 한다.

```
void example_with_joining_threads( ) {
    if (is_first_run( )) {
        boost::thread t(boost::bind(
            &fill_file,
            0,
            8 * 1024 * 1024,
            "save_file.txt"
        ));

        // 몇 가지 일을 한다.
        // ...

        // 스레드가 끝나길 기다린다.
        t.join( );
    }
}
```

스레드가 조인되고 난 다음 boost::thread 변수의 값은 Not-A-Thread 상태가 되고, 소멸자가 호출된다고 해도 std::terminate를 호출하지 않는다.

스레드의 소멸자가 호출되기 전에 스레드를 조인시키거나 분리시키는 걸 잊지 말자. 그러지 않으면 프로그램이 끝나버린다!

BOOST_THREAD_VERSION=2가 정의돼 있으면 boost::thread의 소멸자는 detach()를 호출하기 때문에 std::terminate가 호출되지 않는다. 하지만 이런 동작 방식은 std::thread와의 호환성을 해치기 때문에 언젠가 프로젝트를 C++ 표준 라이브러리 스레드로 옮길 때나 BOOST_THREAD_VERSION=2가 더 이상 지원되지 않게 될 때에는 이 부분에서 깜짝 놀랄 일이 많을 것이다. Boost.Thread의 버전 4가 좀 더 명시적이고 강력하기 때문에 더 선호할 만하다.

 boost::thread_interrupted 형식이 아닌 예외가 boost::thread constructor로 전달된 함수 객체의 영역을 떠나려고 할 때 std::terminate()가 호출된다는 점에 주의하자.

boost::scoped_thread<T>는 매우 유용한 래퍼로, 스레드를 감싸는 RAII 래퍼이면서 BOOST_THREAD_VERSION=2 동작을 흉내낸다. 여기서 T는 다음 클래스 중 하나다.

- **boost::interrupt_and_join_if_joinable:** 소멸할 때 스레드에 인터럽트를 걸고 조인시킨다.
- **boost::join_if_joinable:** 소멸할 때 스레드를 조인시킨다.
- **boost::detach:** 소멸할 때 스레드를 분리시킨다.

다음과 같은 짧은 예를 살펴보자.

```
#include <boost/thread/scoped_thread.hpp>

void some_func();

void example_with_raii() {
```

```
boost::scoped_thread<boost::join_if_joinable> t(
    boost::thread(&some_func)
);

// 영역을 나갈 때 't'가 조인된다.
}
```

boost::thread 클래스는 C++11에 포함됐으므로 std:: 네임스페이스의 <thread> 헤더에서 찾아볼 수 있다. 부스트의 버전 4와 C++11 표준 라이브러리의 thread 클래스에는 큰 차이가 없다. 하지만 boost::thread는 C++03 컴파일러에서도 쓸 수 있기 때문에 좀 더 유용하다.

알아서 조인을 시키는 것이 아니라 std::terminate를 호출하는 데는 아주 중요한 이유가 있다. C와 C++ 언어는 중단되지 않는 것이 매우 중요한 소프트웨어에 자주 사용된다. 그런 소프트웨어는 와치독(watchdog)이라 불리는 다른 소프트웨어로 조종한다. 이런 와치독은 애플리케이션이 종료됐는지는 쉽게 검출할 수 있지만 교착 상태(deadlock)를 항상 검출할 수 있는 것이 아니며, 오랜 시간이 걸려서야 종료됐는지 검출하곤 한다. 예를 들어 제세동기 소프트웨어가 있다면 와치독이 반응을 보일 때까지 몇 초 기다렸다가 join()을 호출하는 것보다는 바로 종료되는 것이 낫다. 이런 애플리케이션을 설계할 때는 이 점에 주의하자.

참고 사항

- 5장에서 소개하는 모든 예제에서 Boost.Thread를 사용한다.
- 공식 문서에 boost::thread의 전체 메소드 목록뿐 아니라 C++11 표준 구현에서 이 라이브러리를 사용할 수 있는지에 대해 설명하고 있다. http://boost.org/libs/thread을 참고하자.
- boost::interrupt_and_join_if_joinable 클래스가 하는 일이 궁금하다면 '스레드 인터럽트' 예제를 읽어보자.

공통 자원에 대한 접근 동기화

이제 어떻게 실행 스레드를 시작시키는지 알아봤으니 다양한 스레드에서 공통 자원에 접근해보자.

```cpp
#include <cassert>
#include <cstddef>
#include <iostream>

// 이전 예제에서는 Boost.Thread의 모든 클래스를 포함하는
// <boost/thread.hpp>를 인클루드했었다.
// 다음 헤더는 boost::thread만 갖고 있다.
#include <boost/thread/thread.hpp>

namespace without_sync {

int shared_i = 0;

void do_inc() {
    for (std::size_t i = 0; i < 30000; ++i) {
        const int i_snapshot = ++shared_i;
        // i_snapshot로 몇 가지 일을 한다.
        // ...
    }
}

void do_dec() {
    for (std::size_t i = 0; i < 30000; ++i) {
        const int i_snapshot = --shared_i;
        // i_snapshot로 몇 가지 일을 한다.
        // ...
    }
}

void run() {
    boost::thread t1(&do_inc);
    boost::thread t2(&do_dec);
```

```
    t1.join();
    t2.join();

    // assert(global_i == 0); //이런!
    std::cout << "shared_i == " << shared_i;
}
```

코드에 `'Oops!'`라는 주석을 아무 이유 없이 쓴 것이 아니다. 놀랄 사람도 있겠지만, shared_i가 0이 아닐 확률이 꽤나 높다.

shared_i == 19567

 최신 컴파일러와 프로세서들은 앞에 제시한 코드를 망가뜨릴 수 있는 엄청나게 다양하고 기묘한 최적화를 많이 활용한다. 여기서 그 기법에 대해선 다루지 않을 테지만 이 기법들에 대해 간단히 설명하는 문서에 대한 링크를 '참고 사항' 절에 실어뒀다.

게다가 공유 자원이 비어 있지만은 않은 클래스를 가진다면 세그먼테이션 결함과 메모리 누수가 일어날 수도 있다.

한 번에 한 스레드만 shared_i 변수를 수정할 수 있도록 코드를 수정할 필요가 있다. 그래서 프로세서와 컴파일러 최적화 때문에 고통 받지 않도록 하자.

준비

이 예제를 이해하려면 스레드에 대한 기본 지식이 필요하다.

예제 구현

실행이 끝났을 때 shared_i가 같아지도록 이전 예제를 고쳐보자.

1. 먼저 뮤텍스^{mutex}를 만든다.

```
#include <boost/thread/mutex.hpp>
#include <boost/thread/locks.hpp>

int shared_i = 0;
boost::mutex i_mutex;
```

2. 다음 두 코드 사이에 shared_i 변수를 수정하거나 데이터를 읽어오는 모든 연산을 삽입한다. 첫 번째 코드가 다음에 나와 있다.

```
{   // 임계 영역 시작
    boost::lock_guard<boost::mutex> lock(i_mutex);
```

그다음으로 다음 코드가 나온다.

```
}   // 임계 영역 끝
```

그러면 다음과 같은 코드가 될 것이다.

```
void do_inc() {
    for (std::size_t i = 0; i < 30000; ++i) {
        int i_snapshot;
        {   // 임계 영역 시작
            boost::lock_guard<boost::mutex> lock(i_mutex);
            i_snapshot = ++shared_i;
        }   // 임계 영역 끝

        // i_snapshot로 몇 가지 일을 한다.
        // ...
    }
}
```

```
void do_dec( ) {
    for (std::size_t i = 0; i < 30000; ++i) {
        int i_snapshot;
        {   // 임계 영역 시작
            boost::lock_guard<boost::mutex> lock(i_mutex);
            i_snapshot = -- shared_i;
        }   // 임계 영역 끝

        // i_snapshot로 몇 가지 일을 한다.
        // ...
    }
}
```

예제 분석

boost::mutex 클래스는 동기화와 관련된 작업을 처리한다. 스레드는 boost::lock_guard<boost::mutex> 변수를 통해 이 뮤텍스를 잠그려 한다. 잠금[lock]을 가진 스레드가 없다면 잠그는 데 성공하며, 잠금을 풀거나 소멸시키지 않는 한 해당 코드 부분에 들어와 있는 스레드는 하나라는 것이 보장된다. 다른 스레드가 이미 잠금을 가진 상태라면 잠금을 가진 스레드가 잠금을 풀 때까지 기다린다. 모든 잠금/잠금 해제 연산은 특정 명령을 암시하기 때문에 임계 구역[critical section]에서 일어난 변화는 모든 스레드에 보이게 된다. 또한 다음과 같은 작업도 직접 할 필요가 없다.

- 모든 프로세서가 새로이 수정된 자원을 볼 수 있게 하기
- 값이 프로세서의 레지스터 안에서만 수정되지 않게 하기
- 프로세서가 명령의 순서를 뒤섞지 못하게 막기
- 컴파일러가 명령의 순서를 뒤섞지 못하게 막기
- 컴파일러가 '읽기가 아닌 저장소에 쓰기'를 제거하지 못하게 하기
- 그 외의 컴파일러/아키텍처별로 필요한 온갖 지저분한 일 처리하기

boost::lock_guard 클래스는 매우 간단한 RAII 클래스로, 뮤텍스에 대한 참조자를 저장하고 단 하나의 파라미터를 받는 생성자에서 lock( )을 호출하고, 소멸자에서 unlock( )을 호출한다.

이전 예제에서 {}로 감싸인 블록 안에서 lock 변수를 만들었기 때문에 // 임계 영역 끝에 도달해 닫는 괄호(})가 나오면 lock 변수에 대한 소멸자가 호출되고 뮤텍스가 풀린다. 임계 구역 내에서 예외가 발생하더라도 뮤텍스가 알아서 잠금을 해제한다.

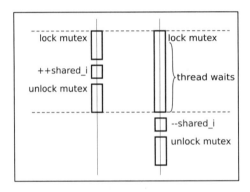

부연 설명

뮤텍스를 잠그는 연산은 매우 느려질 수 있다. 다른 스레드가 잠금을 해제할 때까지 코드가 상당 기간 동안 멈출 수도 있다는 것이다. 그러니 임계 구역은 최대한 작게 만들고 최대한 적게 갖도록 하자.

이제 다중 코드 CPU를 지원하는 일부 운영체제^{OS, Operating Systems}에서 잠금을 어떻게 처리하는지 알아보자. CPU1에서 실행 중인 thread #1이 다른 스레드가 잠근 뮤텍스를 잠그려 시도하면 OS는 잠금이 해제될 때까지 thread #1을 중지시킨다. 중단된 스레드는 프로세서의 자원을 소모하지 않기 때문에 OS는 CPU1에서 다른 스레드를 실행시킨다. 이제 CPU1은 다른 스레드를 실행 중이고, 잠금을 갖고 있던 스레드가 잠금을 풀었다고 해보자. 그러면 OS는 thread #1을 다시 시작시킨다. 그래서 thread #1은 현재 일을 하지 않고 있는 아무 CPU, 이를테면 CPU2에서 자기 작업을 재개한다.

그러면 CPU 캐시 미스^{cache miss}가 생기며, 그 때문에 뮤텍스가 해제된 후에도 코드가 좀 더 느려질 수 있다. 이것도 임계 구역의 수를 줄여야 하는 이유다. 하지만 좋은 OS라면 스레드가 원래 실행 중이던 CPU를 다시 할당하려 하기 때문에 크게 성능이 나빠지진 않을 것이다. 안타깝게도 그런 OS에 따른 최적화는 항상 제공되지는 않는다. 임계 영역의 수와 크기를 줄이는 것이 스레드 멈춤과 캐시 미스를 줄이는 방법이다.

같은 스레드에서 한 boost::mutex 변수를 두 번 잠그려 하진 말자. 그러면 교착 상태^{deadlock}에 빠진다. 한 스레드에서 동일한 뮤텍스를 여러 번 잠가야 한다면 <boost/thread/recursive_mutex.hpp> 헤더를 인클루드해 boost::recursive_mutex를 사용하자. 이 뮤텍스는 여러 번 잠그더라도 교착 상태에 빠지지 않는다. boost::recursive_mutex는 lock( )이 호출된 것만큼 unlock( )이 호출돼야만 잠금을 푼다. boost::recursive_mutex는 boost::mutex보다도 느릴 뿐 아니라 이 잠금을 쓰는 것 자체가 코드의 흐름을 잘못 설계했다는 뜻이므로 가능하면 boost::recursive_mutex를 쓰지 말자.

boost::mutex, boost::recursive_mutex와 boost::lock_guard 클래스는 C++ 표준에 포함됐기 때문에 <mutex> 헤더의 std:: 네임스페이스에서 찾아볼 수 있다. 부스트와 표준 라이브러리 버전에는 큰 차이가 없지만, 부스트 버전에는 몇 가지 확장이 있을 수 있다(공식 문서에 EXTENSION으로 표기). 그리고 부스트 버전은 C++11 이전의 컴파일러에서도 쓸 수 있기 때문에 이식성이 더 좋다.

참고 사항

- 이번 예제를 훨씬 빠르게(그리고 짧게) 만드는 방법이 궁금하다면 다음 예제를 살펴보자.
- boost::thread 클래스에 대해 알고 싶다면 5장의 첫 번째 예제를 읽어보자. Boost.Thread의 공식 문서(http://boost.org/libs/thread)도 큰 도움이 된다.
- 왜 첫 번째 예제가 실패하는지, 그리고 다중 프로세서가 공유 자원을 어떻게 사용하는지 궁금하다면 http://www.rdrop.com/users/paulmck/scalability/paper/whymb.2010.07.23a.pdf의 "Memory Barriers: a Hardware View for Software Hackers"를 참고하자. 꽤나 까다로운 주제라는 것을 미리 알아두자.

▌ 원자 연산으로 공통 자원에 빠르게 접근

앞 예제에서는 여러 스레드에서 안전하게 공유 자원에 접근하는 방법을 살펴봤다. 하지만 예제에서는 정수에서 값을 읽어오기 위해 두 번이나 시스템 호출을 해야 했다 (뮤텍스를 잠글 때와 해제할 때).

```
{   // 임계 영역 시작
    boost::lock_guard<boost::mutex> lock(i_mutex);
    i_snapshot = ++ shared_i;
}   // 임계 영역 끝
```

좋은 코드가 아니다! 게다가 느리다! 더 좋은 방법은 없을까?

준비

첫 번째 예제에 이번 예제에 필요한 모든 내용이 나와 있다. 다중 스레드에 대한 기본 지식만으로도 충분하다.

예제 구현

이전 예제를 개선시켜보자.

1. 이번엔 다른 헤더를 인클루드해야 한다.

```
#include <cassert>
#include <cstddef>
#include <iostream>

#include <boost/thread/thread.hpp>
#include <boost/atomic.hpp>
```

2. shared_i의 형식을 바꾼다(더 이상 뮤텍스를 쓸 필요가 없다).

```
boost::atomic<int> shared_i(0);
```

3. boost::lock_guard 변수를 모두 없앤다.

```
void do_inc( ) {
    for (std::size_t i = 0; i < 30000; ++i) {
        const int i_snapshot = ++ shared_i;

        // i_snapshot로 몇 가지 일을 한다.
        // ...
    }
}
```

```
void do_dec( ) {
    for (std::size_t i = 0; i < 30000; ++i) {
        const int i_snapshot = -- shared_i;

        // i_snapshot로 몇 가지 일을 한다.
        // ...
    }
}
```

4. 이게 끝이다! 이제 잘 동작하는지 확인한다.

```
int main( ) {
    boost::thread t1(&do_inc);
    boost::thread t2(&do_dec);

    t1.join( );
    t2.join( );

    assert(shared_i == 0);
    std::cout << "shared_i == " << shared_i << std::endl;

    assert(shared_i.is_lock_free( ));
}
```

예제 분석

프로세서는 다른 프로세서나 프로세서 코어에 따라 영향을 받지 않는 특별한 원자 연산 atomic operation을 제공한다. 이런 연산들은 시스템에 즉각적으로 반영된다. Boost. Atomic은 각 시스템마다의 고유한 원자 연산을 둘러싸고, 변수를 취급하는 다중 스레드 작업을 망가뜨릴 수 있는 컴파일러의 최적화를 비활성화시키며, 어느 시스템에서든 동일한 인터페이스를 제공하는 클래스를 제공하기 때문에 이식성이 뛰어나다. 같은 메모리 위치에 두 개의 원자 연산이 동시에 다른 스레드에서 일어난다면 둘 중

한 연산은 다른 연산이 끝날 때까지 기다렸다가 앞서의 연산 결과를 재활용한다.

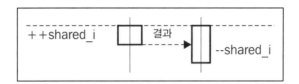

즉, 여러 스레드에서 boost::atomic<> 변수를 동시에 사용하더라도 안전하다. 원자
변수에 대한 연산은 시스템 입장에서는 단일한 트랜잭션^{transaction}처럼 보인다. 원자
변수에 대해 여러 번 연산한다면 독립된 트랜잭션을 여러 번 처리한 것처럼 취급한다.

```
-- shared_i;      // 첫 번째 트랜잭션
// 다른 스레드에서 shared_i를 처리하면서 값을 바꿀 수도 있다
++shared_i;       // 두 번째 트랜잭션
```

 다중 스레드에서 수정될 수 있는 변수에 대한 동기화를 하지 않으려는 생각은 하지도 말자.
변수가 bool일 뿐이고 거기에 참과 거짓을 쓰거나 읽을 뿐이라 해도 말이다! 컴파일러는
모든 저장과 읽기를 얼마든지 최적화할 수 있는데, 그러는 동안에 아무도 생각지 못한 방식
으로 코드를 망가뜨릴 수 있다. 그렇게 망가졌을 때 누가 처벌을 받게 될까?(컴파일러는
아니다!)

부연 설명

Boost.Atomic 라이브러리는 POD 형식만을 다룰 수 있다. 그 이외의 경우 어떻게
동작할지는 정의되지 않았다. 일부 플랫폼이나 프로세서에서는 특정 형식에 대한 원
자 연산을 제공하지 않는다. 그럴 경우 Boost.Atomic은 boost::mutex를 사용해 원자
연산을 흉내낸다. 다음의 형식별 매크로 값이 2라면 원자형은 boost::mutex를 쓰지
않는다.

```
#include <boost/static_assert.hpp>
BOOST_STATIC_ASSERT(BOOST_ATOMIC_INT_LOCK_FREE == 2);
```

boost::atomic<T>::is_lock_free 멤버 함수의 값은 실행할 때마다 다를 수 있다.
따라서 컴파일 시간 검사에는 적합하지 않다. 하지만 실행 시간 검사만으로 충분하다
면 좀 더 이해하기 쉬운 문법을 쓸 수 있다.

```
assert(shared_i.is_lock_free());
```

원자 연산은 뮤텍스보다 훨씬 빠르지만 원자가 아닌 연산보다는 여전히 많이 느리다.
뮤텍스를 사용한 예제의 실행 시간(0:00.08초)과 이번 예제의 실행 시간(0:00.02초)을
비교해보면 큰 차이가 난다는 걸 알 수 있다(300,000번 실행).

> 필자들이 아는 한 표준 라이브러리 구현상의 원자 연산에도 문제는 있다. 모두 말이다! 자신
> 만의 원자를 만들지 말라. 나만의 원자를 구현하는 것이 더 낫고, 시간 낭비도 좀 하고 싶다
> 면 만들고 난 후 특별한 도구들을 사용해 검증한 후 다시 가정해보자. 뭐가 잘못됐는지 깨달
> 을 때까지 반복하는 것이 좋다.

C++11 컴파일러는 <atomic> 헤더의 std:: 네임스페이스 아래에 모든 원자 클래스,
typedefs와 매크로를 갖춰야 한다. 컴파일러의 구현 방식에 따라 std::atomic의 성능이
부스트보다 빠를 수도 있다. 컴파일러가 C++11 메모리 모델을 제대로 지원하고, std::
atomic 변수를 최적화하도록 맞춰져 있다면 표준 std::atomic의 성능이 더 좋을 것이다.

참고 사항

공식 문서에 이 주제에 대한 더 많은 예제와 이론적인 배경 설명이 나와 있다.
http://boost.org/libs/atomic을 참고하자.

▌work_queue 클래스 생성

이번에는 인자를 받지 않는 함수 객체(줄여서 작업task이라고 하자)를 호출해보자.

```
typedef boost::함수<void( )> task_t;
```

이제 작업을 등록하는 스레드와 등록된 작업을 실행하는 스레드가 있는 상황을 상상해보자. 두 가지의 스레드 모두가 안전하게 쓸 수 있는 클래스를 설계해야 한다. 이 클래스는 다음과 같은 함수들이 필요하다.

- 작업을 가져오거나 다른 스레드가 작업을 등록할 때까지 기다리기
- 작업이 있다면 검사하고 가져오는 메소드(남은 작업이 없으면 빈 작업을 반환함)
- 작업을 등록

준비

boost::thread나 std::thread에 익숙해져야 하며, 뮤텍스에 대한 기본 지식이 필요하고, boost::function이나 std::function에 대해 알고 있어야 한다.

예제 구현

앞으로 구현할 클래스는 std::queue<task_t>가 제공하는 기능과 유사하며, 스레드 동기화 작업을 제공해야 한다. 이제 시작해보자.

1. 다음과 같이 헤더를 인클루드하고 멤버를 선언한다.

```
#include <deque>
#include <boost/function.hpp>
```

```cpp
#include <boost/thread/mutex.hpp>
#include <boost/thread/locks.hpp>
#include <boost/thread/condition_variable.hpp>

class work_queue {
public:
    typedef boost::function<void()> task_type;

private:
    std::deque<task_type>      tasks_;
    boost::mutex               tasks_mutex_;
    boost::condition_variable cond_;
```

2. 큐queue에 함수를 등록하는 함수는 다음과 같다.

```cpp
public:
    void push_task(const task_type& task) {
        boost::unique_lock<boost::mutex> lock(tasks_mutex_);
        tasks_.push_back(task);
        lock.unlock();

        cond_.notify_one();
    }
```

3. 등록된 작업이나 빈 작업(남은 작업이 없을 경우)을 가져오며, 기다리지 않는
   함수를 만든다.

```cpp
task_type try_pop_task() {
    task_type ret;
    boost::lock_guard<boost::mutex> lock(tasks_mutex_);
    if (!tasks_.empty()) {
        ret = tasks_.front();
        tasks_.pop_front();
    }
```

226

```
            return ret;
        }
```

4. 다른 스레드가 작업을 등록할 때까지 기다린 후 등록된 작업을 가져오는 함수를 만든다.

```
        task_type pop_task( ) {
            boost::unique_lock<boost::mutex> lock(tasks_mutex_);
            while (tasks_.empty( )) {
                cond_.wait(lock);
            }

            task_type ret = tasks_.front( );
            tasks_.pop_front( );

            return ret;
        }
    };
```

work_queue 클래스를 사용하는 방법을 알아보자.

```
#include <boost/thread/thread.hpp>

work_queue g_queue;

void some_task( );
const std::size_t tests_tasks_count = 300 /*0000*/;

void pusher( ) {
    for (std::size_t i = 0; i < tests_tasks_count; ++i) {
        g_queue.push_task(&some_task);
    }
}

void popper_sync( ) {
```

```cpp
    for (std::size_t i = 0; i < tests_tasks_count; ++i) {
        work_queue::task_type t = g_queue.pop_task();
        t();           // 작업을 실행한다.
    }
}

int main() {
    boost::thread pop_sync1(&popper_sync);
    boost::thread pop_sync2(&popper_sync);
    boost::thread pop_sync3(&popper_sync);

    boost::thread push1(&pusher);
    boost::thread push2(&pusher);
    boost::thread push3(&pusher);

    // 모든 넣기 작업을 기다린다.
    push1.join();
    push2.join();
    push3.join();
    g_queue.flush();

    // 모든 꺼내기 작업을 기다린다.
    pop_sync1.join();
    pop_sync2.join();
    pop_sync3.join();

    // 이제 남은 작업이 없어야 하고
    // 멈추는 일 없이 끝까지 실행돼야 한다.
    assert(!g_queue.try_pop_task());

    g_queue.push_task(&some_task);

    // 작업이 하나 있어야 하고
    // 멈추는 일 없이 끝까지 실행돼야 한다.
    assert(g_queue.try_pop_task());
}
```

예제 분석

이번 예제에서는 새로운 RAII 클래스인 boost::unique_lock을 알아본다. 이 클래스는 뮤텍스를 명시적으로 풀고 잠그는 메소드를 갖춘 boost::lock_guard 클래스다.

work_queue 클래스로 돌아가서 pop_task( ) 함수부터 시작해보자. 먼저 잠금을 얻고 사용할 수 있는 작업이 있는지 확인한다. 작업이 있다면 그걸 반환하고, 없다면 cond_.wait(lock)을 호출한다. 이 메소드는 원자적으로 잠금을 푼 다음 다른 스레드가 지금 스레드에게 신호를 줄 때까지 실행을 잠시 멈춘다.

이제 push_task 메소드를 살펴보자. 여기서도 잠금을 얻어야 하고, 잠금을 얻으면 작업을 tasks_.queue에 밀어 넣는다. 그리고 잠금을 푼 다음 누군가가 cond_.wait (lock)으로 기다리고 있을지도 모르므로 cond_notify_one( )을 호출해 깨운다. 그 후 pop_task( ) 메소드에서 조건 변수^{conditional variable}를 기다리고 있던 스레드가 있었다면 그 스레드는 실행을 계속해 cond_wait(lock)의 깊은 곳 안에 있는 lock.lock( )을 호출하고, while 루프 안에서 tasks_empty( )를 검사한다. tasks_에 지금 막 작업을 추가했기 때문에 while 루프 밖으로 나오며, 뮤텍스의 잠금을 푼 후(잠금 변수의 영역을 벗어났다) 작업을 반환한다.

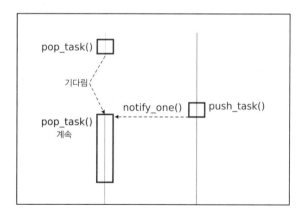

> ⓘ if문뿐만 아니라 루프 안에서도 조건을 검사하는 것이 좋다. thread #1이 기다리기 전에 thread #2부터 신호를 받았는데, 다른 스레드인 thread #3이 thread #2가 밀어 넣은 작업을 가져가 버린다면 문제가 생길 수 있다.

부연 설명

notify_one( )을 호출하기 전에 뮤텍스의 잠금을 명시적으로 풀어줬다는 점을 눈여겨보자. 잠금을 풀지 않더라도 이번 예제는 여전히 동작한다.

하지만 그 경우 깨어난 스레드가 cond_wait(lock) 내부에 있는 lock.lock( )을 호출하려다 다시 정지된다면 문맥 교환$^{context\ switch}$이 더 자주 일어나게 되고 성능이 나빠진다.

tests_tasks_count를 3000000으로 두고 명시적으로 잠금을 풀지 않았을 때 이빈 예제를 실행하는 데 7초가 걸렸다.

```
$time -f E ./work_queue
0:07.38
```

하지만 명시적으로 잠금을 풀면 5초로 줄어든다.

```
$ time -f E ./work_queue
0:05.39
```

특정 조건 변수를 기다리는 모든 스레드를 깨우고 싶다면 cond_notify_all( )을 사용하자.

230

어떤 극단적인 운영체제에서는 부스트 버전 1.64 이전의 임계 영역 밖에서 (잠금을 갖지 않은 채로) notify_one( )을 불렀을 때 아주 굉장히 흔하지 않은 문제가 발생할 수도 있다 (https://github.com/boostorg/thread/pull/105). 그런 운영체제를 다룰 일이 있을지는 의 문스럽긴 하다. 하지만 어쨌든 그런 플랫폼에서의 문제를 겪고 싶지 않다면 잠금을 갖고 notify_all( )을 호출하는 flush( ) 함수를 work_queue 클래스에 추가하자.

```cpp
void flush( ) {
    boost::lock_guard<boost::mutex> lock(tasks_mutex_);
    cond_.notify_all( );
}
```

큐에 작업을 밀어 넣은 후 다른 스레드들을 깨우고 싶을 때에는 flush( )를 호출하자.

C++11 표준은 <condition_variable> 헤더 내에 std::condition_variable을 선언 하고, <mutex> 헤더 안에서 std::unique_lock을 선언한다. 이식성을 높이고 싶거나, C++03 컴파일러를 써야 하거나 혹은 다른 부스트의 확장을 써야 한다면 부스트 버전 을 쓰자.

 rvalue 참조자 지원과 std::move(tasks_.front( )) 호출을 추가하면 work_queue 클래스 를 눈에 띄게 개선시킬 수 있다. 그렇게 하면 임계 영역에서의 코드가 무척이나 빨라질 것이 고, 스레드 수, 지연시간, 또다시 깨어나는 횟수, 캐시 미스도 더 적어져서 성능이 더욱 나아 진다.

참고 사항

- 5장의 처음 세 가지 예제에서 Boost.Thread에 대한 많은 예제를 제공한다.
- 더 많은 예제와 이론에 대한 정보를 얻고 싶다면 http://boost.org/libs/thread 에 나오는 공식 문서를 참고하자.

▌다중-읽기-단일-쓰기 잠금

온라인 서비스를 제공하는 중이라고 가정해보자. 등록된 사용자에 대해 각 사용자의 특성을 저장하는 비정렬 맵^{unordered map}이 있다. 그리고 이 집합은 많은 스레드가 접근하지만, 수정되는 일은 거의 없다. 다음 집합에 대한 모든 연산은 스레드에서도 안전한 방식으로 처리된다.

```cpp
#include <unordered_map>
#include <boost/thread/mutex.hpp>
#include <boost/thread/locks.hpp>
struct user_info {
    std::string address;
    unsigned short age;

    // 다른 파라미터들
    // ...
};

class users_online {
    typedef boost::mutex mutex_t;

    mutable mutex_t                                 users_mutex_;
    std::unordered_map<std::string, user_info>      users_;

public:
    bool is_online(const std::string& username) const {
        boost::lock_guard<mutex_t> lock(users_mutex_);
        return users_.find(username) != users_.end();
    }

    std::string get_address(const std::string& username) const {
        boost::lock_guard<mutex_t> lock(users_mutex_);
        return users_.at(username).address;
    }

    void set_online(const std::string& username, user_info&& data) {
```

```
        boost::lock_guard<mutex_t> lock(users_mutex_);
        users_.emplace(username, std::move(data));
    }

    // 다른 메소드들
    // ...
};
```

안타깝게도 이번에 만든 온라인 서비스는 어째서인지 좀 느린데, 프로파일러로 보면 users_online 클래스에 문제가 있다고 나온다. 어떤 연산을 하든 mutex_ 변수에 대한 고유 잠금을 획득해야 하기 때문에 자원을 얻으려는 것만으로도 뮤텍스를 잠그기 위해 기다려야만 한다. 자원의 일부는 복사하기 힘들기 때문에 임계 영역에서 시간을 소모하게 되고, users_online 클래스에서의 모든 연산이 느려진다.

불행히도 프로젝트 요구 사항에 따르면 클래스를 재설계할 수는 없다. 그러면 인터페이스를 고치지 않고도 속도를 빠르게 할 수는 없을까?

준비

boost::thread나 std::thread에 익숙해야 하며, 뮤텍스의 기본에 대해 잘 알아야 한다.

예제 구현

다음과 같이 하면 확실히 성능을 개선할 수 있다.

일단 boost::mutex를 boost::shared_mutex로 바꾼다. 그리고 boost::unique_lock 대신 데이터를 수정하지 않는 메소드에 대해서는 boost::shared_lock을 쓴다.

```cpp
#include <boost/thread/shared_mutex.hpp>

class users_online {
    typedef boost::shared_mutex mutex_t;

    mutable mutex_t                             users_mutex_;
    std::unordered_map<std::string, user_info>  users_;
public:
    bool is_online(const std::string& username) const {
        boost::shared_lock<mutex_t> lock(users_mutex_);
        return users_.find(username) != users_.end();
    }

    std::string get_address(const std::string& username) const {
        boost::shared_lock<mutex_t> lock(users_mutex_);
        return users_.at(username).address;
    }

    void set_online(const std::string& username, const user_info& data) {
        boost::lock_guard<mutex_t> lock(users_mutex_);
        users_.emplace(username, std::move(data));
    }

    // 다른 메소드들
    // ...
};
```

예제 분석

스레드가 데이터를 수정하지만 않는다면 여러 스레드가 데이터를 함께 공유해도 괜찮다. 데이터를 수정하려는 경우에는 뮤텍스를 고유하게 소유해야 한다. 하지만 그 이외의 경우에는 동시에 접근해도 괜찮다. 그럴 때 쓰라고 있는 것이 바로 boost::shared_mutex다. 자원에 대한 동시 접근을 할 수 있게 해주는 공유 잠금(읽기 잠금)을 제공한다.

현재 공유 잠금이 돼 있는 자원에 대해 고유 잠금을 하려고 하면 읽기 잠금이 남지 않을 때까지 모든 연산이 중지됐다가, 읽기 잠금이 모두 해제되면 자원을 고유하게 잠근다. 그러면 이제부터는 새로이 공유 잠그려는 스레드는 고유 잠금이 풀릴 때까지 기다려야만 한다. 읽을 때와 쓸 때 모두 boost::shared_lock 잠금을 하면 일반적인 boost::mutex 잠금보다 훨씬 느리다. 코드를 새로 디자인할 방법이 없고 boost::shared_lock을 쓰면 성능이 좋아질 것이라고 확신하지 않는 한 boost::shared_lock 은 쓰지 말자.

 mutable이라는 키워드를 처음 본 독자도 있을 것 같다. 이 키워드는 정적이지 않고 상수가 아닌 클래스 멤버에 적용할 수 있다. mutable인 데이터 멤버는 상수 멤버 함수에서도 수정할 수 있고 뮤텍스나 클래스 내부 작업과 직접적인 관련이 없는 다른 도우미 변수에서 사용되곤 한다.

부연 설명

고유 잠금만 필요하다면 boost::shared_mutex는 쓰지 말자. 이 클래스는 일반적인 boost::mutex 클래스보다 느리다.

공유 뮤텍스는 C++14 이전까지는 C++에서 사용할 수 없다. shared_timed_mutex와 shared_lock은 <shared_mutex> 헤더 내의 std:: 네임스페이스에 정의돼 있다. 성능 특성은 부스트 버전과 거의 같으니 앞서 설명한 성능 관련 설명들을 그대로 적용해도 좋다.

C++17에서는 shared_timed_mutex보다 약간 더 빠른 shared_mutex가 제공된다. 시간 한계가 있는 잠금을 제공하지 않기 때문이다. 소중한 몇 나노초를 절약할 수 있다.

참고 사항

- 공유 잠금을 고유 잠금으로 승격시킬 수 있어야 한다면 boost::upgrade_mutex 클래스를 사용하자. Boost.Thread에 대한 문서는 http://boost.org/libs/thread에서 찾아볼 수 있다.

- mutable 키워드에 대해서는 http://herbsutter.com/2013/01/01/video-you-dont-know-const-and-mutable/를 찾아보자.

▌스레드가 개별적으로 갖는 변수 생성

'work_queue 클래스 생성' 예제를 한번 훑어보자. 여기서 각 작업들은 여러 스레드 중 하나에서만 실행되는데, 어떤 스레드가 어떤 작업을 할지는 알 수 없다. 그런데 모종의 연결^{connection}을 통해 실행된 작업 결과를 보내고 싶다면 어떻게 해야 할까?

```cpp
#include <boost/noncopyable.hpp>

class connection: boost::noncopyable {
public:
    // 연결을 여는 데 시간이 꽤 걸린다.
    void open();

    void send_result(int result);

    // 다른 메소드들
    // ...
    int open_count_;
    connection(): open_count_(0) {}
};
```

이럴 경우에 쓸 수 있는 해결 방법들은 다음과 같다.

- 데이터를 보내야 할 때 새로운 연결을 연다(매우 느리다).
- 모든 스레드가 쓸 수 있는 단 하나의 연결만을 사용하고 뮤텍스로 둘러싼다(역시 느리다).
- 여러 개의 연결을 다발로 묶고 그중 한 연결을 스레드 안전한$^{thread-safe}$ 방식으로 얻어 사용한다(코딩을 많이 해야 하긴 하지만 빠르다).
- 스레드당 한 개의 연결을 갖는다(빠르고 구현하기도 간편하다).

그러면 마지막 방법은 어떻게 구현할까?

준비

스레드에 대한 기본 지식이 필요하다.

예제 구현

이제 스레드 지역 변수를 만들어보자. 헤더 파일 내의 connection 클래스 정의 뒤에 함수를 선언한다.

```
connection& get_connection();
```

소스 파일은 다음처럼 만든다.

```
#include <boost/thread/tss.hpp>
boost::thread_specific_ptr<connection> connection_ptr;

connection& get_connection() {
    connection* p = connection_ptr.get();
    if (!p) {
        connection_ptr.reset(new connection);
```

```
        p = connection_ptr.get();
        p->open();
    }

    return *p;
}
```

다했다. 스레드별 자원을 만드는 작업이 이렇게나 쉬워졌다.

```
void task() {
    int result = 2;
    // 몇 가지 연산을 한다.
    // ...

    // 결과를 보낸다.
    get_connection().send_resull(result);
}
```

예제 분석

boost::thread_specific_ptr 변수는 각 스레드마다 개별 포인터를 저장한다. 처음에 이 포인터는 nullptr이다. 그래서 !p를 검사한 다음 그 값이 nullptr이면 연결을 여는 것이다.

따라서 포인터를 초기화한 스레드에서 get_connection()을 호출하면 !p는 거짓을 반환할 것이고, 이미 열려있던 연결이 반환된다.

스레드가 종료될 때에는 connection_ptr 변수에 저장된 포인터에 대해 delete가 호출되므로 메모리 누수에 대해 걱정할 필요가 없다.

부연 설명

스레드가 종료될 때 delete 대신 호출할 자신만의 정리 함수를 제공할 수도 있다. 정리 함수의 서명은 (*cleanup_function)(T*)이어야만 하고, boost::thread_specific_ptr을 생성할 때 전달해야만 한다.

C++11에는 thread_local이라고 하는 특별한 키워드가 제공된다. 이 키워드로 변수를 선언하면 스레드 지역 저장소에 변수를 만든다. C++11은 thread_specific_ptr 클래스는 갖고 있지 않지만 thread_local boost::scoped_ptr<T>나 thread_local std::unique_ptr<T>를 쓰면 thread_local을 지원하는 컴파일러에서 같은 방식으로 동작하게 할 수 있다. boost::thread_specific_ptr은 thread_local과 달리 C++11 이전 컴파일러에서도 잘 동작한다.

C++17에는 inline 변수가 있으니 스레드 지역 변수를 헤더 파일에 선언할 때 thread_local을 inline으로 선언할 수도 있다.

참고 사항

- Boost.Thread 문서에는 다양한 경우에 대한 좋은 예제들이 많다. 이 문서는 http://boost.org/libs/thread에서 찾아볼 수 있다.
- http://stackoverflow.com/questions/13106049/c11-gcc-4-8-thread-local-performance-penalty.html에 있는 내용과 http://gcc.gnu.org/onlinedocs/gcc-3.3.1/gcc/Thread-Local.html에 나와 있는 GCC__thread 키워드 부분을 참고하면 컴파일러에서 thread_local을 구현하는 방법에 대해, 그리고 얼마나 빠른지에 대한 감을 잡을 수 있을 것이다.

▌스레드 인터럽트

스레드가 자원을 너무 많이 사용하거나 지나치게 오랫동안 끝나지 않으면 강제로 끝내야 할 때가 있다. 예를 들어 독립된 스레드에서 동작하는 파서parser가 있다고 해보자 (Boost.Thread 사용). 그런데 이미 원하는 만큼의 데이터를 얻었다면 파싱을 그만둬도 좋을 것이다. 그럴 때 해야 할 일을 대충 코드로 표현하면 다음과 같다.

```cpp
int main( ) {
    boost::thread parser_thread(&do_parse);

    // ...

    if (stop_parsing) {
        // 더 이상 파싱할 필요 없음
        // 할 일: 파서 중단
    }
    // ...

    parser_thread.join( );
}
```

실제로는 어떻게 해야 할까?

준비

이번 예제를 이해하기 위해 필요한 것은 거의 없다. 최소한 스레드에 대한 기본 지식만 있으면 된다.

예제 구현

스레드에 인터럽트interrupt를 걸어 중단시킬 수 있다.

```
if (stop_parsing) {
    // 더 이상 파싱할 필요 없음
    parser_thread.interrupt( );
}
```

예제 분석

Boost.Thread에는 interrupt( )를 통해 인터럽트됐는지를 검사하는 사전 정의된 인터럽트 지점이 있다. 스레드가 인터럽트됐다면 예외인 boost::thread_interrupted를 던진다. 예외가 do_parse( ) 내부로 전파되는 동안 일반적인 예외처럼 모든 자원에 대한 소멸자를 호출한다. boost::thread_interrupted 예외는 Boost.Thread 라이브러리에서 특별히 취급하며, 예외의 경우 스레드 함수를 떠나도 괜찮다(이번 예제의 do_parse( )에서처럼). 예외가 스레드 함수를 떠나면 boost::thread 내부에서 붙잡히게 되고, 스레드를 취소하라는 요청으로 받아들여진다.

 boost::thread_interrupted가 std::exception에서 파생된 것이 아니란 점에 주의하자! 인터럽트 자체의 형식이나 std::exception에 대한 참조자로 예외를 잡을 때는 인터럽트가 잘 동작한다. 하지만 예외를 catch(...)로 붙잡은 후 다시 던지지 않는다면 인터럽트는 제대로 동작하지 않는다.

첫 번째 예제에서 살펴봤듯이 스레드로 전달된 함수가 예외를 처리하지 않는다면 예외는 함수의 영역을 벗어나게 되고, 그 애플리케이션은 끝난다. 하지만 boost::thread_interrupted만은 다르다. 이 예외는 함수의 영역을 벗어나더라도 애플리케이션에 대해 std::terminate( )를 호출하지 않는다.

부연 설명

Boost.Thread 라이브러리의 인터럽트 지점은 공식 문서에 나와 있지만, 경험상 멈출 수 있는 거의 모든 곳에서 인터럽트를 검사한다.

어떤 곳에든 인터럽트 지점을 직접 추가할 수도 있다. boost::this_thread:: interruption_point( )라는 함수만 호출하면 된다.

```
void do_parse( ) {
    while (not_end_of_parsing) {
        // 현재 스레드가 인터럽트되면 다음 코드는
        // boost::thread_interrupted 예외를 던진다.
        boost::this_thread::interruption_point( );

        // 파싱에 필요한 코드
        // ...
    }
}
```

프로젝트 내에서 인터럽트가 필요하지 않다면 BOOST_THREAD_DONT_PROVIDE_ INTERRUPTIONS를 정의한다. 그러면 성능이 조금 나아지며 모든 스레드 인터럽트가 비활성화된다.

C++11에는 스레드 인터럽트가 없지만 원자 연산을 사용해 부분적으로 흉내낼 수는 있다.

- 원자 불리언 변수를 만든다.
- 스레드의 원자 변수를 검사해 값이 바뀌었다면 원하는 예외를 던진다.
- 스레드로 전달된 함수 내에서 예외를 잡아야 한다는 걸 잊지 말자(그러지 않으면 애플리케이션이 끝나게 된다).

하지만 코드가 어딘가에서 조건 변수를 기다리고 있거나 자고 있다면 소용없을 것이다.

참고 사항

- **Boost.Thread**의 공식 문서에 사전 정의된 인터럽트 지점에 대한 전체 목록이 나와 있다. http://www.boost.org/doc/libs/1_64_0/doc/html/thread/thread_management.html#thread.thread_management.tutorial.interruption.predefined_interruption_points를 참고하자.
- 연습 삼아 5장의 다른 예제를 살펴보고 어디에 인터럽트 지점을 추가하면 성능을 높일 수 있을지 가정해보자.
- **Boost.Thread** 문서의 다른 부분을 읽어보는 것도 좋다. http://boost.org/libs/thread를 방문해보자.

▌ 스레드 그룹 다루기

모든 예제를 전부 따라 해봤거나 경험해본 독자라면 스레드를 실행시키고 조인시키는 다음 코드를 쓰는 것만으로도 지겨울 것 같다.

```cpp
#include <boost/thread.hpp>

void some_function();

void sample() {
    boost::thread t1(&some_function);
    boost::thread t2(&some_function);
    boost::thread t3(&some_function);
    // ...

    t1.join();
    t2.join();
    t3.join();
}
```

좀 더 나은 방법은 없을까?

준비

스레드에 대한 기본 지식만으로도 이번 예제를 이해하는 데 충분하고도 남는다.

예제 구현

boost::thread_group 클래스를 사용하면 스레드 그룹을 조작할 수 있다.

1. boost::thread_group 변수를 생성한다.

```
#include <boost/thread.hpp>

int main( ) {
    boost::thread_group threads;
```

2. 이 변수에 스레드를 생성해 넣는다.

```
// 스레드 10개를 시작시킨다.
for (unsigned i = 0; i < 10; ++i) {
    threads.create_thread(&some_function);
}
```

3. boost::thread_group 안에서 모든 스레드에 대한 함수를 호출할 수 있다.

```
// 모든 스레드를 조인한다.
threads.join_all( );

// threads.interrupt_all( );를 호출해
// 모든 스레드에 인터럽트를 걸 수 있다.
```

예제 분석

boost::thread_group 변수는 생성되거나 이동된 스레드를 갖고 있으며, 모든 스레드에 특정 함수 호출을 전달하는 역할을 한다.

부연 설명

C++11은 thread_group 클래스를 지원하지 않는다. 부스트만의 기능이다.

참고 사항

Boost.Thread의 공식 문서에 5장에서 다루지는 않았지만 유용한 클래스가 많이 있다. 한 번 읽어본다면 깜짝 놀랄 것이다. http://boost.org/libs/thread를 참고하자.

▌공유 변수의 안전한 초기화

다중 스레드에서 사용할 안전이 중요한 클래스를 설계한다고 가정해보자. 이를테면 서버에서 응답을 받고, 후속 처리를 한 후 응답을 내보낼 수도 있을 것이다.

```cpp
struct postprocessor {
    typedef std::vector<std::string> answer_t;

    // 같은 변수를 동시에 사용하더라도 안전하다.
    answer_t act(const std::string& in) const {
        if (in.empty()) {
            // 극히 드물게 일어날 수 있음
            return read_defaults();
        }

        // ...
```

```
    }
}
```

return read_defaults( ); 커맨드라인에 주목하자. 서버가 네트워크 문제나 여터 문제로 응답을 못하는 상황이 펼쳐질 수 있다. 그럴 경우 파일에서 기본값을 읽어오려고 한다.

```
// 오랫동안 실행함
std::vector<std::string> read_defaults( );
```

위 코드로 문제가 잘 해결됐다. 상당 시간 동안 서버에 접속할 수 없다면 act 호출이 될 때마다 파일을 다시 읽는다. 이런 행동은 성능에 상당한 영향을 미친다.

default_를 클래스에 저장하는 방식으로 문제를 해결할 수도 있다.

```
struct postprocessor {
    typedef std::vector<std::string> answer_t;

private:
    answer_t default_;

public:
    postprocessor( )
        : default_(read_defaults( ))
    {}

    // 같은 변수를 동시에 사용하더라도 안전하다.
    answer_t act(const std::string& in) const {
        if (in.empty( )) {
            // 극히 드물게 일어날 수 있다.
            return default_;
        }

        // ...
```

```
    }
};
```

이것도 완벽한 해결책은 아니다. 사용자가 **postprocessor** 클래스의 인스턴스를 얼마나 많이 만들지 알 수 없고, 실행하는 동안 필요 없을지도 모를 메모리를 기본적으로 할당해 낭비하게 된다.

따라서 첫 번째 외부 서버에 실패할 경우 현재 인스턴스에서 동시성-안전하게 데이터를 읽고 저장하며, 다음번 실패에 다시 읽지 않아야 한다. 여러 가지로 구현할 수 있으니 가장 적합한 방식으로 따라 해보자.

준비

스레드에 대한 기본 지식만으로도 충분하다.

예제 구현

1. 기본값이 초기화됐다는 정보를 저장할 변수와 기본값을 저장할 변수를 추가한다.

```
#include <boost/thread/once.hpp>

struct postprocessor {
    typedef std::vector<std::string> answer_t;

private:
    mutable boost::once_flag   default_flag_;
    mutable answer_t           default_;
```

const 멤버 함수 안에서 이 변수를 수정할 생각이므로 **mutable**로 선언한다.

2. 변수들을 초기화한다.

```
public:
    postprocessor()
        : default_flag_(BOOST_ONCE_INIT)
        , default_()
    {}
```

3. 마지막으로 act 함수를 바꾼다.

```
    // 같은 변수를 동시에 사용하더라도 안전하다.
    answer_t act(const std::string& in) const {
        answer_t ret;
        if (in.empty()) {
            // 극히 드물게 일어날 수 있다.
            boost::call_once(default_flag_, [this]() {
                this->default_ = read_defaults();
            });
            return default_;
        }

        // ...
        return ret;
    }
};
```

예제 분석

boost::call_once와 boost::once_flag를 사용하면 두 번째 파라미터로 전달된 함수가 정확히 한 번만 실행된다는 걸 보장한다.

boost::call_once 함수는 두 번째 인자로 전달된 함수 F에 대한 호출을 동기화한다. boost::call_once와 boost::once_flag를 쓰면 같은 once_flag에 대한 두 개 이상

의 동시 호출이 있더라도 함수 F에 대해 단 한 번만 호출되며, F에 대한 호출이 단 한 번만 성공적으로 수행된다는 걸 보장한다.

함수 F를 호출했을 때 F의 몸체를 벗어나는 예외가 없다면 boost::call_ once는 호출이 성공했다고 보고 그 정보를 boost::once_flag에 저장한다. 그 후 같은 boost::once_flag로 boost::call_once를 호출하면 어떤 작업도 실행하지 않는다.

 반드시 boost::once_flag를 BOOST_ONCE_INIT 매크로로 초기화하자.

부연 설명

boost::call_once는 호출할 함수로 파라미터를 전달할 수도 있다.

```cpp
#include <iostream>
void once_printer( int i) {
    static boost::once_flag flag = BOOST_ONCE_INIT;
    boost::call_once(
        flag,
        [](int v) { std::cout << "Print once " << v << '\n'; },
        i // <=== 위에서 람다로 전달
    );

    // ...
}
```

이제 루프에서 once_printer 함수를 호출해보자.

```cpp
int main( ) {
    for (unsigned i = 0; i < 10; ++i) {
        once_printer( i);
```

```
    }
}
```

출력은 단 한 줄이다.

```
Print once 0
```

C++11은 <mutex> 헤더로 std::call_once와 std::once_flag를 제공한다. 부스트 버전과 달리 표준 라이브러리의 once_flag는 constexpr 생성자를 갖고 있어 매크로로 초기화할 필요가 없다. 언제나처럼 부스트 버전은 C++11 이전의 컴파일러에서도 쓸 수 있으니 옛날 컴파일러를 지원해야 한다면 부스트 버전을 쓰자.

 비주얼 스튜디오 2015보다 예전 것을 쓴다면 std::call_once 구현이 최적화돼 있지 않아 부스트 버전보다 10배는 더 느리다. 최신 컴파일러를 쓰는 것이 아니라면 boost::call_once 를 쓰자.

참고 사항

Boost.Thread 문서에 다양한 상황에서의 좋은 예제들이 많다. http://boost.org/libs/thread를 참고하자.

▌ 여러 뮤텍스 잠그기

이번 예제에서는 자신을 게임을 만드는 사람이라고 가정해보자. 일하는 동안에도 게임을 할 수 있을 테니 좋지 않은가!

250

서버를 개발하는 중으로 두 사용자의 전리품을 교환하는 코드를 만들어야 한다.

```
class user {
    boost::mutex           loot_mutex_;
    std::vector<item_t>  loot_;
public:
    // ...

    void exchange_loot(user& u);
};
```

각 사용자의 동작은 서버에서 개별 스레드로 동시에 처리될 수 있으니 자원을 뮤텍스로 보호해야 한다. 초보 개발자라면 다음처럼 이런 문제를 해결하려 할 테지만 제대로 동작하지 않을 것이다.

```
void user::exchange_loot(user& u) {
    // 끔찍한 문제가 생긴다!!! ABBA 교착 상태가 발생한다.
    boost::lock_guard<boost::mutex> l0(loot_mutex_);
    boost::lock_guard<boost::mutex> l1(u.loot_mutex_);
    loot_.swap(u.loot_);
}
```

이 코드에서의 문제는 ABBA 교착 상태^{deadlock}란 이름으로 잘 알려진 문제다. 스레드 1이 뮤텍스 A를, 스레드 2가 뮤텍스 B를 잠근 상태라고 가정해보자. 이제 스레드 1이 이미 잠긴 뮤텍스 B를 얻으려 하고, 스레드 2 역시 이미 잠긴 뮤텍스 A를 잠그려고 한다. 그러면 두 스레드가 서로의 자원을 원하며 영원토록 기다리게 된다. 일을 처리하려면 다른 스레드가 가진 자원이 필요한데, 그 다른 스레드는 내가 가진 자원을 기다리고 있으니 말이다.

이제 사용자 1과 사용자 2가 동시에 exchange_loot를 호출했다고 해보자. 그러면 user1.exchange_loot(user2) 호출이 user1.loot_mutex_를 잠그고, user2.exchange_

loot(user1) 호출이 user2.loot_mutex_를 잠근다. user1.exchange_loot(user2)
는 user2.loot_mutex_를 잠그기 위해 무한히 기다리기 시작하고, user2.exchange_
loot(user1)은 user1.loot_mutex_를 잠그기 위해 무한히 기다린다.

준비

이번 예제에서는 스레드와 뮤텍스에 대한 기본 기식만 있으면 충분하다.

예제 구현

이 문제를 해결하는 독창적이면서도 많이 사용하는 방법은 두 가지다.

1. 짧은 해결채을 쓰려면 컴파일러에서 가변 템플릿을 지원해야 한다.

```cpp
#include <boost/thread/lock_factories.hpp>

void user::exchange_loot(user& u) {
    typedef boost::unique_lock<boost::mutex> lock_t;

    std::tuple<lock_t, lock_t> l = boost::make_unique_locks(
        loot_mutex_, u.loot_mutex_
    );

    loot_.swap(u.loot_);
}
```

auto를 사용하도록 바꿔보자.

```cpp
#include <boost/thread/lock_factories.hpp>
void user::exchange_loot(user& u) {
    auto l = boost::make_unique_locks(
        loot_mutex_, u.loot_mutex_
```

```
        );
    loot_.swap(u.loot_);
}
```

2. 이식성이 좋은 해결책은 다음과 같다.

```
#include <boost/thread/locks.hpp>

void user::exchange_loot(user& u) {
    typedef boost::unique_lock<boost::mutex> lock_t;

    lock_t l0(loot_mutex_, boost::defer_lock);
    lock_t l1(u.loot_mutex_, boost::defer_lock);
    boost::lock(l0, l1);

    loot_.swap(u.loot_);
}
```

예제 분석

핵심은 뮤텍스를 어떤 식으로든 정렬시켜서 특정한 순서에 따라서만 잠글 수 있게 하는 것이다. 그렇게만 하면 ABBA 문제가 성립할 수 없고 모든 스레드는 뮤텍스 B를 잠그기 전에 뮤텍스 A를 잠궈야 한다. 대개 다른 교착 상태 방지 알고리즘들이 사용되지만, 우리는 이번 예제를 간단히 해결하기 위해 뮤텍스의 순서가 정렬된다고 가정했다.

첫 번째 예제에서는 boost::make_unique_locks를 사용해 스레드가 특정한 순서로 잠금을 시도하고 자물쇠를 가진 튜플을 반환하게 한다.

두 번째 예제에서는 직접 자물쇠를 만들어야 하지만, 전달받은 boost::defer_lock 파라미터 덕에 이 자물쇠를 잠그지는 않는다. 실제 잠금은 boost::lock(l0, l1)을 호출할 때 일어나는데, 그 안에서 미리 정의한 순서로 뮤텍스를 잠근다.

user1과 user2가 동시에 exchange_loot를 호출한다면 user1.exchange_loot
(user2)와 user2.exchange_loot(user1) 호출은 먼저 user1.loot_mutex_를 잠그
려고 하거나 둘 다 user2.loot_mutex_를 먼저 잠그려고 할 것이다. 어느 쪽이 먼저
잠가야 할지는 실행할 때 결정된다.

부연 설명

boost::make_unique_locks와 boost::lock 함수는 두 개 이상의 자물쇠나 뮤텍스를
받을 수 있으니 두 개 이상의 뮤텍스를 동시에 잠궈야 하는 좀 더 발전된 문제 상황에
서도 쓸 수 있다.

C++11은 <mutex> 헤더에 정의된 std::lock 함수를 제공하는데, 동작 방식은 boost::
lock 함수와 완전히 같다.

C++17에서는 더욱 아름다운 해법을 쓸 수 있다.

```cpp
void user::exchange_loot(user& u) {
    std::scoped_lock l(loot_mutex_, u.loot_mutex_);
    loot_.swap(u.loot_);
}
```

이 코드에서 std::scoped_lock은 개수가 바뀔 수 있는 자물쇠들을 받는 클래스다.
C++17의 연역 가이드에 따라 자동으로 연역될 수 있는 가변 템플릿 파라미터를 갖고
있다. 앞 예제에 나온 std::scoped_lock의 실제 형식은 다음과 같다.

```cpp
std::scoped_lock<std::mutex, std::mutex>
```

std::scoped_lock은 생성 시에 전달받은 모든 뮤텍스에 대한 잠금을 소유하며, 교착
상태를 방지한다. 다시 말해 이걸 사용하면 동작은 첫 번째 예제처럼 하지만, 보기에

는 좀 낫단 뜻이다.

참고 사항

Boost.Thread의 공식 문서를 보면 5장에서 다루지 못한 유용한 클래스들이 놀랄 만큼 많다. http://boost.org/libs/thread를 참고하자.

06

작업 다루기

6장에서 다루는 내용은 다음과 같다.

- 임의의 데이터 형식을 처리하는 작업 등록
- 타이머를 만들고 타이머 이벤트를 작업으로 처리
- 네트워크 통신을 작업으로 처리
- 들어오는 접속 받아들이기
- 동시에 여러 작업 실행
- 파이프라인 작업 처리
- 잠금 없는 장벽 생성
- 예외를 저장하고 작업으로 생성
- 시스템 신호를 작업처럼 얻고 처리

▌소개

6장에서는 작업^{task}에 대한 모든 것을 알아보자. 앞으로는 함수 객체^{functional object}를 작업이라고 부르겠다. 이쪽이 부르기에도 더 짧고, 실제로 해야 할 일을 더 잘 반영하니 말이다. 처리해야 할 일, 계산과 상호 작용들을 함자(작업)로 나눌 수 있고, 각각의 작업을 거의 독립적으로 처리할 수 있다는 점을 중점적으로 살펴보자. 뿐만 아니라 소켓^{socket}에서 데이터를 기다리거나 시간 종료^{time-out}까지 기다리는 일과 같이 느린 연산들 때문에 중단되지 않도록 작업에 대한 콜백^{callback}을 제공하고 다른 작업을 계속하는 방법도 알아보자. OS가 느린 연산들을 다 처리하고 나면 콜백이 실행될 것이다.

> 예제를 잘 이해하고 싶다면 이리 저리 가지고 놀면서 수정하고, 실행하고 확장해보는 것이 가장 좋다. http://apolukhin.github.io/Boost-Cookbook/에 6장에서 나온 모든 예제가 게재돼 있으며, 일부는 온라인에서도 가지고 놀아볼 수 있다.

시작하기 전

6장을 읽기 전에 최대한 1, 2, 5장에 대한 기본 지식은 갖추는 것이 좋다. C++11의 rvalue 참조자와 람다에 대한 기본 지식도 필요하다.

▌임의의 데이터 형식을 처리하는 작업 등록

먼저 어떤 작업이든 가질 수 있고, 그 작업을 실행해주는 메소드를 제공하는 클래스를 알아보자. 앞에서 5장의 'work_queue 클래스 생성' 예제를 통해 비슷한 일을 한 적이 있긴 하지만, 다음의 문제는 아직 해결되지 않은 채 남아 있다.

- work_queue 클래스는 작업을 저장하고 반환할 뿐이지만, 갖고 있는 작업을

실행할 수 있어야 한다.

- 작업이 예외를 던질 수 있다. 예외가 작업의 경계를 벗어난다면 붙잡아서 처리해야 한다.
- 작업은 스레드 인터럽트를 인식하지 못할 수 있다. 대신 같은 스레드에서 시작된 다음 작업이 그 인터럽트에 걸릴 수 있다
- 처리 중인 작업을 중단할 수 있는 방법이 필요하다.

준비

이 예제는 boost_system과 boost_thread 라이브러리를 링크[link]해야 한다. Boost.
Thread에 대한 기본적인 지식 역시 필요하다.

예제 구현

5장에서 살펴본 work_queue 대신 boost::io_service를 사용할 생각이다. 이걸 사용하는 데에는 다 이유가 있으며, 다음에 따라오는 예제들에서 계속해서 살펴보자.

1. 사용자 작업을 둘러싸는 구조체에서부터 시작한다.

```cpp
#include <boost/thread/thread.hpp>
#include <iostream>

namespace detail {

template <class T>
struct task_wrapped {
private:
    T task_unwrapped_;

public:
    explicit task_wrapped(const T& f)
```

```
      : task_unwrapped_(f)
    {}

    void operator()() const {
        // 인터럽트를 재설정한다.
        try {
            boost::this_thread::interruption_point();
        } catch(const boost::thread_interrupted&){}

        try {
            // 작업 실행
            task_unwrapped_();
        } catch (const std::exception& e) {
            std::cerr<< "Exception: " << e.what() << '\n';
        } catch (const boost::thread_interrupted&) {
            std::cerr<< "Thread interrupted\n";
        } catch (...) {
            std::cerr<< "Unknown exception\n";
        }
    }
};

} // 네임스페이스 detail
```

2. 사용자의 함자에서 **task_wrapped**를 만드는 함수도 같이 제공해 쉽게 사용할 수 있도록 한다.

```
namespace detail {

    template <class T>
    task_wrapped<T> make_task_wrapped(const T& task_unwrapped) {
        return task_wrapped<T>(task_unwrapped);
    }

} // 네임스페이스 detail
```

3. 이제 tasks_processor 클래스를 만들 준비가 됐다.

```cpp
#include <boost/asio/io_service.hpp>
namespace tp_base {

class tasks_processor: private boost::noncopyable {
protected:
    static boost::asio::io_service& get_ios() {
        static boost::asio::io_service ios;
        static boost::asio::io_service::work work(ios);

        return ios;
    }
```

4. push_task 메소드를 추가한다.

```cpp
public:
    template <class T>
    static void push_task(const T& task_unwrapped) {
        get_ios().post(detail::make_task_wrapped(task_unwrapped));
    }
```

5. 작업의 실행 루프를 시작/중단시키는 멤버 함수를 추가해 이 클래스를 마무리 짓는다.

```cpp
    static void start() {
        get_ios().run();
    }

    static void stop() {
        get_ios().stop();
    }
}; // tasks_processor
```

이제 클래스를 테스트해보자.

```cpp
int func_test() {
    static int counter = 0;
    ++ counter;
    boost::this_thread::interruption_point();

    switch (counter) {
    case 3:
        throw std::logic_error("Just checking");

    case 10:
        // 스레드 인터럽트 흉내내기
        // 붙잡긴 하겠지만 실행을 멈추진 않는다.
        throw boost::thread_interrupted();

    case 30:
        // Throwing exception not derived from std::exception.
        throw 1;

    case 90:
        // tasks_processor를 멈춘다.
        tasks_processor::stop();
    }

    return counter;
}
```

main 함수는 다음과 같이 만들어 봤다.

```cpp
int main () {
    for (std::size_t i = 0; i < 100; ++i) {
        tasks_processor::push_task(&func_test);
    }

    // 처리가 시작되지 않음
    assert(func_test() == 1);
```

262

```
// 람다로 작업으로 쓸 수 있다.
// 비동기적으로 2+2를 한다.
int sum = 0;
tasks_processor::push_task(
    [&sum]() { sum = 2 + 2; }
);
// 처리가 시작되지 않음
assert(sum == 0);

// 예외를 던지진 않지만,
// 보유한 작업 중 하나가 stop()을 호출할 때까지 멈춘다.
tasks_processor::start();
assert(func_test() >= 91);
}
```

예제 분석

boost::io_service 변수는 작업을 저장하고 등록된 작업을 실행할 수 있다. 하지만 다른 작업이 처리해야 할 인터럽트를 받을 수도 있고 예외를 던질 수도 있기 때문에 사용자의 작업을 직접 등록하진 않을 것이다. 그래서 사용자의 작업을 detail:: task_wrapped 구조체로 감싼 것이다. 다음과 같은 코드로 이전에 일어난 인터럽트들을 초기화시킨다.

```
try {
    boost::this_thread::interruption_point();
}
catch (const boost::thread_interrupted&) {}
```

detail::task_wrapped는 try{} catch() 블록 사이에서 작업을 실행시켜 어떤 예외도 operator()의 범위를 벗어나지 못하게 한다.

start( ) 함수를 살펴보자. boost::asio::io_service::run( ) 메소드는 io_service 변수에 등록된 작업을 처리하기 시작한다. boost::asio::io_service::run( )이 호출되지 않는다면 등록된 작업도 실행되지 않는다(main( ) 함수에서 볼 수 있다). boost::asio::io_service::stop( )이 호출되면 작업 처리는 중단된다.

더 이상 남은 작업이 없으면 run( ) 함수에서 boost::asio::io_service 클래스가 반환된다. 따라서 boost::asio::io_service::work의 인스턴스를 사용해 계속해서 실행하게 만들어야 한다.

```
static boost::asio::io_service& get_ios( ) {
    static boost::asio::io_service ios;
    static boost::asio::io_service::work work( ios );
    return ios;
}
```

 std::cerr과 std::cout 같은 iostream 클래스와 변수들은 C++11 이전 컴파일러에서는 스레드 안전하지 않고, C++11 호환 컴파일러에서는 문자가 상호 배치(interleaved)될 수 있다. 실제 프로젝트에서는 읽을 수 있는 출력 결과를 얻기 위해 동기화를 추가해야 한다. 여기서는 간단하게 하기 위해 동기화는 하지 않았다.

부연 설명

C++17 표준 라이브러리에는 io_service가 없다. 하지만 Boost.Asio 라이브러리의 상당 부분을 C++에 네트워킹 기술 보고서technical report로 추가하자고 제안해둔 상태다.

참고 사항

- 다음 예제에서는 5장에서 직접 만든 코드 대신 boost::asio::io_service를 사용한 이유를 알아본다.
- 여러 가지 예제, 튜토리얼^{tutorial}과 클래스 참고 문서를 읽고 싶다면 http://boost.org/libs/asio에 있는 Boost.Asio 문서를 읽어보자.
- Boost.Asio를 좀 더 쉽게 설명한 『Boost.Asio C++ Network Programming』도 참고하자. 이 책에 다루지 않는 세부 사항까지 나와 있다.

▍ 타이머를 만들고 타이머 이벤트를 작업으로 처리

일정 간격으로 무언가를 검사해야 하는 일이 자주 발생한다. 예를 들어 어떤 동작을 하는 일부 세션^{session}을 5초마다 검사한다던지 말이다. 이런 문제를 해결하는 데 주로 쓰이는 방법에는 다음과 같은 몇 가지가 있다.

- 그다지 좋다곤 할 수 없지만 별도의 스레드를 만든 다음 5초 동안 재웠다가 점검할 수 있다. 시스템 자원도 많이 소모되고 대용량 처리도 쉽지 않아서 정말이지 좋지 않다.
- 타이머를 비동기적으로 처리하는 시스템별 API를 사용하는 편이 더 좋다. 이 방식이 더 좋긴 하지만 필요한 코드도 많고 Boost.Asio를 쓰지 않는다면 이식성도 좋지 않다.

준비

C++11의 rvalue 참조자와 unique_ptr에 대해 알아야 한다.

이번 예제는 앞서의 예제를 활용한다. 6장의 첫 번째 예제에서 boost::asio::io_

service와 task_queue 클래스에 대해 알아놓자.

이번 예제는 boost_system과 boost_thread 라이브러리를 링크한다. 제한이 많은 라이브러리의 검사를 건너뛰기 위해 BOOST_ASIO_DISABLE_HANDLER_TYPE_REQUIREMENTS를 정의한다.

예제 구현

tasks_processor 클래스에 특정 시간이 되면 작업을 수행하는 새로운 메소드를 추가해보자.

1. 작업을 지연했다 실행하는 새로운 메소드를 tasks_processor 클래스에 추가한다.

```cpp
class tasks_processor: public tp_base::tasks_processor {
    // ...
public:
    template <class Time, class Func>
    static void run_delayed(Time duration_or_time, const Func& f) {
        std::unique_ptr<boost::asio::deadline_timer> timer(
            new boost::asio::deadline_timer(
                get_ios(), duration_or_time
            )
        );

        boost::asio::deadline_timer& timer_ref = *timer;

        timer_ref.async_wait(
            detail::timer_task<Func>(
                std::move(timer),
                f
            )
        );
```

```
        }
    };
```

2. 이제 마지막으로 timer_task 구조체를 만든다.

```cpp
#include <boost/asio/io_service.hpp>
#include <boost/asio/deadline_timer.hpp>
#include <boost/system/error_code.hpp>
#include <memory> // std::unique_ptr
#include <iostream>

namespace detail {

    template <class Functor>
    struct timer_task {
    private:
        std::unique_ptr<boost::asio::deadline_timer> timer_;
        task_wrapped<Functor> task_;

    public:
        explicit timer_task(
                std::unique_ptr<boost::asio::deadline_timer> timer,
                const Functor& task_unwrapped)
            : timer_(std::move(timer))
            , task_(task_unwrapped)
        {}

        void operator()(const boost::system::error_code& error) const {
            if (!error) {
                task_();
            } else {
                std::cerr << error << '\n';
            }
        }
    };
```

```
    } // 네임스페이스 detail
```

다음 코드에서 새로운 기능을 활용하는 방법을 살펴보자.

```
int main () {
    const int seconds_to_wait = 3;
    int i = 0;

    tasks_processor::run_delayed(
        boost::posix_time::seconds(seconds_to_wait),
        test_functor(i)
    );

    tasks_processor::run_delayed(
        boost::posix_time::from_time_t(time(NULL) + 1),
        &test_func1
    );

    int t1 = static_cast<int>(time(NULL));
    assert(i == 0);

    // 작업 중 하나가 tasks_processor::stop()을 호출할 때까지 중지
    tasks_processor::start();
}
```

test_functor는 operator()가 정의된 구조체고, test_func1은 함수다.

```
struct test_functor {
    int& i_;

    explicit test_functor(int& i);

    void operator()() const {
        i_ = 1;
        tasks_processor::stop();
    }
```

```
};

void test_func1();
```

예제 분석

정해진 시간이 지나면 boost::asio::deadline_timer는 실행을 위해 boost::asio::
io_service의 인스턴스에 작업^{task}을 밀어 넣는다.

모든 지저분한 일은 run_delayed 함수에서 일어난다.

```
template <class Time, class Func>
static void run_delayed(Time duration_or_time, const Func& f) {
    std::unique_ptr<boost::asio::deadline_timer> timer(/* ... */);

    boost::asio::deadline_timer& timer_ref = *timer;

    timer_ref.async_wait(
        detail::timer_task<Func>(
            std::move(timer),
            f
        )
    );
}
```

tasks_processor::run_delayed 함수는 타임아웃 값과 타임아웃됐을 때 호출할 함
자^{functor}를 받는다. 그 안에서 boost::asio::deadline_timer를 가리키는 고유 포인
터를 생성한다. boost::asio::deadline_timer는 플랫폼에 따라 달라지는 비동기 작
업 실행과 관련된 일들을 처리한다.

Boost.Asio라고 메모리를 다른 방식으로 관리하는 것은 아니다. 라이브러리 사용자가 알아서 자원들이 항상 작업 내에 들어 있도록 주의를 기울여야 한다. 타이머가 필요하고 특정 시간 이후에 실행시켜야 할 함수가 있다면 타이머의 고유 포인터를 작업으로 옮긴 후 타이머에 대한 참조자를 얻고 작업을 타이머로 옮겨야 한다.

다음 행에서 deadline_timer에 대한 참조자를 얻는다.

```
boost::asio::deadline_timer& timer_ref = *timer;
```

함자를 저장할 detail::timer_task 객체를 생성하고 unique_ptr<boost::asio::deadline_timer>의 소유권을 얻는다.

```
detail::timer_task<Functor>(
    std::move(timer),
    f
)
```

boost::asio::deadline_timer는 트리거되기 전까지는 파괴돼서는 안 되며, 그러기 위해 timer_task 함자에 전달한다.

마지막으로 원하는 시간이 지나면 boost::asio::deadline_timer가 timer_task 함자를 io_service에 포스팅하게 만든다.

```
timer_ref.async_wait( /* timer_task */ )
```

io_service 변수에 대한 참조자는 boost::asio::deadline_timer 내에 저장돼 있다. 그래서 시간이 지났을 때 작업을 포스팅할 io_service에 대한 참조자를 생성자가 받는 것이다.

detail::timer_task::operator() 메소드는 기다리는 동안 일이 잘못됐을 경우 무엇이 문제인지 설명하는 boost::system::error_code를 받는다. 오류가 일어나지 않았다면 예외를 처리할 구조로 둘러싼 사용자의 함자를 호출한다(첫 번째 예제에서 사용한 detail::task_wrapped를 재사용했다).

boost::asio::deadline_timer::async_wait는 기다리는 동안 CPU 자원이나 실행 스레드를 소모하지 않는다. 간단히 몇 가지를 io_service로 밀어 넣고 나면 타임아웃은 OS에서 관리한다.

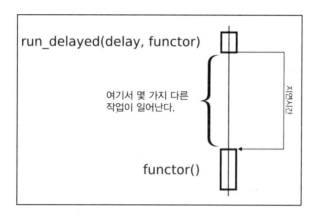

> ℹ️ 이것만은 지키자. async_* 호출 동안 사용된 모든 자원은 작업 내에 저장돼 있어야 한다.

부연 설명

일부 오래된/이색적인 플랫폼에서는 타이머를 효율적으로 만들어주는 API를 제공하지 않는다. 그럴 때 Boost.Asio 라이브러리는 io_service마다 실행 스레드를 하나 더 만들어 비동기적 타이머의 동작을 흉내낸다. 그 외에는 방법이 없기 때문이다.

C++17에는 Boost.Asio와 같은 클래스를 제공하지 않는다. 하지만 네트워킹 TS에는 async_wait와 timer 클래스가 있다.

- boost::asio::io_service에 대한 기본 지식을 쌓고 싶다면 6장의 첫 번째 예제를 보자. 다음 예제에서는 io_service를 사용하는 다양한 예를 살펴보고 네트워크 통신, 신호^{signal}와 기타 특성들을 Boost.Asio를 사용해 처리하는 방법을 알아본다.
- 여러 가지 예제, 튜토리얼과 클래스 참고 문서를 읽고 싶다면 http://boost.org/libs/asio에 있는 Boost.Asio 문서를 읽어보자.

▌네트워크 통신을 작업으로 처리

네트워크를 통해 데이터를 전송하고 받는 것은 느리다. 컴퓨터가 패킷을 받고, OS가 검증한 후 사용자 버퍼에 데이터를 복사하는 데에만 수초가 걸릴 수 있다.

작업을 기다리는 대신 수많은 일을 할 수도 있다. 이제 tasks_processor 클래스를 수정해 비동기적인 방식으로 데이터를 보내고 받을 수 있게 해보자. 일반적으로 말하자면 "외부 호스트^{host}로부터 최소 N바이트를 받고 난 다음 우리 함수 객체를 호출해 달라. 또한 내가 하는 작업이 이 호출 때문에 정지하진 않았으면 좋겠다"라고 말하는 것이다. libev, libevent나 Node.js에 대해 아는 독자라면 이번 예제에서 사용된 기법이 익숙할 것이다.

준비

이번 예제는 6장의 앞에서 나온 예제를 활용한다. boost::asio::io_service와 task_queue에 대해서는 6장의 첫 번째 예제를 참고하자. 비동기 처리에 대해서는 두 번째 예제를 참고하자.

이번 예제는 boost_system 및 boost_thread 라이브러리와 링크해야 한다. 관련 라이브러리 검사를 건너뛰려면 BOOST_ASIO_DISABLE_HANDLER_TYPE_REQUIREMENTS를 정의한다.

예제 구현

이제 이전 예제의 코드에 연결을 생성하는 메소드를 추가해보자.

1. 연결^{connection}은 connection_with_data 클래스로 표현한다. 이 클래스에는 외부 호스트에 대한 소켓과 데이터를 주고받기 위한 std::string이 있다.

```
#include <boost/asio/ip/tcp.hpp>
#include <boost/core/noncopyable.hpp>

struct connection_with_data: boost::noncopyable {
    boost::asio::ip::tcp::socket socket;
    std::string data;

    explicit connection_with_data(boost::asio::io_service& ios)
        : socket(ios)
    {}

    void shutdown() {
        if (!socket.is_open()) {
            return;
        }

        boost::system::error_code ignore;
        socket.shutdown(
            boost::asio::ip::tcp::socket::shutdown_both,
            ignore
        );
        socket.close(ignore);
    }
```

```
    ~connection_with_data( ) {
        shutdown( );
    }
};
```

2. 앞 예제에서처럼 이 클래스를 가리키는 고유 포인터를 주로 사용한다. 코드를
   간단히 하기 위해 typedef를 추가한다.

```
#include <memory> // std::unique_ptr

typedef std::unique_ptr<connection_with_data> connection_ptr;
```

3. 앞 예제에서 task_processor 클래스는 boost::asio::io_service 객체를
   가진다. 연결을 생성하는 팩토리로 만드는 것이 합리적일 것 같다.

```
class tasks_processor: public tp_timers::tasks_processor {
    // ...
public:
    static connection_ptr create_connection(
        const char* addr,
        unsigned short port_num)
    {
        connection_ptr c( new connection_with_data(get_ios()) );

        c->socket.connect(boost::asio::ip::tcp::endpoint(
            boost::asio::ip::address_v4::from_string(addr),
            port_num
        ));

        return c;
    }
};
```

4. 원격 호스트에 비동기적으로 데이터를 쓰는 메소드는 다음과 같다.

```cpp
#include <boost/asio/write.hpp>

template <class T>
struct task_wrapped_with_connection;

template <class Functor>
void async_write_data(connection_ptr&& c, const Functor& f) {
    boost::asio::ip::tcp::socket& s = c->socket;
    std::string& d = c->data;

    boost::asio::async_write(
        s,
        boost::asio::buffer(d),
        task_wrapped_with_connection<Functor>(std::move(c), f)
    );
}
```

5. 다음은 원격 호스트에서 비동기적으로 데이터를 읽는 메소드다.

```cpp
#include <boost/asio/read.hpp>

template <class Functor>
void async_read_data(
    connection_ptr&& c,
    const Functor& f,
    std::size_t at_least_bytes)
{
    c->data.resize(at_least_bytes);

    boost::asio::ip::tcp::socket& s = c->socket;
    std::string& d = c->data;
    char* p = (d.empty() ? 0 : &d[0]);

    boost::asio::async_read(
        s,
```

```
            boost::asio::buffer(p, d.size()),
            task_wrapped_with_connection<Functor>(std::move(c), f)
        );
    }

    template <class Functor>
    void async_read_data_at_least(
        connection_ptr&& c,
        const Functor& f,
        std::size_t at_least_bytes,
        std::size_t at_most)
    {
        std::string& d = c->data;
        d.resize(at_most);
        char* p = (at_most == 0 ? 0 : &d[0]);

        boost::asio::ip::tcp::socket& s = c->socket;

        boost::asio::async_read(
            s,
            boost::asio::buffer(p, at_most),
            boost::asio::transfer_at_least(at_least_bytes),
            task_wrapped_with_connection<Functor>(std::move(c), f)
        );
    }
```

6. 마지막은 task_wrapped_with_connection 클래스다.

```
    template <class T>
    struct task_wrapped_with_connection {
    private:
        connection_ptr c_;
        T task_unwrapped_;

    public:
        explicit task_wrapped_with_connection(connection_ptr&& c, const T& f)
```

```
            : c_(std::move(c))
            , task_unwrapped_(f)
    {}

    void operator()(
        const boost::system::error_code& error,
        std::size_t bytes_count)
    {
        const auto lambda = [this, &error, bytes_count]() {
            this->c_->data.resize(bytes_count);
            this->task_unwrapped_(std::move(this->c_), error);
        };

        const auto task = detail::make_task_wrapped(lambda);

        task();
    }
};
```

끝났다! 이제 라이브러리 사용자는 앞에서 만든 클래스를 사용해 다음과 같이 데이터를 보낼 수 있다.

```
void send_auth() {
    connection_ptr soc = tasks_processor::create_connection(
        "127.0.0.1", g_port_num
    );
    soc->data = "auth_name";

    async_write_data(
        std::move(soc),
        &receive_auth_response
    );
}
```

사용자가 데이터를 받을 때는 다음과 같이 하면 된다.

```
void receive_auth_response(
    connection_ptr&& soc,
    const boost::system::error_code& err)
{
    if (err) {
        std::cerr << "Error on sending data: " << err.message() << '\n';
        assert(false);
    }

    async_read_data(
        std::move(soc),
        &process_server_response,
        2
    );
}
```

다음은 라이브러리 사용자가 데이터를 처리하는 방법이다.

```
void process_server_response(
    connection_ptr&& soc,
    const boost::system::error_code& err)
{
    if (err && err != boost::asio::error::eof) {
        std::cerr << "Client error on receive: " << err.message() << '\n';
        assert(false);
    }

    if (soc->data.size() != 2) {
        std::cerr << "Wrong bytes count\n";
        assert(false);
    }

    if (soc->data != "OK") {
        std::cerr << "Wrong response: " << soc->data << '\n';
        assert(false);
```

```
    }
    soc->shutdown();
    tasks_processor::stop();
}
```

예제 분석

Boost.Asio 라이브러리는 외부의 자원이나 버퍼를 관리하지 않는다. 데이터를 읽고 쓸 간단한 인터페이스를 원한다면 데이터를 보내고 받을 버퍼와 소켓을 묶는 것이 가장 간단하다. 그래서 connection_with_data 클래스에서도 그렇게 했다. 이 클래스는 원시 소켓을 둘러싼 래퍼인 boost::asio::ip::tcp::socket과 버퍼로 사용한 std::string을 가진다.

boost::asio::ip:tcp::socket 클래스의 생성자에서는 Boost.Asio의 거의 모든 클래스들처럼 boost::asio::io_service를 받는다. 소켓을 생성하고 난 후 다른 외부 종단점endpoint으로 연결해야만 한다.

```
c->socket.connect(boost::asio::ip::tcp::endpoint(
    boost::asio::ip::address_v4::from_string(addr),
    port_num
));
```

쓰기 함수를 살펴보자. 이 함수는 connection_with_data 클래스에 대한 고유 포인터와 함자 f를 받는다.

```
#include <boost/asio/write.hpp>

template <class Functor>
void async_write_data(connection_ptr&& c, const Functor& f) {
```

그 안에서 소켓과 버퍼에 대한 참조자를 얻는다.

```
boost::asio::ip::tcp::socket& s = c->socket;
std::string& d = c->data;
```

그런 후 비동기적으로 쓰기 작업을 하라고 요청한다.

```
boost::asio::async_write(
    s,
    boost::asio::buffer(d),
    task_wrapped_with_connection<Functor>(std::move(c), f)
);
```

모든 재미있는 일은 boost::asio::async_write 함수 안에서 일어난다. 타이머에서와 마찬가지로 비동기 호출은 함수를 실행하지 않고 바로 반환한다. 몇 가지 작업이 끝난 후(이번 경우에는 소켓에 데이터를 쓰는 작업) 콜백 작업을 boost::asio::io_service에 포스팅하라고 할 뿐이다. boost::asio::io_service는 io_service::run( ) 메소드를 호출한 스레드 중 하나에서 우리 함수를 실행한다. 다음 그림에 이 과정이 나와 있다.

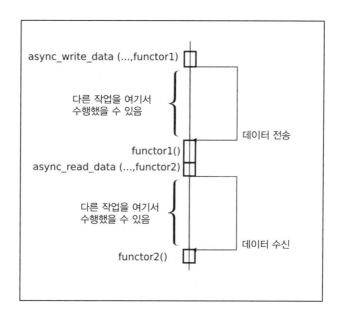

async_write_data (...,functor1)

다른 작업을 여기서
수행했을 수 있음

데이터 전송

functor1()

async_read_data (...,functor2)

다른 작업을 여기서
수행했을 수 있음

데이터 수신

functor2()

task_wrapped_with_connection::operator( )를 살펴보자. const boost::system::
error_code& error와 std::size_t bytes_count를 받는데, boost::asio::async_write
와 boost::asio::async_read 함수 모두 비동기 연산이 끝나면 이들 파라미터를 전
달하기 때문이다. c_->data.resize(bytes_count);를 호출하면 수신한/전송한 데이
터에 딱 맞게 버퍼의 크기를 조절한다. 마지막으로 async 함수에 전달돼 task_
unwrapped_에 저장된 콜백을 호출한다.

이게 전부 뭘 위한 것일까? 데이터를 보내는 간단한 방법을 살펴본 것이다. 이제
async_write_data 함수를 통해 버퍼에서 소켓으로 데이터를 비동기적으로 쓰고, 연
산이 끝나면 콜백을 호출하게 했다.

```
void on_send(connection_ptr&& soc, const boost::system::
        error_code& err);

void connect_and_send() {
    connection_ptr s = tasks_processor::create_connection
```

```
        ("127.0.0.1", 80);
    s->data = "data_to_send";
    async_write_data(
        std::move(s),
        &on_send
    );
}
```

async_read_data는 async_write_data와 상당히 비슷하다. 버퍼 크기를 조정하고,
task_wrapped_with_connection 함수를 만들고, 비동기 연산이 끝나면 그 함수를
is_service로 밀어 넣는다.

async_read_data_at_least 함수를 살펴보자. 이 함수의 몸체를 보면 boost::asio::
async_read와는 약산 다르다.

```
boost::asio::async_read(
    s,
    boost::asio::buffer(p, d.size()),
    task_wrapped_with_connection<Functor>(std::move(c), f)
);
```

코드 내에 boost::asio::transfer_at_least(al_least_bytes)가 있다. Boost.Asio
는 읽기와 쓰기를 상황에 따라 맞춰나갈 수 있도록 수많은 함자를 제공한다. 이번
함자는 콜백을 호출하기 전에 적어도 at_least_bytes 바이트를 전송한다. 버퍼에
저장할 수만 있다면 더 많아도 괜찮다.

마지막으로 콜백들 중 하나를 살펴보자.

```
void process_server_response(
    connection_ptr&& soc,
```

```
const boost::system::error_code& err);
```

이번 예에서 콜백은 connection_ptr과 boost::system::error_code 변수를 받아들여야만 한다. boost::system::error_code 변수는 오류에 대한 정보를 갖고 있다. bool 연산자로 명시적으로 변환할 수 있으므로, 오류를 간단하게 검사하고 싶다면 if (err) {...}과 같은 코드를 쓰면 된다. 외부에서 전송을 중단하고 소켓을 닫는다면 err에는 boost::asio::error::eof 오류 코드가 저장돼 있을 것이다. 이게 항상 안 좋은 의미는 아니다. 이번 예제에서는 이 오류 코드를 오류가 아닌 동작으로 취급한다.

```
if (err && err != boost::asio::error::eof) {
    std::cerr << "Client error on receive: " << err.message() << '\n';
    assert(false);
}
```

소켓과 버퍼를 묶어 뒀으므로, soc->data에서 수신한 데이터를 얻을 수 있다.

```
if (soc->data.size() != 2) {
    std::cerr << "Wrong bytes count\n";
    assert(false);
}

if (soc->data != "OK") {
    std::cerr << "Wrong response: " << soc->data << '\n';
    assert(false);
}
```

soc->shutdown() 호출은 옵션이다. soc가 영역을 벗어나게 되면 소멸자에서 알아서 불러 준다. unique_ptr<connection_with_data>의 소멸자는 ~connection_with_data를 호출 하는데, 그 안에 shutdown() 호출이 들어있다.

부연 설명

task_wrapped_with_connection::operator( )만으로는 충분하지 않다! 사용자가 제 공한 task_unwrapped_ 콜백이 예외를 던질 수도 있고, 해당 작업에 속하지 않은 Boost.Thread 인터럽트 때문에 인터럽트가 걸릴 수도 있다. 이런 점을 수정하고 싶다 면 콜백을 첫 번째 예제의 클래스로 둘러싸자.

```cpp
void operator()(
    const boost::system::error_code& error,
    std::size_t bytes_count)
{
    const auto lambda = [this, &error, bytes_count]() {
        this->c_->data.resize(bytes_count);
        this->task_unwrapped_(std::move(this->c_), error);
    };

    const auto task = detail::make_task_wrapped(lambda);
    task();
}
```

task_wrapped_with_connection::operator( )에서는 lambda란 이름의 람다 함수를 만들었다. 실행할 때 lambda는 connection_with_data 클래스 내의 데이터 크기를 bytes_count로 재조정하고 초기에 전달받은 콜백을 호출한다. 마지막으로 첫 번째 예제에서 사용하던 실행 작업으로 lambda를 둘러싼 후 실행시킨다.

인터넷에서 Boost.Asio를 사용한 예제를 상당히 많이 찾을 수 있다. 상당수가 데이터를 유지할 때 unique_ptr이 아니라 shared_ptr을 사용한다. shared_ptr을 사용하면 구현이 더 간단해지지만 큰 단점이 두 있다.

- **효율성:** shared_ptr에는 원자 카운터가 있는데, 서로 다른 스레드가 이 값을 수정하면 성능이 확연히 떨어진다. 다음에 살펴볼 예제 중에 다중 스레드 상황에서 작업을 처리하는 방법도 있는데, 그때 부하가 클 경우 차이점이 얼마나 눈에 띄게 되는지 알 수 있을 것이다.
- **명시성:** unique_ptr을 사용하면 연결의 소유권이 어딘가로 전달되는 걸 항상 코드에서 볼 수 있다(코드 내의 std::move를 볼 수 있다). 하지만 shared_ptr을 사용하면 함수가 소유권을 가진 것인지, 객체의 참조자를 사용하는 것뿐인지를 인터페이스만으로는 알 수 없다.

하지만 애플리케이션의 구조상 소유권을 여러 작업이 동시에 공유해야 할 때에는 shared_ptr을 써야만 한다.

Boost.Asio는 C++17에 포함되지 않았지만, 네트워킹 TS에 곧 포함될 예정이다. 그러면 추후에 C++ 표준에도 들어가게 될 것이다.

참고 사항

- 더 많은 예제와 튜토리얼, 전체 참조 자료를 얻고 싶다면 http://boost.org/libs/asio에 있는 공식 문서를 찾아보자. 여기에는 UDP와 ICMP 프로토콜을 사용하는 예제도 함께 나와 있다.
- Boost.Asio를 좀 더 세부적으로 다루고 있는 책인 팩트출판의 『Boost.Asio C++ Network Programming』도 참고하자.

▎ 들어오는 접속 받아들이기

네트워크를 다루는 서버^{server}는 대개 새로운 연결을 얻고, 데이터를 읽고, 처리한 후 결과를 전송하는 순서로 일한다. 초마다 엄청난 수의 요청을 처리해야 하는 인증 authorization 서버 같은 걸 만들어야 한다고 상상해보자. 이 경우 데이터를 작업으로 받고, 수신하고, 비동기적으로 보내고, 작업을 처리하는 일을 모두 다중 스레드를 써서 구현해야 한다.

이번 예제에서는 tasks_processor 클래스를 더 확장해 들어오는 연결을 받아들이고 처리한다. 그리고 다음 예제에서 다중 스레드로 바꿔본다.

준비

이 예제를 시작하기 전에 6장의 첫 번째 예제에서 다룬 boost::asio::io_service에 대해 잘 알아두는 것이 좋다. 네트워크 통신에 대해 어느 정도 알고 있으면 더 좋다. boost::function에 대한 기본 지식과, 적어도 이전 두 예제를 알아야 한다. 이번 예제를 boost_system 및 boost_thread 라이브러리와 링크하는 걸 잊지 말자. 관련 라이브러리 점검을 건너뛰기 위해 BOOST_ASIO_DISABLE_HANDLER_TYPE_REQUIREMENTS를 정의한다.

예제 구현

이전 예제처럼 이번에도 tasks_processor 클래스에 새로운 메소드를 추가한다.

1. tasks_processor에 몇 가지 typedef를 추가한다.

```
class tasks_processor: public tp_network_client::tasks_processor {
    typedef boost::asio::ip::tcp::acceptor acceptor_t;
```

```
typedef boost::function<
    void(connection_ptr, const boost::system::error_code&)
> on_accpet_func_t;
```

2. 새로 들어오는 연결을 위한 소켓, 듣기 위한 소켓, 그리고 새로운 연결을 처리하기 위해 사용자가 제공한 콜백을 연결하는 클래스를 추가한다.

```
private:
    struct tcp_listener {
        acceptor_t              acceptor_;
        const on_accpet_func_t  func_;
        connection_ptr          new_c_;

        template <class Functor>
        tcp_listener(
                boost::asio::io_service& io_service,
                unsigned short port,
                const Functor& task_unwrapped)
            : acceptor_(io_service, boost::asio::ip::tcp::endpoint(
                boost::asio::ip::tcp::v4(), port
            ))
            , func_(task_unwrapped)
        {}
    };

    typedef std::unique_ptr<tcp_listener> listener_ptr;
```

3. 특정 포트에서 듣기 시작하는 함수를 추가해야 한다.

```
public:
    template <class Functor>
    static void add_listener(unsigned short port_num, const
            Functor& f) {
```

```
                    std::unique_ptr<tcp_listener> listener(
                        new tcp_listener(get_ios(), port_num, f)
                    );

                    start_accepting_connection(std::move(listener));
                }
```

4. 들어오는 연결을 수락하는 함수를 만든다.

```
        private:
            static void start_accepting_connection(listener_ptr&& listener) {
                if (!listener->acceptor_.is_open()) {
                    return;
                }

                listener->new_c_.reset(new connection_with_data(
                    listener->acceptor_.get_io_service()
                ));

                boost::asio::ip::tcp::socket& s = listener->new_c_->socket;
                acceptor_t& a = listener->acceptor_;
                a.async_accept(
                    s,
                    tasks_processor::handle_accept(std::move(listener))
                );
            }
```

5. 새로운 연결을 처리하는 함자도 필요하다.

```
        private:
            struct handle_accept {
                listener_ptr listener;

                explicit handle_accept(listener_ptr&& l)
                    : listener(std::move(l))
```

```
    {}

    void operator()(const boost::system::error_code& error) {
        task_wrapped_with_connection<on_accpet_func_t> task(
            std::move(listener->new_c_), listener->func_
        );

        start_accepting_connection(std::move(listener));
        task(error, 0);
    }
};
```

6. 이제 끝이다! 다음 순서에 따라 연결을 수락한다.

```
class authorizer {
public:
    static void on_connection_accpet(
        connection_ptr&& connection,
        const boost::system::error_code& error)
    {
        assert(!error);
        // ...
    }
};

int main() {
    tasks_processor::add_listener(80,
            &authorizer::on_connection_accpet);
    tasks_processor::start();
}
```

예제 분석

`add_listener` 함수는 연결을 수락하는 데 필요한 모든 것을 갖추고 있는 `tcp_listener`를 만든다. 다른 비동기 연산에서처럼 연산을 수행하는 동안 자원이 살아있게 해야 한다. 그러기 위해 `tcp_listener`에 대해 고유 포인터를 만든다.

말단을 명시한 `boost::asio::ip::tcp::acceptor`를 만들 때(3단계 참고), 이 인스턴스는 명시한 주소에 대한 소켓을 열고 연결을 받아들일 준비를 한다.

4단계에서 새로운 소켓을 만들고 이 새 소켓에 대해 `async_accept`를 호출한다. 새로운 연결이 들어오면 `listener->acceptor_`는 이 연결을 소켓에 연결하고 `tasks_processor::handle_accept` 콜백을 `boost::asio::io_service`에 밀어 넣는다. 앞 예제에서 살펴본 것처럼 모든 `async_*` 호출들처럼 `async_accept`도 똑같이 바로 반환한다.

이제 `handle_accept::operator()`에 대해 자세히 알아보자. 이 안에서 앞 예제에 나왔던 `task_wrapped_with_connection` 함자를 만들고 새로운 연결을 그 안에 옮긴다. 이제 `listener_ptr`은 `new_c_`에 소켓을 갖고 있지 않다. 소켓은 함자가 소유하고 있다. `start_accepting_connection(std::move(listener))` 함수를 호출하면 이 함수는 `listener->new_c_`에 새로운 소켓을 생성한다. 비동기 수락 연산은 멈추지 않는 연산이므로, 프로그램은 계속해서 실행되고 `start_accepting_connection(std::move(listener))` 함수에서 반환되고, 연결 `task(error, 0)`으로 함자를 실행시킨다.

이번 예제에서 본 것처럼 뭐든지 만들 수 있지만, 서버의 성능은 그다지 좋지 않다. 이번 예제는 간략화된 버전으로 수많은 최적화 기법을 적용하기 전이기 때문이다. 가장 중요한 최적화 기법으로는 `connection_with_data` 내에 작은 분리된 버퍼를 두어 내부 Boost.Asio의 콜백과 관련해 할당할 때마다 해당 버퍼를 사용하는 방법이 있다. 이 최적화 기법에 대해 더 자세히 알고 싶다면 Boost.Asio 라이브러리에 대한 공식 문서 내의 "Custom memory allocation example" 부분을 읽어보자.

boost::asio::io_service의 소멸자가 호출될 때 모든 콜백의 소멸자도 함께 호출된다. 그러면 tcp_connection_ptr의 소멸자도 호출되고 자원을 놓아주게 된다.

부연 설명

boost::asio::ip::tcp::acceptor 클래스의 특성을 다 사용한 것은 아니다. 이 클래스는 boost::asio::ip::tcp::endpoint를 제공하기만 한다면 IPv6나 IPv4 주소 모두에 묶일 수 있다. native_handle() 메소드를 통해 실제 소켓을 얻을 수도 있으며, OS별 호출을 사용해 정교하게 동작을 조정할 수도 있다. set_option을 사용하면 acceptor_에 대한 몇 가지 옵션을 설정할 수 있다. 예를 들어 다음 코드를 쓰면 수락자에서 주소를 재활용할 수 있다.

```
boost::asio::socket_base::reuse_address option(true);
acceptor_.set_option(option);
```

 주소를 재활용하면 제대로 연결을 끊지 않고도 서버를 빠르게 재시작시킬 수 있다. 서버가 종료되고 난 뒤에도 소켓은 얼마간은 열려있을 수 있기 때문에 reuse_address를 쓰지 않으면 같은 주소에서 서버를 시작시킬 수 없다.

C++17에는 Boost.Asio 같은 클래스가 지원되지 않지만, 네트워킹 TS에서는 거의 대부분의 기능이 제공될 예정이다.

참고 사항

- Boost.Asio에 대해 더 자세히 알고 싶다면 6장을 처음부터 읽어보자.
- 여러 가지 예제, 튜토리얼과 클래스 참고 문서를 읽고 싶다면 http://boost.org/libs/asio에 있는 Boost.Asio 공식 문서를 읽어보자.

▎동시에 여러 작업 실행

이제 tasks_processor가 여러 스레드에서 작업을 처리하게 해보자. 많이 어려울까?

준비

6장의 첫 번째 예제는 읽어둬야 한다. 다중 스레드에 대한 지식도 필요하다. 특히 5장의 '스레드 그룹 다루기' 예제를 읽어두자.

이번 예제는 boost_system과 boost_thread 라이브러리를 링크해야 한다. 관련 라이브러리 검사를 건너뛰기 위해 BOOST_ASIO_DISABLE_HANDLER_TYPE_REQUIREMENTS를 정의한다.

예제 구현

사실 start_multiple 메소드를 tasks_processor 클래스에 추가하기만 하면 된다.

```
#include <boost/thread.hpp>

class tasks_processor: public tp_network::tasks_processor {
public:
    // 스레드의 최적 개수를 추측해 기본값으로 삼는다.
    static void start_multiple(std::size_t threads_count = 0) {
        if (!threads_count) {
            threads_count = (std::max)(static_cast<int>(
                boost::thread::hardware_concurrency()), 1
            );
        }

        // 첫 번째 스레드는 현재 스레드다.
        -- threads_count;
```

```
boost::asio::io_service& ios = get_ios();
boost::thread_group tg;
for (std::size_t i = 0; i < threads_count; ++i) {
    tg.create_thread([&ios]() { ios.run(); });
}

ios.run();
tg.join_all();
}
```

이제 다음 그림처럼 더 많은 일을 할 수 있게 됐다.

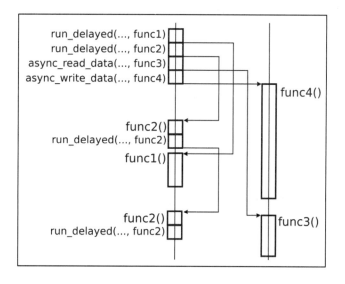

예제 분석

boost::asio::io_service::run 메소드는 스레드 안전하다. 여기서 해야 할 일은 서
로 다른 스레드에서 boost::asio::io_service::run 메소드를 실행하는 것뿐이다.

공용 자원을 수정해야 한다면 자원 주위를 뮤텍스로 둘러싸거나 애플리케이션을 수정해 공용 자원을 여러 작업이 동시에 사용하지 않도록 해야 한다. 여러 작업에서 자원을 사용할 때 자원을 동시에 사용하지 않도록 하는 것이 좋은데, boost::asio::io_service가 부가적으로 작업들 간의 동기화를 처리하고 한 작업에서 수정한 결과가 다른 작업에 보이게 하고 있기 때문이다.

boost::thread::hardware_concurrency( )를 호출했다는 걸 눈여겨보자. 이 함수는 현재 하드웨어에서 동시에 실행할 수 있는 스레드 수를 반환한다. 하지만 여기서 반환하는 값은 힌트에 지나지 않으며, 어떤 때는 0을 반환한다. 그래서 여기서 std::max 함수를 쓴 것이다. 그래야 threads_count가 적어도 1 이상의 값을 갖는다.

 일부 유명 컴파일러에서는 자체 min( )과 max( ) 매크로를 제공하기 때문에 그런 매크로를 쓰지 않도록 std::max를 괄호로 둘러쌌다.

부연 설명

boost::thread::hardware_concurrency( ) 함수는 C++11에 포함돼 있다. 이 함수는 <thread> 헤더의 std:: 네임스페이스 아래에서 찾을 수 있다.

모든 boost::asio 클래스가 C++17에 포함되지 않았지만, 다음 네트워킹 TS에 포함될 것이다.

참고 사항

- 여러 가지 클래스에 대한 더 많은 예제와 정보를 얻고 싶다면 Boost.Asio 문서를 참고하자(http://boost.org/libs/asio).

- 5장의 예제(특히 마지막 예제인 '스레드 그룹 다루기')에 Boost.Thread를 사용하는 방법이 나와 있다.
- boost::thread_group과 boost::threads에 대한 정보가 필요하다면 http://boost.org/libs/thread 내의 Boost.Thread 문서를 찾아보자.

▌파이프라인 작업 처리

때로는 일정한 간격으로 작업을 처리해야 할 때가 있다. 이전 예제들에서 큐에 들어온 순서대로 작업을 처리한 것과 달리 말이다.

두 개의 하위 시스템을 연결하는 프로그램을 만드는 중이라고 가정해보자. 그중 하나는 데이터 패킷을 생성하고, 나머지 하나는 수정된 데이터를 디스크에 쓴다(비디오카메라, 녹음기 등등의 장치라고 생각해도 좋다). 데이터 패킷은 한 번에 하나씩 처리하되 처리 간격은 일정하고 부드럽게, 그리고 여러 개의 스레드를 써서 처리해야 한다.

간단한 접근 방법만으로 처리하기는 쉽지 않다.

```cpp
#include <boost/thread/thread.hpp>

subsystem1 subs1;
subsystem2 subs2;

decoded_data decode_data(const data_packet& packet);
compressed_data compress_data(const decoded_data& packet);

void process_data() {
    while (!subs1.is_stopped()) {
        data_packet data = subs1.get_data();
        decoded_data d_decoded = decode_data(data);
        compressed_data c_data = compress_data(d_decoded);
        subs2.send_data(c_data);
    }
}
```

```
}
void run_in_multiple_threads() {
    boost::thread t(&process_data);
    process_data();

    t.join();
}
```

다중 스레드 환경에서 첫 번째 스레드가 패킷 #1을 받고, 두 번째 스레드가 패킷 #2를 받았다고 해보자. 처리 시간이 각각 다르기 때문에 OS는 문맥 교환^{context switch}을 해서 패킷 #1보다 먼저 패킷 #2를 스케줄링한다. 패킷의 처리 순서는 어떻게 될지 모른다. 이걸 고쳐보자!

준비

5장의 'work_queue 클래스 생성' 예제를 알아야 이번 예제를 이해할 수 있다. 이번 예제의 예는 boost_thread 및 boost_system 라이브러리와 링크해야 한다.

C++11에 대한 기본 지식, 그중에서도 람다 함수에 대해 알아야 한다.

예제 구현

이 예제는 5장의 'work_queue 클래스 생성' 예제에서 살펴본 work_queue 클래스의 코드를 활용한다. 일부분을 수정한 후 이 클래스의 인스턴스 몇 개를 사용한다.

1. 데이터 해독^{decode}, 데이터 압축^{compress} 및 데이터 전송을 위한 용도로 여러 개의 큐를 만든다.

```
work_queue decoding_queue, compressing_queue, sending_queue;
```

2. 이제 process_data를 리팩토링^{refactoring}해 여러 개의 함수로 분리한다.

```cpp
void start_data_accepting();
void do_decode(const data_packet& packet);
void do_compress(const decoded_data& packet);

void start_data_accepting() {
    while (!subs1.is_stopped()) {
        data_packet packet = subs1.get_data();

        decoding_queue.push_task(
            [packet]() {
                do_decode(packet);
            }
        );
    }
}

void do_decode(const data_packet& packet) {
    decoded_data d_decoded = decode_data(packet);

    compressing_queue.push_task(
        [d_decoded]() {
            do_compress(d_decoded);
        }
    );
}

void do_compress(const decoded_data& packet) {
    compressed_data c_data = compress_data(packet);

    sending_queue.push_task(
        [c_data]() {
            subs2.send_data(c_data);
        }
    );
}
```

3. 5장에서 살펴본 **work_queue** 클래스에 작업을 중단시키고 실행시키는 몇 가지 인터페이스를 추가한다.

```
#include <deque>
#include <boost/function.hpp>
#include <boost/thread/mutex.hpp>
#include <boost/thread/locks.hpp>
#include <boost/thread/condition_variable.hpp>

class work_queue {
public:
    typedef boost::function<void( )> task_type;

private:
    std::deque<task_type>          tasks_;
    boost::mutex                   mutex_;
    boost::condition_variable      cond_;
    bool                           is_stopped_;

public:
    work_queue( )
        : is_stopped_(false)
    {}

    void run( );
    void stop( );

    // 5장과 거의 같지만
    // rvalue 참조자가 지원된다.
    void push_task(task_type&& task);
};
```

4. work_queue의 stop( )과 run( )은 다음과 같이 구현해야 한다.

```
void work_queue::stop( ) {
    boost::lock_guard<boost::mutex> lock(mutex_);
```

```
        is_stopped_ = true;
        cond_.notify_all( );
    }

    void work_queue::run( ) {
        while (1) {
            boost::unique_lock<boost::mutex> lock(mutex_);
            while (tasks_.empty( )) {
                if ( is_stopped_ ) {
                    return;
                }
                cond_.wait(lock);
            }

            task_type t = std::move(tasks_.front( ));
            tasks_.pop_front( );
            lock.unlock( );

            t( );
        }
    }
```

5. 이제 끝이다! 파이프라인을 시작시킨다.

```
    #include <boost/thread/thread.hpp>

    int main( ) {
        boost::thread t_data_decoding(
            []( ) { decoding_queue.run( ); }
        );

        boost::thread t_data_compressing(
            []( ) { compressing_queue.run( ); }
        );

        boost::thread t_data_sending(
            []( ) { sending_queue.run( ); }
```

```
      );

   start_data_accepting( );
```

6. 파이프라인을 중단시킬 때는 다음 코드를 사용한다.

```
   decoding_queue.stop( );
   t_data_decoding.join( );

   compressing_queue.stop( );
   t_data_compressing.join( );

   sending_queue.stop( );
   t_data_sending.join( );
```

예제 분석

단일 데이터 패킷을 처리하는 작업을 작은 하위 작업 단위로 쪼갠 다음 제각각 다른 work_queues에 넣어 처리하는 것을 이번 예제에서 알아봤다. 이번 예제에서는 데이터 처리를 데이터 해독, 데이터 압축과 데이터 전송이라는 세 단계로 나눴다.

여섯 개의 패킷을 이상적으로 처리한다면 다음과 같이 처리된다.

시간	수신	해독	압축	전송
시각 1:	패킷 #1			
시각 2:	패킷 #2	패킷 #1		
시각 3:	패킷 #3	패킷 #2	패킷 #1	
시각 4:	패킷 #4	패킷 #3	패킷 #2	패킷 #1
시각 5:	패킷 #5	패킷 #4	패킷 #3	패킷 #2

(이어짐)

시간	수신	해독	압축	전송
시각 6:	패킷 #6	패킷 #5	패킷 #4	패킷 #3
시각 7:		패킷 #6	패킷 #5	패킷 #4
시각 8:			패킷 #6	패킷 #5
시각 9:				패킷 #6

하지만 우리 세상은 이상적이지 않다. 그래서 어떤 작업은 다른 것보다 더 빨리 끝날 수도 있다. 예를 들어 해독보다 수신이 더 빠르다면 할 일이 해독decoding 큐에 점점 쌓일 것이다. 큐가 넘치지 않으려면 후속 작업이 그 전의 작업보다 약간 더 빨라야 한다.

이번 예제에서는 boost::asio::io_service를 쓰지 않았는데, 작업이 등록된 순서대로 실행될 것이라고 보장할 수 없기 때문이다.

부연 설명

이번 예제에서 파이프라인을 만들기 위해 사용하는 모든 도구는 C++11에서 사용할 수 있는 것들이다. 따라서 C++11을 지원하는 컴파일러가 있다면 부스트 없이도 똑같은 작업을 할 수 있다. 하지만 부스트를 쓰면 이식성이 높아지며, C++11 이전의 컴파일러에서도 이 코드를 쓸 수 있다.

참고 사항

- 이번 예제에서 살펴본 기법은 프로세서 개발자들은 잘 알고 있고 실제로 쓰이는 방법이다. http://en.wikipedia.org/wiki/Instruction_pipeline을 참고하자. 파이프라인의 모든 특성에 대해 간략한 설명이 나와 있다.

- 5장의 'work_queue 클래스 생성' 예제를 살펴보면 이번 예제에서 사용한 메소드에 대해 좀 더 자세히 알 수 있다.

잠금 없는 장벽 생성

다중 스레드 프로그래밍에는 장벽barrier이라고 부르는 것이 있다. 장벽은 원하는 수의 스레드가 멈출 때까지 실행 스레드를 중단시키는 걸 말한다. 그 이후에는 모든 스레드가 해제돼 자신이 하던 일을 계속한다. 어떨 때 쓰이는 것인지 다음 예제로 알아보자.

다양한 스레드에서 데이터의 여러 부분을 처리한 후 데이터를 보내고 싶다고 가정해보자.

```cpp
#include <boost/array.hpp>
#include <boost/thread/barrier.hpp>
#include <boost/thread/thread.hpp>

typedef boost::array<std::size_t, 10000> vector_type;
typedef boost::array<vector_type, 4> data_t;

void fill_data(vector_type& data);
void compute_send_data(data_t& data);

void runner(std::size_t thread_index, boost::barrier& barrier, data_t& data)
{
    for (std::size_t i = 0; i < 1000; ++i) {
        fill_data(data.at(thread_index));
        barrier.wait();

        if (!thread_index) {
            compute_send_data(data);
        }
        barrier.wait();
    }
}
```

```
    }

int main( ) {
    // 장벽 초기화
    boost::barrier barrier(data_t::static_size);

    // 데이터 초기화
    data_t data;

    // 4개의 스레드로 실행
    boost::thread_group tg;
    for (std::size_t i = 0; i < data_t::static_size; ++i) {
        tg.create_thread([i, &barrier, &data] ( ) {
            runner(i, barrier, data);
        });
    }

    tg.join_all( );
}
```

모든 스레드가 데이터를 채울 때까지 data_barrier.wait( ) 메소드는 멈춘다. 그런 후에 모든 스레드가 해제된다. 0번 스레드가 compute_send_data(data)를 사용해 전송할 데이터를 계산하는 동안 다른 스레드는 다음 그림에서처럼 또다시 장벽에 부딪쳐 기다린다.

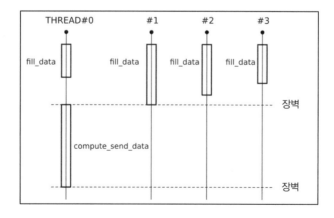

어설퍼 보이지 않는가?

준비

이번 예제를 시작하기 전에 6장의 첫 번째 예제에서 나온 내용은 알아둬야 한다. Boost.Thread도 역시 알아둬야 한다. 이번 예제에 나오는 코드는 boost_thread와 boost_system 라이브러리에 대해 링크를 걸어야 한다.

예제 구현

어떤 것도 중단시킬 필요가 없다! 이번 예제를 자세히 살펴보자. 필요한 일이라면 네 개의 fill_data 작업을 등록한 후 마지막 작업이 compute_send_data(data)를 호출하게 하는 것뿐이다.

1. 첫 번째 예제에서 살펴본 tasks_processor 클래스가 필요하다. 이것은 바뀌지 않는다.

2. 장벽 대신 원자 변수를 쓴다.

```
#include <boost/atomic.hpp>
typedef boost::atomic<unsigned int> atomic_count_t;
```

3. 새로운 실행 함수는 다음에 나와 있다.

```
void clever_runner(
        std::size_t thread_index,
        std::size_t iteration,
        atomic_count_t& counter,
        data_t& data)
{
```

```
        fill_data(data.at(thread_index));

        if (++counter != data_t::static_size) {
            return;
        }

        compute_send_data(data);

        if (++iteration == 1000) {
            // 1000번 반복했으므로 끝낸다.
            tasks_processor::stop();
            return;
        }

        counter = 0;
        for (std::size_t i = 0; i < data_t::static_size; ++ i) {
            tasks_processor::push_task([i, iteration, &counter, &data]() {
                clever_runner(
                    i,
                    iteration,
                    counter,
                    data
                );
            });
        }
    }
```

4. main 함수만 약간 바꾸면 된다.

```
// 카운터 초기화
atomic_count_t counter(0);

// 데이터 초기화
data_t data;

// 작업 4개 실행
for (std::size_t i = 0; i < data_t::static_size; ++i) {
```

```
tasks_processor::push_task([i, &counter, &data]() {
    clever_runner(
        i,
        0, // 첫 번째 반복
        counter,
        data
    );
});
}

tasks_processor::start();
```

예제 분석

이제 전혀 스레드가 중단되지 않는다. 중단시키는 대신 데이터를 다 재워 넣은 작업의 수를 센다. 이때 counter 원자 변수를 사용했다. 마지막으로 작업을 처리하는 스레드에서 counter 변수의 값이 data_t::static_size와 같아질 것이다. 그러면 바로 그 스레드가 데이터를 계산하고 전송해야 한다.

그런 후 종료 조건(1000번 반복했는가)을 검사하고, 큐에 작업을 채워 넣어 새로운 데이터를 등록한다.

부연 설명

이번 해결책이 더 나을까? 일단 확장성scalability은 더 좋은 것 같다.

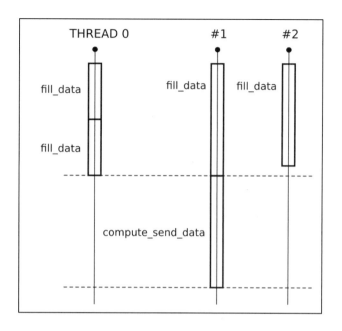

프로그램이 다양한 일을 한다면 이 메소드가 더욱 효과적이다. 어떤 스레드도 장벽에 막혀 기다리지 않기 때문에 남은 하나의 스레드가 데이터를 계산해 보내는 동안 풀려난 스레드들은 다른 일을 할 수 있다.

이번 예제에서 사용한 모든 도구는 부스트 라이브러리가 없어도 C++11에서 지원한다. tasks_processor에서 사용한 io_service를 5장에서 살펴본 work_queue로 바꾸면 된다. 하지만 언제나 그렇듯 부스트의 이식성이 더 좋으며, C++11 이전의 컴파일러에서 실행시키고 싶다면 부스트 라이브러리를 써야 한다. 람다 함수를 boost::bind와 boost::ref로 바꾸면 된다.

참고 사항

- Boost.Asio의 공식 문서에 io_service 사용법에 대한 정보가 많으니 http://boost.org/libs/asio를 방문해보자.

- 작업을 실행하는 방식에 대해서는 2장에서 Boost.Function과 관련된 모든 예제와 http://boost.org/libs/function에 있는 공식 문서를 참고하자.
- boost::bind 함수가 어떤 일을 하는지 궁금하다면 1장에서 Boost.Bind에 관련된 예제들을 참고하자. 또한 http://boost.org/libs/bind에 있는 공식 문서를 참고하자.

예외를 저장하고 작업으로 생성

예외를 처리하는 것은 사소한 일도 아니고 시간도 많이 든다. 예외를 직렬화^{serialization}해서 네트워크를 통해 보내야 한다고 가정해보자. 이것만으로도 수밀리초는 걸릴 것이고 코드도 수천 행이 넘을 것이다. 게다가 예외를 잡은 직후가 예외를 처리하기에 가장 적절한 시간과 장소인 것도 아니다.

그러면 예외를 저장해뒀다가 나중에 처리할 수는 없을까?

준비

이번 예제를 읽기 전에 6장의 첫 번째 예제에서 설명한 boost::asio::io_service에 대해 알고 있어야 한다. 이번 예제에 나오는 코드는 boost_thread와 boost_system 라이브러리에 대해 링크를 걸어야 한다.

예제 구현

여기서 필요한 것은 예외를 저장했다가 일반 변수처럼 스레드 사이로 전달할 수 있는 방법뿐이다.

1. 예외를 처리하는 함수에서부터 시작한다.

```cpp
#include <boost/exception_ptr.hpp>

struct process_exception {
    boost::exception_ptr exc_;

    explicit process_exception(const boost::exception_ptr& exc)
        : exc_(exc)
    {}

    void operator()() const;
};
```

2. 이 함자의 operator()는 예외를 콘솔console로 출력하는 일만 한다.

```cpp
#include <boost/lexical_cast.hpp>
void func_test2(); // 전방 선언

void process_exception::operator()() const {
    try {
        boost::rethrow_exception(exc_);
    } catch (const boost::bad_lexical_cast& /*e*/) {
        std::cout << "Lexical cast exception detected.\n" << std::endl;

        // 실행할 다른 작업을 밀어넣는다.
        tasks_processor::push_task(&func_test2);
    } catch (...) {
        std::cout << "Can not handle such exceptions:\n"
            << boost::current_exception_diagnostic_information()
            << std::endl;

        // 중단한다.
        tasks_processor::stop();
    }
}
```

3. 이제 예외가 동작하는 방식을 설명하는 함수를 몇 개 만들어보자.

```cpp
#include <stdexcept>
void func_test1() {
    try {
        boost::lexical_cast<int>("oops!");
    } catch (...) {
        tasks_processor::push_task(
            process_exception(boost::current_exception())
        );
    }
}

void func_test2() {
    try {
        // ...
        BOOST_THROW_EXCEPTION(std::logic_error("Some fatal logic
                error"));
        // ...
    } catch (...) {
        tasks_processor::push_task(
            process_exception(boost::current_exception())
        );
    }
}
```

이제 다음과 같이 예제를 실행시켜보자.

```cpp
tasks_processor::get().push_task(&func_test1);
tasks_processor::get().start();
```

다음과 같은 출력을 볼 수 있다.

```
Lexical cast exception detected
Can not handle such exceptions:
main.cpp(48): Throw in function void func_test2()
Dynamic exception type:
boost::exception_detail::clone_impl<boost::exception_detail::error_info_inj
ector<std::logic_error> >
std::exception::what: Some fatal logic error
```

예제 분석

Boost.Exception 라이브러리는 예외를 저장했다가 다시 던지는 기능을 제공한다. boost::current_exception( ) 메소드는 catch( ) 블록 안에서 호출돼야 하며, boost:: exception_ptr형의 객체를 반환한다.

앞 예제의 func_test1( )에서 boost::bad_lexical_cast 예외를 던진다. 이것은 boost:: current_exception( )에서 반환되며, 그 예제를 갖고 process_exception 작업을 생성한다.

boost::exception_ptr에서 예외형을 복원하려면 boost::rethrow_exception(exc)을 사용해 예외를 다시 던져야 한다. 그래서 process_exception가 예외를 다시 던진다.

 예외를 던지고 받는 연산은 무겁다. 예외를 던지면 동적으로 메모리를 할당하고, 콜드 메모리를 건드리고, 뮤텍스를 잠그고, 수많은 주소들을 계산하고, 그 외에도 많은 작업을 해야한다. 꼭 해야 하는 것이 아니라면 성능이 중요할 때는 예외를 던지지 말자!

func_test2에서는 BOOST_THROW_EXCEPTION 매크로를 써서 std::logic_error 예외를 던진다. 이 매크로는 예외가 std::exception에서 파생됐는지 검사하고, 소스 파일이름, 함수 이름과 예외를 던진 코드의 행 번호와 같은 정보를 덧붙이는 등 유용한 일들을 대신 처리해준다. process_exception::operator( ) 내에서 std::logic_error 예외를 다시 던지면 catch(...)가 잡는다. boost::current_exception_diagnostic_
information( )에서 던진 예외에 대한 정보를 최대한 얻어낸다.

부연 설명

대개 exception_ptr은 스레드 사이에 예외를 전달할 때 사용한다. 다음 예를 살펴보자.

```
void run_throw(boost::exception_ptr& ptr) {
    try {
        // 상당히 많은 코드를 여기 둔다.
    } catch (...) {
        ptr = boost::current_exception( );
    }
}

int main ( ) {
    tasks_processor::push_task(&func_test1);
    tasks_processor::start( );

    boost::exception_ptr ptr;

    // 몇 가지 일을 동시에 실행한다.
    boost::thread t(
        &run_throw,
        boost::ref(ptr)
    );

    // 일부 코드를 여기 둔다.
    // ...

    t.join( );

    // 예외 검사
    if (ptr) {
        // 스레드에서 예외 발생
        boost::rethrow_exception(ptr);
```

```
    }
}
```

boost::exception_ptr 클래스는 힙에 메모리를 여러 번 할당할 수도 있으며, 원자 변수를 쓰고, 예외를 다시 던지고 잡는 등의 여러 가지 연산을 구현한다. 그러니 실제로 필요한 것이 아니라면 이 클래스는 가능하면 쓰지 말자.

C++11에서 boost::current_exception, boost::rethrow_exception, boost::exception_ptr이 채택됐다. <exception> 헤더의 std:: 네임스페이스에서 이들 클래스를 찾아볼 수 있다. BOOST_THROW_EXCEPTION과 boost::current_exception_diagnostic_information() 메소드는 C++17에서 지원하지 않는다.

참고 사항

- http://boost.org/libs/exception에 있는 Boost.Exception에 대한 공식 문서를 살펴보면 구현과 제약 사항에 대한 수많은 유용한 정보를 알 수 있다. 이번 예제에서 다루지 못한 정보들도 함께 찾아볼 수 있다(예를 들어 이미 던진 예외에 정보를 추가하는 방법 등).
- tasks_processor 클래스에 대해 더 자세히 알고 싶다면 6장의 첫 번째 예제를 참고하자. 3장의 '문자열에서 숫자로 변환' 예제를 읽어보면 Boost.LexicalCast에 대한 정보를 얻을 수 있다.

▌ 시스템 신호를 작업처럼 얻고 처리

서버 애플리케이션을 만들 때는 (특히 리눅스 OS에서) 신호[signal]를 잡아내 처리해야 할 때가 있다. 대개 신호 처리기[handler]는 서버 시작 때 설정되며, 애플리케이션 실행 중에는 바뀌지 않는다.

이번 예제에서는 tasks_processor 클래스에 신호 처리 기능을 추가해보자.

준비

6장의 첫 번째 예제에서 코드를 가져다 쓸 것이다. Boost.Function에 대해 잘 알아야 한다.

이번 예제에 나오는 코드는 boost_thread와 boost_system 라이브러리에 대해 링크를 걸어야 한다.

예제 구현

이번 예제는 2장에서부터 4장까지의 예제들과 비슷하다. 그 예제들에서는 함수를 기다리는 async 신호를 갖고 있고, 몇 가지 async 신호 처리기와 보조 코드를 사용했다.

1. 다음 헤더를 인클루드하면서 시작한다.

```
#include <boost/asio/signal_set.hpp>
#include <boost/function.hpp>
```

2. 이제 tasks_processor 클래스에 신호를 처리하기 위한 멤버를 추가한다.

```
protected:
    static boost::asio::signal_set& signals() {
        static boost::asio::signal_set signals_(get_ios());
        return signals_;
    }

    static boost::function<void(int)>& signal_handler() {
```

```
        static boost::function<void(int)> users_signal_handler_;
        return users_signal_handler_;
    }
```

3. 신호를 받았을 때 호출할 함수를 다음과 같이 만든다.

```
static void handle_signals(
        const boost::system::error_code& error,
        int signal_number)
{
    signals().async_wait(&tasks_processor::handle_signals);

    if (error) {
        std::cerr << "Error in signal handling: " << error << '\n';
    } else {
        boost::function<void(int)> h = signal_handler();

        h(signal_number);
    }
}
```

4. signals_ 처리기를 등록할 함수가 필요하다.

```
public:
    // 이 함수는 스레드에서 안전하지 않다!
    // 모든 `start()`가 호출되기 전에 호출해야 한다.
    // 단 한 번만 호출할 수 있다.
    template <class Func>
    static void register_signals_handler(
            const Func& f,
            std::initializer_list<int> signals_to_wait)
    {
        // 첫 번째 호출이라는 걸 확인한다.
        assert(!signal_handler());
```

```
signal_handler() = f;
boost::asio::signal_set& sigs = signals();

std::for_each(
    signals_to_wait.begin(),
    signals_to_wait.end(),
    [&sigs](int signal) { sigs.add(signal); }
);

sigs.async_wait(&tasks_processor::handle_signals);
```

이제 끝이다. 신호를 처리할 준비가 모두 끝났다. 다음은 테스트 프로그램이다.

```
void accept_3_signals_and_stop(int signal) {
    static int signals_count = 0;
    assert(signal == SIGINT);

    ++ signals_count;
    std::cout << "Captured " << signals_count << " SIGINT\n";
    if (signals_count == 3) {
        tasks_processor::stop();
    }
}

int main () {
    tasks_processor::register_signals_handler(
        &accept_3_signals_and_stop,
        { SIGINT, SIGSEGV }
    );

    tasks_processor::start();
}
```

이 프로그램의 출력은 다음과 같다.

```
Captured 1 SIGINT
Captured 2 SIGINT
Captured 3 SIGINT
Press any key to continue . . .
```

예제 분석

크게 어려운 것은 없었다(6장의 다른 예제들에 비하면 말이다). register_signals_handler
함수는 처리할 신호의 고유 번호를 추가한다. boost::asio::signal_set::add 함수
를 signals_to_wait 벡터의 각 요소에 대해 호출하기만 하면 된다.

다음으로 sigs.async_wait에서 async가 신호를 기다리기 시작하고, 신호를 받으면
tasks_processor::handle_signals 함수를 호출한다. tasks_processor::handle_
signals 함수는 즉각 다음 신호를 잡기 위해 비동기 대기를 시작하고, 오류가 있는지
검사하며, 오류가 없다면 콜백을 호출해 신호 번호를 전달한다.

부연 설명

더 잘할 수도 있다! 사용자가 제공한 콜백을 첫 번째 예제에 있는 클래스로 둘러싼다면
첫 번째 예제에서처럼 예외를 제대로 처리할 수도 있고 그 외의 작업도 잘 처리할
수 있다.

```
boost::function<void(int)> h = signal_handler();

detail::make_task_wrapped([h, signal_number]() {
    h(signal_number);
})(); // task_wrapped를 만들고 실행한다.
```

신호를 스레드 안전하게 동적으로 추가/제거하고 싶다면 이번 예제를 6장의 '타이머를 만들고 타이머 이벤트를 작업으로 처리' 예제에 나오는 detail::timer_task처럼 바꾸면 된다. 여러 개의 boost::asio::signal_set 객체가 같은 신호를 기다리고 있다면 한 번만 신호가 와도 각 signal_set에 대해서 처리기가 각각 호출된다.

오랫동안 C++에서는 <csignal> 헤더의 signal 함수를 사용해 신호를 처리해왔다. 네트워킹 TS에서도 signal_set 기능을 제공하진 않을 것이다.

참고 사항

- boost::function에 대한 정보는 2장의 '변수에 아무 함수 객체나 저장' 예제에 있다.
- boost::asio::signal_set과 이 멋진 라이브러리의 다른 특성에 대한 더 많은 정보와 예제를 보고 싶다면 **Boost.Asio**의 공식 문서(http://boost.org/libs/asio)를 읽어보자.

07

문자열 다루기

7장에서 다루는 내용은 다음과 같다.

- 대소문자 바꾸기와 대소문자 구별 없이 비교
- 정규 표현식으로 문자열 일치 비교
- 정규 표현식으로 문자열 찾고 바꾸기
- Printf와 비슷하지만 안전한 함수로 문자열 형식 맞추기
- 문자열 바꾸고 지우기
- 두 반복자로 문자열 표현
- 문자열 형식에 대한 참조자 사용

▌ 소개

7장에서는 문자열을 바꾸고, 검색하고, 표현하는 다양한 방식들에 대해 알아본다. 흔히 사용하는 문자열 관련 작업이 부스트 라이브러리를 쓰면 얼마나 쉽게 해결되는지 알아볼 생각이다. 7장은 쉽다. 가장 널리 사용되는 문자열 작업을 알아볼 뿐이다. 이제 시작해보자!

▌ 대소문자 바꾸기와 대소문자 구별 없이 비교

이번에 알아볼 내용은 꽤나 흔하게 일어나는 작업이다. 일단 두 개의 유니코드가 아닌 문자열이나 ANSI 문자 문자열이 있다고 해보자.

```
#include <string>
std::string str1 = "Thanks for reading me!";
std::string str2 = "Thanks for reading ME!";
```

이제 대소문자 구별 없이 비교하려 한다. 이때 쓸 수 있는 메소드는 정말 많다. 그러면 부스트의 메소드를 알아보자.

준비

std::string에 대한 기본 지식만 있어도 충분하다.

예제 구현

대소문자 구별 없이 비교하는 방법은 여러 가지다.

1. 가장 간단한 방법은 다음과 같다.

```
#include <boost/algorithm/string/predicate.hpp>

const bool solution_1 = (
    boost::iequals(str1, str2)
);
```

2. 부스트 조건자^{predicate}와 표준 라이브러리 메소드를 사용할 수도 있다.

```
#include <boost/algorithm/string/compare.hpp>
#include <algorithm>

const bool solution_2 = (
    str1.size() == str2.size() && std::equal(
        str1.begin(),
        str1.end(),
        str2.begin(),
        boost::is_iequal()
    )
);
```

3. 세 번째 방법은 두 문자열 모두에 대해 소문자로 된 복사본을 만드는 것이다.

```
#include <boost/algorithm/string/case_conv.hpp>

void solution_3() {
    std::string str1_low = boost::to_lower_copy(str1);
    std::string str2_low = boost::to_lower_copy(str2);
    assert(str1_low == str2_low);
}
```

4. 원래 문자열을 대문자로 바꾼 복사본을 만드는 방법도 있다.

```
#include <boost/algorithm/string/case_conv.hpp>

void solution_4( ) {
    std::string str1_up = boost::to_upper_copy(str1);
    std::string str2_up = boost::to_upper_copy(str2);
    assert(str1_up == str2_up);
}
```

5. 원래 문자열을 소문자로 변환해 비교할 수도 있다.

```
#include <boost/algorithm/string/case_conv.hpp>

void solution_5( ) {
    boost::to_lower(str1);
    boost::to_lower(str2);
    assert(str1 == str2);
}
```

예제 분석

두 번째 메소드는 그리 쉽지 않다. 두 번째 메소드에서는 문자열의 길이를 검사하고, 둘의 길이가 같다면 문자열의 문자를 boost::is_iequal 조건자를 써서 하나씩 비교한다. boost::is_iequal 조건자는 대소문자를 가리지 않고 두 문자를 비교한다.

 boost::is_iequal, boost::iequals, boost::is_iless처럼 Boost.StringAlgorithm 라이브러리의 메소드나 클래스의 이름에 i가 있다면 대소문자를 가리지 않는다는 뜻이다.

부연 설명

대소문자를 처리하는 **Boost.StringAlgorithm** 라이브러리의 함수와 함수 객체는 **std::locale**을 받아들인다. 기본적으로 (그리고 이번 예제에서도) 메소드와 클래스는 기본 생성된 **std::locale**을 쓴다. 문자열을 다룰 일이 많다면 **std::locale** 변수를 한 번만 만든 모든 메소드에서 이 변수를 쓰게 하는 것도 성능 최적화에 좋다. 또 다른 성능 최적화 방식으로는 **std::locale::classic()**으로 'C' 로케일[locale]을 쓰는 방법도 있다(자신의 애플리케이션에서 'C' 로케일을 써도 된다면).

```
// 일부 플랫폼에서는 std::locale::classic()이
// std::locale()보다 빠르다.
boost::iequals(str1, str2, std::locale::classic());
```

 두 최적화를 모두 써도 문제될 것은 없다.

안타깝게도 C++17에는 **Boost.StringAlgorithm**에서 제공하는 것과 같은 문자열 함수가 없다. 그리고 모든 부스트의 알고리즘은 빠르고 믿을 만하다[reliable]. 그러니 자신의 코드에서 이 알고리즘들을 쓰는 데 주저하지 말자.

참고 사항

- 부스트 문자열 알고리즘 라이브러리에 대한 공식 문서는 http://boost.org/libs/algorithm/string에 있다.
- 단 몇 줄만으로 대소문자 구별 없는 문자열을 만드는 방법에 대한 예제는 안드레이 알렉산드레스쿠[Andrei Alexandrescu]와 허브 서터[Herb Sutter]가 쓴 책인 『C++ Coding Standards』을 참고하자.

정규 표현식으로 문자열 일치 비교

이제 유용한 작업을 시작해보자! 사용자의 입력이 정규 표현식으로 표현된 패턴(정규 표현식을 쓰면 좀 더 유연한 방식으로 일치하는 문자열을 찾아낼 수 있다)에 맞는지 검사하는 작업은 정말 흔하다. 문제는 정규 표현식 문법이 다양하다는 데 있다. 한 문법으로 써진 표현식은 다른 문법에서는 처리가 잘 안 된다. 또한 긴 정규 표현식은 쓰는 것 자체가 쉽지 않다.

이번 예제에서 다양한 종류의 정규 표현식 문법을 사용하고, 입력 문자열이 특정 정규 표현식과 일치하는지 검사하는 프로그램을 만들어보자.

준비

이번 예제를 이해하려면 표준 라이브러리에 대한 기본 지식이 필요하다. 정규 표현식 문법에 대해 알아두면 좋다.

이번 예제들은 `boost_regex` 라이브러리와 링크를 걸어야 한다.

예제 구현

이번에 알아볼 정규 표현식 검사기는 main( ) 함수의 몇 줄에 지나지 않는다. 하지만 필자는 이걸 정말 많이 쓴다. 독자 여러분도 언젠가는 이 코드를 유용하게 쓸 날이 있을 것이다.

1. 필요한 기능을 구현하려면 다음 헤더를 인클루드해야 한다.

```
#include <boost/regex.hpp>
#include <iostream>
```

2. 프로그램의 시작부분에 사용 가능한 정규 표현식 문법들을 출력한다.

```
int main( ) {
    std::cout
        << "Available regex syntaxes:\n"
        << "\t[0] Perl\n"
        << "\t[1] Perl case insensitive\n"
        << "\t[2] POSIX extended\n"
        << "\t[3] POSIX extended case insensitive\n"
        << "\t[4] POSIX basic\n"
        << "\t[5] POSIX basic case insensitive\n\n"
        << "Choose regex syntax: ";
```

3. 이제 선택한 문법에 맞춰 플래그를 설정한다.

```
boost::regex::flag_type flag;
switch (std::cin.get( )) {
case '0': flag = boost::regex::perl;
    break;

case '1': flag = boost::regex::perl|boost::regex::icase;
    break;

case '2': flag = boost::regex::extended;
    break;

case '3': flag = boost::regex::extended|boost::regex::icase;
    break;

case '4': flag = boost::regex::basic;
    break;

case '5': flag = boost::regex::basic|boost::regex::icase;
    break;

default:
    std::cout << "Incorrect number of regex syntax. Exiting... \n";
```

```
        return 1;
    }

    // 예외 비활성화
    flag |= boost::regex::no_except;
```

4. 이제 루프 내에서 정규 표현식 패턴을 요청한다.

```
    // std::cin 복원
    std::cin.ignore();
    std::cin.clear();

    std::string regex, str;
    do {
        std::cout << "Input regex: ";
        if (!std::getline(std::cin, regex) || regex.empty()) {
            return 0;
        }

        // `boost::regex::no_except` 플래그가 없으면
        // 이 생성자는 예외를 던질 수도 있다
        const boost::regex e(regex, flag);
        if (e.status()) {
            std::cout << "Incorrect regex pattern!\n";
            continue;
        }
```

5. 루프 내에서 일치하는지 알아볼 문자열(String to match:)을 받는다.

```
    std::cout << "String to match: ";
    while (std::getline(std::cin, str) && !str.empty()) {
```

6. 정규 표현식을 적용하고, 결과를 출력한다.

```
    const bool matched = boost::regex_match(str, e);
    std::cout << (matched ? "MATCH\n" : "DOES NOT MATCH\n");
    std::cout << "String to match: ";
  } // `while (std::getline(std::cin, str))`의 끝
```

7. std::cin을 복원시키고 새로운 정규 표현식을 요청하는 걸로 이번 예제를
   마무리한다.

```
      // std::cin 복원
      std::cin.ignore();
      std::cin.clear();
    } while (1);
  } // int main()
```

이제 이 예제를 실행시키면 다음과 같은 출력을 얻을 수 있다.

Available regex syntaxes:

[0] Perl
[1] Perl case insensitive
[2] POSIX extended
[3] POSIX extended case insensitive
[4] POSIX basic
[5] POSIX basic case insensitive

Choose regex syntax: 0
Input regex: (d 3 [#-]) 2
String to match: 123-123#
MATCH
String to match: 312-321-
MATCH

```
String to match: 21-123-
DOES NOT MATCH
String to match: ^Z
Input regex: l 3,5
String to match: qwe
MATCH
String to match: qwert
MATCH
String to match: qwerty
DOES NOT MATCH
String to match: QWE
DOES NOT MATCH
String to match: ^Z

Input regex: ^Z
Press any key to continue . . .
```

예제 분석

모든 일은 boost::regex 클래스에서 일어난다. 이 클래스는 정규 표현식을 파싱하고 컴파일할 수 있는 객체를 만든다. 부가적인 구성 옵션은 flags 입력 변수를 통해 클래스로 전달한다.

정규 표현식이 잘못됐다면 boost::regex가 예외를 던진다. boost::regex::no_except 플래그를 전달했다면 status()를 호출했을 때 0이 아닌 값을 반환해 오류가 있다고 보고한다(이번 예제에서처럼).

```
if (e.status()) {
    std::cout << "Incorrect regex pattern!\n";
    continue;
}
```

그러면 다음과 같은 결과를 얻을 수 있다.

```
Input regex: (incorrect regex(
Incorrect regex pattern!
```

정규 표현식에 일치하는지는 boost::regex_match 함수를 호출해 확인한다. 잘 일치할 경우 이 함수는 참을 반환한다. regex_match에 또 다른 플래그를 전달할 수도 있지만, 예제를 간단하게 하려고 여기서는 생략했다.

부연 설명

C++11은 거의 대부분 Boost.Regex 클래스와 플래그를 지원하며, <regex> 헤더의 std:: 네임스페이스(boost:: 대신)에서 찾을 수 있다. 공식 문서에 C++11과 Boost.Regex의 차이점에 대한 정보가 나와 있으니 찾아보자. 또한 성능 측정 결과도 나와 있는데, Boost.Regex가 더 빠르다. 어떤 표준 라이브러리는 성능상 문제가 있으니 부스트와 표준 라이브러리를 비교해보고 신중히 고르자.

참고 사항

- '정규 표현식으로 문자열 찾고 바꾸기' 예제에서 Boost.Regex 사용법을 좀 더 자세히 다룬다.
- 플래그, 성능 측정 결과, 정규 표현식 문법 및 C++ 11 지원에 대한 정보를 얻고 싶다면 공식 문서를 찾아보자(http://boost.org/libs/regex).

▌ 정규 표현식으로 문자열 찾고 바꾸기

내 아내는 '정규 표현식으로 문자열 일치 비교' 예제를 정말 좋아한다. 하지만 원하는 것이 더 많은 사람이라 입력 문자열의 부분들을 정규 표현식에 맞춰 변환할 수 있도록 바꾸지 않는다면 밥을 안 주겠다고 했다.

그래서 이번 예제를 준비했다. 일치된 각 하위 표현식(괄호 안에 있는 정규 표현식의 일부)은 1에서부터 시작하는 고유 번호를 부여 받는다. 이 번호를 사용해 새로운 문자 열을 만들 것이다.

이제 프로그램의 동작이 어떻게 업데이트됐는지 살펴보자.

```
Available regex syntaxes:

    [0] Perl
    [1] Perl case insensitive
    [2] POSIX extended
    [3] POSIX extended case insensitive
    [4] POSIX basic
    [5] POSIX basic case insensitive

Choose regex syntax: 0
Input regex: ( d)( d)
String to match: 00
MATCH: 0, 0,
Replace pattern: 1# 2
RESULT: 0#0
String to match: 42
MATCH: 4, 2,
Replace pattern: ### 1- 1- 2- 1- 1###
RESULT: ###4-4-2-4-4###
```

준비

'정규 표현식으로 문자열 일치 비교' 예제의 코드를 재활용할 생각이다. 먼저 이 예제부터 읽고 오자.

이번 예제는 boost_regex 라이브러리에 링크시켜야 한다.

예제 구현

이번 예제는 이전 예제의 코드를 활용한다. 어떤 부분을 바꿔야 하는지 알아보자.

1. 더 인클루드할 헤더는 없다. 하지만 치환 패턴을 저장할 문자열이 필요하다.

```
std::string regex, str, replace_string;
```

2. boost::regexmatch를 모두 boost::regex_find로 바꾼 후 일치하는 값들을 출력한다.

```
std::cout << "String to match: ";
while (std::getline(std::cin, str) && !str.empty()) {
    boost::smatch results;
    const bool matched = regex_search(str, results, e);
    if (matched) {
        std::cout << "MATCH: ";
        std::copy(
            results.begin() + 1,
            results.end(),
            std::ostream_iterator<std::string>(std::cout, ", ")
        );
```

3. 그런 후 치환 패턴을 얻고 적용한다.

```
    std::cout << "\nReplace pattern: ";
    if (
        std::getline(std::cin, replace_string)
        && !replace_string.empty())
    {
      std::cout << "RESULT: " <<
          boost::regex_replace(str, e, replace_string);
      //std::cout << "RESULT: " << results.format(replace_string);
    } else {
      // std::cin 복원
      std::cin.ignore();
      std::cin.clear();
    }
  } else { // 'if (matched)'
    std::cout << "DOES NOT MATCH";
  }
```

이제 끝이다!(모두가 행복해질 테고 나는 밥을 얻어먹을 수 있겠다)

예제 분석

boost::regex_search 함수는 참이나 거짓을 반환하기만 하는 것이 아니라(boost:: regex_match 함수와 달리) 일치된 부분들도 저장한다. 다음과 같은 코드를 쓰면 일치된 부분을 출력할 수 있다.

```
std::copy(
    results.begin() + 1,
    results.end(),
    std::ostream_iterator<std::string>(std::cout, ", ")
);
```

첫 번째 결과(results.begin( ) + 1)는 건너뛰고 결과를 출력하자. results.begin( )은 전체 문자열이 정규 표현식과 일치하는지 여부를 저장하기 때문이다.

boost::regex_replace 함수는 치환과 관련된 작업을 처리하며, 수정된 문자열을 반환한다.

부연 설명

regex_* 함수에는 변종이 많다. 일부는 문자열 대신 양방향^{bidirectional} 반복자^{iterator}를 받으며, 어떤 함수는 반복자로 출력하기도 한다.

boost::smatch는 boost::match_results<std::string::const_iterator>를 가리키는 typedef다. 따라서 std::string::const_iterator 대신 다른 양방향 반복자를 쓰고 싶다면 boost::match_results에 대한 템플릿 파라미터로 반복자를 사용하면 된다.

match_results는 형식^{format} 함수를 갖기 때문에 이걸 사용해 예제의 출력을 조정할 수 있다.

```
std::cout << "RESULT: " << boost::regex_replace(str, e, replace_string);
```

위와 같은 출력 방식 대신 다음과 같이 출력시킬 수 있다.

```
std::cout << "RESULT: " << results.format(replace_string);
```

한편 replace_string은 다양한 형식을 지원한다.

```
Input regex: ( d)( d)
String to match: 12
```

```
MATCH: 1, 2,
Replace pattern: $1-$2---$&---$$
RESULT: 1-2---12---$
```

이번 예제에서 살펴본 모든 클래스와 함수는 C++11에도 있으며, <regex> 헤더의 std::
네임스페이스 다음에 있다.

참고 사항

Boost.Regex의 공식 문서를 살펴보면 더 많은 예제와 성능, C++ 표준과의 호환성과
정규 표현식 문법에 대한 정보를 얻을 수 있다. http://boost.org/libs/regex를 방문해
보자. 정규 표현식으로 문자열 일치 비교 예제에 Boost.Regex에 대한 기본 사용 방식
이 나와 있다.

▌ Printf와 비슷하지만 안전한 함수로 문자열 형식 맞추기

printf 계열의 함수는 보안에 취약하다. 사용자가 자신의 문자열을 형식으로 주고
명시자[specifier]를 사용할 수 있게 하는 것은 정말 좋지 않다. 그러면 사용자 정의 형식이
필요할 때는 어떻게 해야 할까? 어떻게 하면 다음과 같은 클래스의 멤버 함수로 std::
string to_string(const std::string& format_specifier) const를 구현할 수 있을까?

```
class i_hold_some_internals {
    int i;
    std::string s;
    char c;
    // ...
};
```

준비

이번 예제는 표준 라이브러리에 대한 기본 지식만으로도 충분하다.

예제 구현

지금 원하는 것은 사용자가 자신이 원하는 출력 형태를 문자열로 명시할 수 있게 하는 것이다.

1. 안전한 방식으로 구현하려면 다음 헤더를 인클루드한다.

```
#include <boost/format.hpp>
```

2. 이제 사용자를 위해 주석^{comment}을 추가한다.

```
// fmt 파라미터에는 다음 사항이 포함돼야 한다.
// 정수 'i' 를 출력하기 위한 $1$
// 문자열 's'를 출력하기 위한 $2$
// 문자 'c'를 출력하기 위한 $3$
std::string to_string(const std::string& fmt) const {
```

3. 이제 모든 부분이 일하게 한다.

```
boost::format f(fmt);
unsigned char flags = boost::io::all_error_bits;
flags ^= boost::io::too_many_args_bit;
f.exceptions(flags);
return (f % i % s % c).str();
}
```

이게 끝이다. 다음 코드를 살펴보자.

```
int main( ) {
    i_hold_some_internals class_instance;

    std::cout << class_instance.to_string(
        "Hello, dear %2%! "
        "Did you read the book for %1% %% %3%\n"
    );

    std::cout << class_instance.to_string(
        "%1% == %1% && %1%%% != %1%\n\n"
    );
}
```

멤버로 값이 100인 i, "Reader"를 갖는 s, '!'를 갖는 c라는 class_instance가 있다고 해보자. 그러면 이 프로그램은 다음과 같이 출력한다.

```
Hello, dear Reader! Did you read the book for 100 % !
100 == 100 && 100% != 100
```

예제 분석

boost::format 클래스는 결과로 내보낼 문자열을 명시하는 문자열을 받는다. operator%를 사용해 인자들을 boost::format으로 전달한다. 형식 명시 문자열에 있는 값들인 %1%, %2%, %3%, %4% 등등은 boost::format으로 전달된 인자로 치환된다.

형식 문자열이 boost::format으로 전달된 인자보다 적은 인자만을 받을 때에는 예외를 발생시키지 않게 했다.

```
boost::format f(format_specifier);
unsigned char flags = boost::io::all_error_bits;
flags ^= boost::io::too_many_args_bit;
```

336

그러면 다음과 같은 형식도 쓸 수 있다.

```
// 'Reader' 출력
std::cout << class_instance.to_string("%2%\n\n");
```

부연 설명

잘못된 형식이 들어오면 어떤 일이 일어날까?

끔찍한 일이 일어나진 않는다. 예외를 던질 뿐이다.

```
try {
    class_instance.to_string("%1% %2% %3% %4% %5%\n");
    assert(false);
} catch (const std::exception& e) {
    // boost::io::too_few_args 예외를 잡는다.
    std::cout << e.what() << '\n';
}
```

이 코드에 따라 다음과 같은 경고가 콘솔로 출력된다.

```
boost::too_few_args: format-string referred to more arguments than
    were passed
```

C++17에는 std::format이 없다. Boost.Format 라이브러리는 매우 빠른 라이브러리
는 아니다. 성능이 중요하다면 이 라이브러리는 쓰지 않는 편이 낫다.

공식 문서에 `Boost.Format` 라이브러리의 성능과 관련된 정보들이 나와 있으니 참고하자. 확장된 `printf`와 유사한 형식에 대한 예제와 문서는 http://boost.org/libs/format에서 찾아볼 수 있다.

▌문자열 바꾸고 지우기

문자열에서 무언가를 지우거나, 일부를 치환하거나, 일부 하위 문자열의 첫 번째나 마지막만 삭제하는 일은 정말 흔하다. 대부분은 표준 라이브러리를 써서 해결할 수 있기는 하지만, 코드를 꽤 많이 써야 한다.

'대소문자 바꾸기와 대소문자 구별 없이 비교' 예제에서 `Boost.StringAlgorithm` 라이브러리를 살펴봤다. 이제 이 라이브러리를 사용해 문자열을 쉽게 바꾸는 방법을 알아보자.

```
#include <string>
const std::string str = "Hello, hello, dear Reader.";
```

준비

C++에 대한 기본 지식이 필요하다.

예제 구현

이번 예제에서는 `Boost.StringAlgorithm` 라이브러리의 다양한 문자열 삭제와 치환 메소드를 사용하는 방법을 알아본다.

1. 문자열을 삭제하려면 #include <boost/algorithm/string/erase.hpp> 헤더를 인클루드한다.

```
#include <boost/algorithm/string/erase.hpp>
void erasing_examples() {
    namespace ba = boost::algorithm;
    using std::cout;

    cout<<"\n erase_all_copy :" << ba::erase_all_copy(str, ",");
    cout<<"\n erase_first_copy:" << ba::erase_first_copy(str, ",");
    cout<<"\n erase_last_copy :" << ba::erase_last_copy(str, ",");
    cout<<"\n ierase_all_copy :" << ba::ierase_all_copy(str, "hello");
    cout<<"\n ierase_nth_copy :" << ba::ierase_nth_copy(str, ",", 1);
}
```

이 코드는 다음과 같이 출력한다.

```
erase_all_copy :Hello hello dear Reader.
erase_first_copy :Hello hello, dear Reader.
erase_last_copy :Hello, hello dear Reader.
ierase_all_copy :, , dear Reader.
ierase_nth_copy :Hello, hello dear Reader.
```

2. 문자열을 치환하려면 <boost/algorithm/string/replace.hpp> 헤더를 인클루드해야 한다.

```
#include <boost/algorithm/string/replace.hpp>
void replacing_examples() {
    namespace ba = boost::algorithm;
    using std::cout;

    cout << "\n replace_all_copy :"
        << ba::replace_all_copy(str, ",", "!");
```

```
    cout << "\n replace_first_copy :"
        << ba::replace_first_copy(str, ",", "!");

    cout << "\n replace_head_copy :"
        << ba::replace_head_copy(str, 6, "Whaaaaaaa!");
}
```

이 코드의 출력은 다음과 같다.

```
replace_all_copy :Hello! hello! dear Reader.
replace_first_copy :Hello! hello, dear Reader.
replace_head_copy :Whaaaaaaa! hello, dear Reader.
```

예제 분석

예제만으로도 어떤 일을 하는지 대개 알 수 있지만 replace_head_copy 함수만은 알기 어려울 것 같다. 이 함수는 두 번째 파라미터로 치환할 바이트 수와 세 번째 파라미터로 치환할 문자열을 받는다. 그래서 예제에서 Hello가 Whaaaaaaa!로 바뀐 것이다.

부연 설명

문자열 자체를 수정하는 메소드도 있다. 그런 메소드들은 끝에 _copy가 없고 반환형도 void다. 대소문자를 구별하지 않는 메소드(i로 시작하는 메소드들)는 마지막 파라미터로 std::locale을 받으며, 기본 파라미터로 기본 생성된 로케일을 쓴다.

대소문자를 구별하지 않는 메소드를 많이 써야 하는데, 성능이 더 좋아야 하는가? 그러면 std::locale::classic()을 갖는 std::locale 변수를 만들어 알고리즘에 전달하자. 작은 문자열이라면 알고리즘이 아니라 std::locale 생성에 대부분의 시간이 소요된다.

340

```
#include <boost/algorithm/string/erase.hpp>
void erasing_examples_locale( ) {
    namespace ba = boost::algorithm;

    const std::locale loc = std::locale::classic( );

    const std::string r1
        = ba::ierase_all_copy(str, "hello", loc);

    const std::string r2
        = ba::ierase_nth_copy(str, ",", 1, loc);
    // ...
}
```

C++11에는 Boost.StringAlgorithm 메소드와 클래스가 없다. 하지만 메모리 할당 없이 하위 문자열을 사용할 수 있는 std::string_view를 갖고 있다. 7장의 다음 두 예제에서 std::string_view와 유사한 클래스에 대해 더 자세히 알아본다.

참고 사항

- 공식 문서에 많은 예제와 전체 메소드에 대한 완전한 참조 자료가 나와 있으니 한 번 살펴보자(http://boost.org/libs/algorithm/string).
- 7장의 '대소문자 바꾸기와 대소문자 구별 없이 비교' 예제에서도 Boost.StringAlgorithm 라이브러리에 대해 알아보자.

▎두 반복자로 문자열 표현

문자열을 하위 문자열로 나눈다면 그 하위 문자열로 무언가를 해야 할 때가 있다. 이번 예제에서는 문자열을 문장으로 나누고, 문자수를 세고, 문자열 내의 공백 개수를 세려고 한다. 물론 부스트를 써서 최대한 효율적으로 처리하고 싶다.

준비

이번 예제를 읽기 전에 표준 라이브러리의 알고리즘에 대한 기본 지식을 갖추는 것이 좋다.

예제 구현

부스트를 사용하면 정말 쉽게 끝낼 수 있다.

1. 먼저 필요한 헤더를 인클루드한다.

```
#include <iostream>
#include <boost/algorithm/string/split.hpp>
#include <boost/algorithm/string/classification.hpp>
#include <algorithm>
```

2. 이제 테스트할 문자열을 정의한다.

```
int main() {
    const char str[] =
        "This is a long long character array."
        "Please split this character array to sentences!"
        "Do you know, that sentences are separated using period, "
        "exclamation mark and question mark? :-)"
    ;
```

3. 다음으로 나누기 반복자에 대해 **typedef**를 정의한다.

```
typedef boost::split_iterator<const char*> split_iter_t;
```

4. 반복자를 만든다.

```
split_iter_t sentences = boost::make_split_iterator(str,
    boost::algorithm::token_finder(boost::is_any_of("?!.")))
);
```

5. 이제 일치된 하위 문자열들을 반복한다.

```
for (unsigned int i = 1; !sentences.eof(); ++sentences, ++i) {
    boost::iterator_range<const char*> range = *sentences;
    std::cout << "Sentence #" << i << " : \t" << range << '\n';
```

6. 문자수를 센다.

```
std::cout << range.size() << " characters.\n";
```

7. 그리고 공백도 센다.

```
        std::cout
            << "Sentence has "
            << std::count(range.begin(), range.end(), ' ')
            << " whitespaces.\n\n";
    } // for(...) 루프의 끝
} // main()의 끝
```

이제 끝이다. 예제를 실행시켰을 때의 결과를 알아보자.

```
Sentence #1 : This is a long long character array
35 characters.
Sentence has 6 whitespaces.
```

Sentence #2 : Please split this character array to sentences
46 characters.
Sentence has 6 whitespaces.

Sentence #3 : Do you know, that sentences are separated using dot,
exclamation mark and question mark
90 characters.
Sentence has 13 whitespaces.

Sentence #4 : :-)
4 characters.
Sentence has 1 whitespaces.

예제 분석

이번 예제의 핵심은 하위 문자열에서 std::string을 만들 필요가 없다는 점이다. 심지어 전체 문자열을 토큰^{token}으로 나눌 필요도 없다. 첫 번째 하위 문자열을 찾아 그 하위 문자열의 시작과 끝을 나타내는 반복자 쌍을 반환하기만 했다. 더 많은 하위 문자열이 필요하다면 다음 하위 문자열을 받아 그에 맞는 반복자 한 쌍을 반환한다.

이제 boost::split_iterator를 자세히 살펴보자. 첫 번째 인자로 range를, 두 번째 인자로 이진 검색 조건자(혹은 이진 조건자)를 받는 함수인 boost::make_split_iterator 함수를 사용해 이 반복자를 만들었다. split_iterator를 참조 해제하면 첫 번째 하위 문자열을 boost::iterator_range<const char*> 형식으로 반환한다. 이 클래스는 포인터 한 쌍과 이들을 처리하는 몇 가지 메소드만을 제공한다. split_iterator의 값을 증가시키면 다음 하위 문자열을 찾으려 한다. 더 이상 찾을 수 없다면 split_

344

`iterator::eof( )`는 참을 반환한다.

 기본 생성된 분할 반복자는 eof( )를 나타낸다. 따라서 !sentences.eof( )였던 루프 조건문을 sentences != split_iter_t( )로 바꿀 수 있다. std::for_each(sentences, split_iter_t( ), [ ](auto range){ /**/ })처럼 분할 반복자를 알고리즘에서 쓸 수도 있다.

부연 설명

`boost::iterator_range` 클래스는 부스트 라이브러리에서 널리 사용된다. 여러분의 코드나 라이브러리에서도 한 쌍의 반복자를 반환하거나 받아들여야 할 때, 또는 처리해야 할 때 유용하게 활용할 수 있을 것이다.

`boost::split_iterator<>`와 `boost::iterator_range<>` 클래스는 템플릿 파라미터로 순방향 반복자형을 받는다. 이번 예제에서는 문자 배열을 썼기 때문에 const char* 를 반복자로 제공했다. std::wstring을 다루고 있다면 boost::split_iterator <std::wstring::const_iterator>와 boost::iterator_range<std::wstring::const_iterator>형을 써야 한다.

C++17에는 `iterator_range`도 `split_iterator`도 없다. 하지만 iterator_range와 유사한 클래스를 만들자는 논의가 진행 중이며, 이름은 std::span이 될 것 같다.

`boost::iterator_range` 클래스는 가상 함수도 없고 동적 메모리도 쓰지 않기 때문에 빠르고 효율적이다. 하지만 출력 스트림stream 연산자 <<는 문자 배열에 대한 특별한 최적화를 제공하진 않기 때문에 스트림 연산이 느릴 수 있다.

`boost::split_iterator` 클래스는 `boost::function` 클래스를 사용한다. 따라서 큰 함자에 대해 생성한다면 시간이 많이 들 수 있다. 하지만 성능이 중요한 지점에서 쓰더라도 눈치 채지 못할 만큼 아주 작은 부하일 뿐이다.

참고 사항

- 다음 예제에서는 boost::iterator_range<const char*> 대신 쓸 수 있는 멋
  진 대용품에 대해 알아보자.
- Boost.StringAlgorithm에 대한 공식 문서에 클래스들에 대한 자세한 정보뿐
  아니라 엄청난 예제들도 함께 제공되고 있다. http://boost.org/libs/algorithm/
  string을 찾아가보자.
- boost::iterator_range에 대한 정보는 http://boost.org/libs/range를 방문
  해보자. 이 클래스는 Boost.Range 라이브러리에 속해 있으며, 이 책에서 자세
  히 다루지는 않지만 원한다면 직접 알아보자.

▌문자열 형식에 대한 참조자 사용

이번 예제는 7장에서 제일 중요한 예제다. 이제 흔히들 겪는 상황, 즉 문자열을 받아
starts와 ends 인자로 지정된 문자 값 사이에 있는 하위 문자열을 반환하는 함수를
만들어야 한다고 가정해보자.

```cpp
#include <string>
#include <algorithm>

std::string between_str(const std::string& input, char starts, char ends) {
    std::string::const_iterator pos_beg
        = std::find(input.begin(), input.end(), starts);
    if (pos_beg == input.end()) {
        return std::string();
    }
    ++ pos_beg;

    std::string::const_iterator pos_end
        = std::find(pos_beg, input.end(), ends);
```

```
    return std::string(pos_beg, pos_end);
  }
```

이렇게 구현한 것이 마음에 드는 사람이 있을까? 내가 보기엔 끔찍할 뿐이다. 다음처럼 호출한다고 가정해보자.

```
between("Getting expression (between brackets)", '(', ')')
```

이번 예제에서 "Getting expression (between brackets)"는 임시 std::string 변수로 생성된다. 문자 배열이 꽤 길기 때문에 std::string 생성자 안에서 동적 메모리 할당을 써서 문자 배열을 거기로 복사했을 가능성이 매우 높다. 그러면 between_str 함수 어딘가에서 new std::string이 생성될 테고, 그러면 또다시 동적 메모리를 할당하고 복사하게 될 것이다.

그래서 이렇게 간단한 함수더라도 대부분의 경우 다음과 같은 작업을 거치게 된다.

* 호출 동적 메모리 할당(두 번)
* 문자열 복사(두 번)
* 메모리 해제(두 번)

더 좋은 방법은 없을까?

준비

이번 예제는 표준 라이브러리와 C++에 대한 기본 지식이면 충분하다.

예제 구현

여기서 사실 std::string 클래스가 필요한 것은 아니다. 자원을 관리하지 않으면서 문자 배열을 가리키는 포인터와 배열의 크기만 갖는 가벼운 클래스가 필요할 뿐이다. 부스트에서는 이런 경우를 위해

boost::string_view 클래스를 제공한다.

1. boost::string_view 클래스를 사용하려면 다음 헤더를 인클루드한다.

   ```
   #include <boost/utility/string_view.hpp>
   ```

2. 메소드의 서명을 바꾼다.

   ```
   boost::string_view between(
       boosl::string_view input,
       char starts,
       char ends)
   ```

3. 함수 내에 쓰인 모든 std::string을 boost::string_view로 바꾼다.

   ```
   {
       boost::string_view::const_iterator pos_beg
           = std::find(input.cbegin(), input.cend(), starts);
       if (pos_beg == input.cend()) {
           return boost::string_view();
       }
       ++ pos_beg;

       boost::string_view::const_iterator pos_end
           = std::find(pos_beg, input.cend(), ends);
       // ...
   ```

4. boost::string_view 생성자의 두 번째 파라미터는 크기다. 그러니 코드를 약간 수정한다.

```
if (pos_end == input.cend()) {
    return boost::string_view(pos_beg, input.end() - pos_beg);
}

return boost::string_view(pos_beg, pos_end - pos_beg);
}
```

이제 끝이다! between("Getting expression (between brackets)", '(', ')')를 호출하면 동적 메모리 할당이나 문자 복사 없이 작업할 것이다. 그리고 여전히 std::string도 쓸 수 있다.

```
between(std::string("(expression)"), '(', ')')
```


예제 분석

앞서 언급했듯이 boost::string_view는 문자 배열에 대한 포인터와 데이터의 크기만을 갖는다. 이 클래스는 여러 가지 생성자를 제공하며, 다양한 방식으로 초기화할 수 있다.

```
boost::string_view r0("^_^");

std::string O_0("O__O");
boost::string_view r1 = O_0;

std::vector<char> chars_vec(10, '#');
boost::string_view r2(&chars_vec.front(), chars_vec.size());
```

boost::string_view 클래스는 컨테이너 클래스에서 제공해야 하는 모든 메소드를 갖추고 있기 때문에 표준 라이브러리 알고리즘과 부스트 알고리즘을 모두 사용할 수 있다.

```cpp
#include <boost/algorithm/string/case_conv.hpp>
#include <boost/algorithm/string/replace.hpp>
#include <boost/lexical_cast.hpp>
#include <iterator>
#include <iostream>

void string_view_algorithms_examples() {
    boost::string_view r("O_0");
    // 단일 기호 찾기
    std::find(r.cbegin(), r.cend(), '_');

    // 'o_o' 출력
    boost::to_lower_copy(std::ostream_iterator<char>(std::cout), r);
    std::cout << '\n';

    // 'O_0' 출력
    std::cout << r << '\n';

    // '^_^' 출력
    boost::replace_all_copy(
        std::ostream_iterator<char>(std::cout), r, "O", "^"
    );
    std::cout << '\n';

    r = "100";
    assert(boost::lexical_cast<int>(r) == 100);
}
```

boost::string_view 클래스는 문자열을 소유하진 않는다. 따라서 모든 메소드는 상수 반복자를 반환한다. 그렇기 때문에 boost::to_lower(r)과 같이 데이터를 수정하는 메소드에서는 이 클래스를 쓸 수 없다.

boost::string_view를 쓸 때는 가리키는 데이터에 대해 주의를 기울여야 한다. boost::string_view의 생애 동안 그 데이터도 유효해야 한다.

 부스트 1.61 이전에는 boost::string_view 클래스 대신 boost::string_ref가 쓰였다. 이 두 클래스는 정말 비슷하다. boost::string_view는 C++17 디자인에 더 가깝게 설계됐고 constexpr도 더 잘 지원한다. 부스트 1.61 이후로 boost::string_ref는 폐기 예정인 상태다.

string_view 클래스는 빠르고 효율적이다. 메모리를 할당하지도 않고 가상 함수도 없기 때문이다! 가능하다면 어디에서든지 이 클래스를 쓰자. const std::string&와 const char* 파라미터 대신 쓰일 수 있게 설계된 클래스다. 다시 말해 아래와 같은 세 가지 함수를 쓸 수 있다.

```
void foo(const std::string& s);
void foo(const char* s);
void foo(const char* s, std::size_t s_size);
```

다음과 같이 한 줄로 바꿀 수 있다.

```
void foo(boost::string_view s);
```

부연 설명

boost::string_view 클래스는 C++17에 포함됐다. C++17을 지원하는 컴파일러라면 std:: 네임스페이스의 <string_view>를 불러들이면 이 클래스를 쓸 수 있다.

 부스트와 표준 라이브러리의 string_view는 constexpr에서 쓸 수 있다. 하지만 현재는 std::string_view에 constexpr로 표시된 함수가 더 많다.

string_view 변수를 상수 참조자가 아니라 값으로 받아들였단 점을 눈여겨보자. boost::string_view와 std::string_view를 전달할 때는 값으로 전달을 추천한다. 그 이유는 다음과 같다.

- string_view는 일반적인 형식들로 구성된 작은 클래스다. 값으로 전달하면 간접indirection의 수준이 줄어들어 성능이 더 나아지며, 컴파일러가 최적화를 더 잘할 수 있다.
- 성능상의 차이가 없는 경우에도 string_view val이 const string_view& val 보다 써넣을 글자 수가 더 적다.

C++17의 std::string_view처럼 boost::string_view 클래스는 사실 다음처럼 정의된 typedef일 뿐이다.

```
typedef basic_string_view<char, std::char_traits<char> > string_view;
```

넓은 문자를 위해 boost::와 std:: 네임스페이스에 정의된 다음 typedef들도 유용하다.

```
typedef basic_string_view<wchar_t, std::char_traits<wchar_t> >
wstring_view;

typedef basic_string_view<char16_t, std::char_traits<char16_t> >
u16string_view;
```

```
typedef basic_string_view<char32_t, std::char_traits<char32_t> >
u32string_view;
```

참고 사항

string_ref와 string_view에 대한 부스트 문서는 http://boost.org/libs/utility에서 찾아볼 수 있다.

<u>08</u>

메타프로그래밍

8장에서 다루는 내용은 다음과 같다.

- 형식의 벡터라는 형식 사용
- 형식의 벡터 다루기
- 컴파일할 때 함수의 결과형 알아내기
- 고차 메타함수 생성
- 메타함수 게으르게 계산
- 튜플 요소를 문자열로 변환
- 튜플 나누기
- C++14에서 이종 컨테이너 다루기

소개

8장에서는 멋지지만 이해하기는 좀 어려운 메타프로그래밍 메소드를 알아본다. 이들 메소드는 매일 쓰진 않지만 일반 라이브러리를 만들 때는 정말 큰 도움이 된다.

4장에서 이미 메타프로그래밍의 기본은 알아봤다. 좀 더 잘 이해하고 싶다면 4장을 먼저 읽어보는 것이 좋겠다. 8장에서는 좀 더 깊이 들어가 어떻게 여러 형식이 튜플과 같은 하나의 형식으로 묶일 수 있는지 알아본다. 형식의 모음을 다루는 함수도 만들어 보고, 컴파일 시간 모음의 형식이 어떻게 바뀔 수 있는지도 살펴보고, 컴파일 시간 트릭을 실행 시간 트릭과 섞어 쓰는 방법도 소개한다. 이런 것이 모두 메타프로그래밍이다.

자, 이제 안전벨트를 단단히 채우고 시작하자!

형식의 벡터라는 형식 사용

모든 템플릿 파라미터를 마치 컨테이너에 있는 것처럼 다룰 수 있다면 좋을 때가 있다. Boost.Variant 같은 걸 만들어야 한다고 가정해보자.

```
#include <boost/mpl/aux_/na.hpp>

// boost::mpl::na == n.a. == 는 쓸 수 없다.
template <
    class T0 = boost::mpl::na,
    class T1 = boost::mpl::na,
    class T2 = boost::mpl::na,
    class T3 = boost::mpl::na,
    class T4 = boost::mpl::na,
    class T5 = boost::mpl::na,
    class T6 = boost::mpl::na,
```

```
    class T7 = boost::mpl::na,
    class T8 = boost::mpl::na,
    class T9 = boost::mpl::na
    >
struct variant;
```

이 코드에서 다음과 같이 재미있는 일을 해보자.

* 어떻게 하면 모든 형식에서 constant와 volatile 한정자^{qualifier}를 제거할 수 있을까?
* 어떻게 하면 중복되는 형식을 제거할 수 있을까?
* 어떻게 하면 모든 형식의 크기를 알 수 있을까?
* 어떻게 하면 입력 파라미터의 최대 크기를 얻을 수 있을까?

Boost.MPL을 사용하면 이 모든 작업을 쉽게 해결할 수 있다.

준비

이번 예제로 들어가기 전에 4장의 기본 지식은 쌓아야 한다. 이번 예제를 읽기 전에 용기를 긁어모으자. 이번 예제에는 메타프로그래밍이 정말 많다.

예제 구현

컴파일 시간에 형식을 어떻게 조작하는지에 대해서는 앞에서 알아봤다. 이제 더 앞서 나가 하나의 배열에 여러 형식을 조합해 넣고 그 배열에 있는 각 요소에 대해 연산을 수행하는 일은 할 수 없을까?

1. 먼저 모든 형식을 Boost.MPL 형식 컨테이너 중 하나에 모아 넣는다.

```
#include <boost/mpl/vector.hpp>

template <
    class T0, class T1, class T2, class T3, class T4,
class T5, class T6, class T7, class T8, class T9
>
struct variant {
    typedef boost::mpl::vector<
        T0, T1, T2, T3, T4, T5, T6, T7, T8, T9
    > types;
};
```

2. 이번 예제를 좀 더 구체적으로 만든 후 형식을 명시하면 어떻게 동작하는지
   확인한다.

```
#include <string>
struct declared{ unsigned char data[4096]; };
struct non_declared;

typedef variant<
    volatile int,
    const int,
    const long,
    declared,
    non_declared,
    std::string
>::types types;
```

3. 모든 걸 컴파일 시간에 검사할 수 있다. 형식이 비어있진 않은지에 대한 정적
   단언문[assert]으로 검사해본다.

```
#include <boost/static_assert.hpp>
#include <boost/mpl/empty.hpp>
```

```
BOOST_STATIC_ASSERT((!boost::mpl::empty<types>::value));
```

4. 예를 들어 **non_defined** 형식이 4번 인덱스 자리에 있는지 검사할 수도 있다.

```
#include <boost/mpl/at.hpp>
#include <boost/type_traits/is_same.hpp>

BOOST_STATIC_ASSERT((boost::is_same<
    non_declared,
    boost::mpl::at_c<types, 4>::type
>::value));
```

5. 그리고 마지막 형식이 여전히 **std::string**인지 확인해본다.

```
#include <boost/mpl/back.hpp>

BOOST_STATIC_ASSERT((boost::is_same<
    boost::mpl::back<types>::type,
    std::string
>::value));
```

6. 몇 가지 변환 작업을 해보자. **constant**와 **volatile** 한정자를 제거하는 것부터 시작한다.

```
#include <boost/mpl/transform.hpp>
#include <boost/type_traits/remove_cv.hpp>

typedef boost::mpl::transform<
    types,
    boost::remove_cv<boost::mpl::_1>
>::type noncv_types;
```

7. 이제 중복되는 형식을 제거해본다.

```
#include <boost/mpl/unique.hpp>

typedef boost::mpl::unique<
    noncv_types,
    boost::is_same<boost::mpl::_1, boost::mpl::_2>
>::type unique_types;
```

8. 벡터에 형식이 5개밖에 남지 않았다는 걸 확인할 수 있다.

```
#include <boost/mpl/size.hpp>

BOOST_STATIC_ASSERT((boost::mpl::size<unique_types>::value == 5));
```

9. 각 요소의 크기를 계산할 수도 있다.

```
// 이게 없으면
// 정의된 적 없는 'non_declared' 사용이라는 오류 발생
struct non_declared{};

#include <boost/mpl/sizeof.hpp>
typedef boost::mpl::transform<
    unique_types,
    boost::mpl::sizeof_<boost::mpl::_1>
>::type sizes_types;
```

10. 마지막으로 sizes_type에서 가장 큰 크기를 알아본다.

```
#include <boost/mpl/max_element.hpp>

typedef boost::mpl::max_element<sizes_types>::type max_size_type;
```

형식의 최대 크기가 구조체의 선언된 크기와 같은지를 검증할 수도 있다. 물론 비교하는 값은 제일 큰 값이어야만 한다.

```
BOOST_STATIC_ASSERT(max_size_type::type::value == sizeof(declared));
```

예제 분석

boost::mpl::vector 클래스는 형식을 저장하는 컴파일 시간 컨테이너다. 좀 더 정확히 말하자면 형식을 저장하는 형식이다. 이 클래스의 인스턴스를 실제로 만들지는 않는다. 대신 typedef에서 이걸 쓸 뿐이다.

표준 라이브러리 컨테이너와 달리 Boost.MPL 컨테이너에는 멤버 메소드가 없다. 대신 다른 헤더에 메소드가 선언돼 있다. 따라서 메소드를 쓰려면 다음과 같이 한다.

1. 필요한 헤더를 인클루드한다.
2. 해당 메소드를 호출한다. 대개 컨테이너를 첫 번째 파라미터로 명시한다.

이미 4장에서 살펴본 메타함수들을 살펴봤다. 또한 친숙한 Boost.TypeTraits 라이브러리에서도 일부 메타함수(boost::is_same 등)를 사용해봤다.

3단계, 4단계, 5단계에서는 컨테이너 형식에 대해 메타함수를 호출했을 뿐이다.

이제 제일 어려운 부분이다!

boost::bind와 Boost.Asio 라이브러리에서 플레이스홀더를 많이 사용했단 걸 기억해보자. Boost.MPL 역시 플레이스홀더를 많이 쓰는데, 메타함수와 엮어 사용한다.

```
typedef boost::mpl::transform<
    types,
    boost::remove_cv<boost::mpl::_1>
```

```
>::type noncv_types;
```

boost::mpl::_1은 플레이스홀더로, 전체 표현식은 "types에 있는 각 형식에 대해 boost::remove_cv<>::type을 실행하고, 해당 형식을 결과 벡터에 밀어 넣어라. 그런 후 결과 벡터를 ::type으로 반환하라"를 의미한다.

이제 7단계로 넘어가보자. boost::is_same<boost::mpl::_1, boost::mpl::_2> 템플릿 파라미터를 사용해 boost::mpl::unique를 위한 비교 메타함수를 만들었다. 여기서 boost::mpl::_1과 boost::mpl::_2는 플레이스홀더다. boost::bind(std::equal_to(), _1, _2)에서 봐서 익숙할 것이다. 7단계의 전체 표현식이 하는 일은 다음 의사^{pseudo} 코드가 하는 일과 비슷하다.

```
std::vector<type> t; // 형식(type)의 줄임말로 't'
std::unique(t.begin(), t.end(), boost::bind(std::equal_to<type>(), _1, _2));
```

9단계에서는 재미있으면서도 이해하려면 꼭 필요한 부분을 알아보자. 이전 코드에서 sizes_types는 값들의 벡터가 아니라 정수 상수들(형식을 나타내는 숫자)의 벡터다. sizes_types typedef는 사실 다음 형식을 나타낸다.

```
struct boost::mpl::vector<
    struct boost::mpl::size_t<4>,
    struct boost::mpl::size_t<4>,
    struct boost::mpl::size_t<4096>,
    struct boost::mpl::size_t<1>,
    struct boost::mpl::size_t<32>
>
```

이제 마지막 단계가 명확해 보여야 한다. 그저 sizes_types typedef에서 가장 큰 요소를 얻어낼 뿐이다.

typedef가 허용된다면 어디서든 Boost.MPL 메타함수를 쓸 수 있다.

부연 설명

Boost.MPL 라이브러리를 사용하면 컴파일 시간은 길어지지만 형식을 갖고 무엇이든 할 수 있게 된다. 게다가 실행 시간이 길어지는 것도 아니고, 바이너리에 단 하나의 명령문도 추가하지 않는다. C++17에는 Boost.MPL 클래스가 없으며, Boost.MPL은 현대 C++의 가변 인자 템플릿과 같은 특성을 쓰지도 않는다. 그렇기 때문에 Boost.MPL의 컴파일 시간은 C++11 컴파일러를 쓸 때만큼 짧지만은 않지만, 대신 C++03 컴파일러에서 동작할 수 있다.

참고 사항

- 메타프로그래밍의 기본에 대해 다룬 4장을 참고하자.
- '형식의 벡터 다루기' 예제에 메타프로그래밍과 Boost.MPL 라이브러리에 대한 정보가 더 있다.
- Boost.MPL의 공식 문서에 더 많은 예제와 전체 참조 자료가 있으니 http://boost.org/libs/mpl을 방문해보자.

▌형식의 벡터 다루기

이번 예제에서는 boost::mpl::vector 함수의 내용을 두 번째 boost::mpl::vector 함수의 내용에 따라 수정해보자. 여기서는 두 번째 벡터를 수정자^{modifier}의 벡터라고 부르고, 이 수정자들은 다음과 같은 형식을 갖는다.

```
// 부호 없는 숫자 만들기
struct unsigne; // 오타 아님: `unsigned`는 키워드라서 사용할 수 없다.

// 상수 만들기
struct constant;

// 그 외에는 형식을 바꾸지 않는다.
struct no_change;
```

이제 시작해볼까?

준비

Boost.MPL에 대한 기본 지식이 필요하다. '형식의 벡터라는 형식 사용' 예제와 4장을 읽으면 도움이 된다.

예제 구현

이번 예제는 앞 예제와 유사하지만, 컴파일 시간 조건문을 쓴다. 쉽지만은 않을 테니 마음을 단단히 먹자!

1. 헤더를 인클루드하는 것부터 시작한다.

   ```
   // 3단계에서 필요한 헤더
   #include <boost/mpl/size.hpp>
   #include <boost/type_traits/is_same.hpp>
   #include <boost/static_assert.hpp>

   // 4단계에서 필요한 헤더
   #include <boost/mpl/if.hpp>
   #include <boost/type_traits/make_unsigned.hpp>
   #include <boost/type_traits/add_const.hpp>
   ```

```
// 5단계에서 필요한 헤더
#include <boost/mpl/transform.hpp>
```

2. 이제 모든 메타프로그래밍 마술을 구조체에 담자. 재활용이 쉬워진다.

```
template <class Types, class Modifiers>
struct do_modifications {
```

3. 전달받은 벡터들의 크기가 같은지 확인해 보는 것이 좋다.

```
    BOOST_STATIC_ASSERT((boost::is_same<
        typename boost::mpl::size<Types>::type,
        typename boost::mpl::size<Modifiers>::type
    >::value));
```

4. 이제 수정용 메타함수에 신경써보자.

```
    typedef typename boost::mpl::transform<
        Types,
        Modifiers,
        binary_operator_t
    >::type type;
```

5. 이제 마지막이다.

```
    typedef typename boost::mpl::transform<
        Types,
        Modifiers,
        binary_operator_t
    >::type type;
};
```

몇 가지 테스트를 실행해보면 예제 속의 메타함수가 잘 동작한다는 걸 알 수 있다.

```cpp
#include <boost/mpl/vector.hpp>
#include <boost/mpl/at.hpp>

typedef boost::mpl::vector<
    unsigne, no_change, constant, unsigne
> modifiers;

typedef boost::mpl::vector<
    int, char, short, long
> types;

typedef do_modifications<types, modifiers>::type result_type;

BOOST_STATIC_ASSERT((boost::is_same<
    boost::mpl::at_c<result_type, 0>::type,
    unsigned int
>::value));

BOOST_STATIC_ASSERT((boost::is_same<
    boost::mpl::at_c<result_type, 1>::type,
    char
>::value));

BOOST_STATIC_ASSERT((boost::is_same<
    boost::mpl::at_c<result_type, 2>::type,
    const short
>::value));

BOOST_STATIC_ASSERT((boost::is_same<
    boost::mpl::at_c<result_type, 3>::type,
    unsigned long
>::value));
```

예제 분석

3단계에서는 크기가 같다는 정적 단언문을 넣었다. 하지만 평범하지만은 않은 방법을 썼다. `boost::mpl::size<Types>::type` 메타함수는 사실 `struct boost::mpl::long_<4>`라는 정수 상수를 반환한다. 그래서 정적 단언문을 통해 비교한 것은 숫자가 아니라 형식이다. 좀 더 익숙한 방식으로 다시 쓰면 다음과 같이 바꿀 수 있다.

```
BOOST_STATIC_ASSERT((
    boost::mpl::size<Types>::type::value
    ==
    boost::mpl::size<Modifiers>::type::value
));
```

 `typename` 키워드를 사용했다는 걸 눈여겨보자. 이게 없다면 컴파일러는 `::type`이 실제로는 형식인지 변수인지 결정할 수 없다. 이전 예제에서는 메타함수의 파라미터를 사용하는 시점에 완전히 알 수 있었기 때문에 이런 작업이 필요하지 않다. 하지만 이번 예제에서 메타함수의 파라미터는 템플릿이다.

4단계를 알아보기 전에 먼저 5단계부터 살펴보자. 5단계에서는 4단계에서 온 Types, Modifiers, binary_operator_t 파라미터를 `boost::mpl::transform` 메타함수로 전달한다. 이 메타함수는 꽤 간단한 이진 메타함수다(전달된 벡터에서 요소를 얻어내 세 번째 파라미터로 전달한다). 의사 코드로 만든다면 다음과 같다.

```
void boost_mpl_transform_pseoudo_code() {
    vector result;
    for (std::size_t i = 0; i < Types.size(); ++i) {
        result.push_back(
            binary_operator_t(Types[i], Modifiers[i])
        );
    }
```

```
    return result;
}
```

4단계에서 하는 일에 대한 설명을 읽다 보면 누군가는 머리가 아파올 것이다. 이 단계에서는 Types와 Modifiers 벡터에서 얻어낸 형식 쌍에 대해 호출할 메타함수를 만들었다(앞의 의사 코드를 참고하자).

```
typedef boost::mpl::if_<
    boost::is_same<boost::mpl::_2, unsigne>,
    boost::make_unsigned<boost::mpl::_1>,
    boost::mpl::if_<
        boost::is_same<boost::mpl::_2, constant>,
        boost::add_const<boost::mpl::_1>,
        boost::mpl::_1
    >
> binary_operator_t;
```

잘 알다시피 boost::mpl::_2와 boost::mpl::_1은 플레이스홀더다. 이번 예제에서 _1은 Types 벡터에서 가져온 형식에 대한 플레이스홀더고, _2는 Modifiers 벡터에서 가져온 형식에 대한 플레이스홀더다.

이제 메타함수의 동작 방식을 알아보자.

1. 전달된 두 번째 파라미터(_2)를 unsigned형과 비교한다.
2. 형식이 같다면 전달된 첫 번째 파라미터(_1)를 unsigned형으로 만들고 그 형식을 반환한다.
3. 그 외의 경우 두 번째 파라미터(_2)를 constant형과 비교한다.
4. 형식이 같다면 전달된 첫 번째 파라미터(_1)를 constant형으로 만들고 그 형식을 반환한다.
5. 그 외의 경우 전달된 첫 번째 파라미터(_1)를 반환한다.

이 메타함수를 만들 때 매우 조심해야 한다. 마지막에 ::type을 호출하지 않도록 각별히 주의하자.

```
>::type binary_operator_t; // 틀렸다!
```

::type을 호출한다면 컴파일러는 이 지점에서 이진 연산자를 평가하려 할 테고, 그 때문에 컴파일 오류가 난다. 어떤 일을 하려 한 것인지 의사 코드로 표현하면 다음과 같다.

```
binary_operator_t foo;
// 두 개의 파라미터를 받는 버전만 있는데도
// binary_operator_t::operator()를 파라미터 없이 호출하려 한다.
foo();
```

부연 설명

메타함수를 사용하려면 연습이 필요하다. 아무리 뛰어난 사람이더라도 처음부터 이런 함수를 정확하게 만들 수는 없다(두 번째나 세 번째 시도 만에 해내기도 어렵다). 실험하는 걸 두려워하거나 혼란스러워 하지 말자!

Boost.MPL 라이브러리는 C++17에 포함되지 않았으며, 현대 C++ 특성도 쓰지 않지만, C++11 가변 인자 템플릿과 같이 쓰일 수 있다.

```
template <class... T>
struct vt_example {
    typedef typename boost::mpl::vector<T...> type;
};

BOOST_STATIC_ASSERT((boost::is_same<
```

```
   boost::mpl::at_c<vt_example<int, char, short>::type, 0>::type, int
>::value));
```

언제나처럼 메타함수는 최종 바이너리 파일에 단 하나의 명령도 추가하지 않기 때문에 성능을 떨어뜨리지 않는다. 하지만 이런 코드를 추가하면 특정 상황에 맞춰 코드를 좀 더 정교하게 조정할 수 있다.

참고 사항

- Boost.MPL를 사용하는 더 간단한 예제를 보고 싶다면 8장을 처음부터 읽어 보자.
- 4장을 다시 읽어보자. 특히 '템플릿 파라미터에 맞춰 최적인 연산자 선택' 예제에는 binary_operator_t와 유사한 메타함수가 쓰인다.
- Boost.MPL의 공식 문서에 더 많은 예제와 전체 참조 자료가 나와 있으니 http://boost.org/libs/mpl을 방문해보자.

▌컴파일할 때 함수의 결과형 알아내기

C++11에는 많은 특성이 추가돼 메타프로그래밍이 단순해졌다. 그런 특성 중 하나로 대체 함수^{alternative function} 문법을 들 수 있다. 이 문법으로 템플릿 함수의 결과형을 추론할 수 있다. 예제를 살펴보자.

```
#include <cassert>

struct s1 {};
struct s2 {};
struct s3 {};
```

```
inline s3 operator + (const s1& /*v1*/, const s2& /*v2*/) {
    return s3( );
}

inline s3 operator + (const s2& /*v1*/, const s1& /*v2*/) {
    return s3( );
}

inline s3 operator + (const s1& /*v1*/, const s2& /*v2*/) {
    return s3( );
}

inline s3 operator + (const s2& /*v1*/, const s1& /*v2*/) {
    return s3( );
}

int main( ) {
    s1 v1;
    s2 v2;

    s3 res0 = my_function_cpp11(v1, v2);
    assert(my_function_cpp11('\0', 1) == 1);
}
```

하지만 부스트에 이런 함수가 많은데도 C++11 없이 잘 동작한다. 그러면 도대체 부스트는 어떻게 한 것일까? 그리고 어떻게 하면 my_function_cpp11 함수를 C++03 버전으로 만들 수 있을까?

준비

이번 예제는 C++와 템플릿에 대한 기본 지식이 필요하다.

예제 구현

C++11에서는 메타프로그래밍이 정말 쉬워졌다. 대체 함수 문법과 비슷한 걸 C++03에서 만들려면 엄청나게 많은 코드를 써야 한다.

1. 먼저 다음 헤더를 인클루드한다.

```
#include <boost/type_traits/common_type.hpp>
```

2. 이제 형식을 위한 네임스페이스인 result_of에 메타함수를 만든다.

```
namespace result_of {

    template <class T1, class T2>
    struct my_function_cpp03 {
        typedef typename boost::common_type<T1, T2>::type type;
    };
```

3. 그런 후 형식 s1과 s2에 대해 특수화한다.

```
    template <>
    struct my_function_cpp03<s1, s2> {
        typedef s3 type;
    };

    template <>
    struct my_function_cpp03<s2, s1> {
        typedef s3 type;
    };
} // 네임스페이스 result_of
```

4. 이제 `my_function_cpp03` 함수를 만들 준비가 됐다.

```
template <class T1, class T2>
typename result_of::my_function_cpp03<T1, T2>::type
    my_function_cpp03(const T1& v1, const T2& v2)
{
    return v1 + v2;
}
```

이제 끝났다! C++11의 함수와 거의 동일한 방법으로 이 함수를 쓸 수 있다.

```
int main( ) {
    s1 v1;
    s2 v2;

    s3 res1 = my_function_cpp03(v1, v2);
    assert(my_function_cpp03('\0', 1) == 1);
}
```

예제 분석

이 예제의 핵심은 결과형을 추론하는 특수한 메타함수를 만들었다는 점이다. 이런 기법은 부스트 라이브러리 전체에서 널리 사용된다. 예를 들어 `boost::get<>`의 Boost.Variants 구현이나 Boost.Fusion의 거의 모든 함수에서 이 기법을 사용한다.

이제 한 단계씩 짚어보자. `result_of` 네임스페이스는 일종의 전통 같은 것으로 자신만의 네임스페이스를 만들어 쓰더라도 문제될 것은 없다. `boost::common_types<>` 메타함수는 여러 형식에 공통되는 형식을 추론한다. 그렇게 추론된 형식을 일반 형식으로 생각하고 사용한다. 또한 `result_of::my_function_cpp03` 구조체에 s1과 s2형을 위한 두 가지 템플릿 특수화를 추가했다.

C++03에서 메타함수를 만들면 불편한 것 중 하나로 작성해야 하는 코드의 길이가 길다는 점을 손꼽을 수 있다. my_function_cpp11과 result_of 네임스페이스를 포함한 my_function_cpp03를 비교해보면 차이를 확실히 알 수 있다.

메타함수가 준비되면 C++11이 아니더라도 결과형을 추론할 수 있다.

```
template <class T1, class T2>
inline typename result_of::my_function_cpp03<T1, T2>::type
    my_function_cpp03(const T1& v1, const T2& v2)
{
    return v1 + v2;
}
```

부연 설명

이 기법을 쓰더라도 실행 시간이 늘어나진 않지만 컴파일 시간은 약간 늘어날 수 있다. C++11 컴파일러를 쓰더라도 이 기법은 쓸 수 있다.

참고 사항

- 4장의 '정수 형식에 대해 함수 템플릿 사용하게 만들기', '실수 형식에 대해 함수 템플릿 사용 못하게 만들기', '템플릿 파라미터에 맞춰 최적인 연산자 선택' 예제에 Boost.TypeTraits와 메타프로그래밍에 대한 정보가 많다.
- Boost.TypeTraits의 공식 문서에 준비된 메타함수에 대한 정보가 많이 나와 있으니 http://boost.org/libs/type_traits을 살펴보자.

▌고차 메타함수 생성

다른 함수를 입력 파라미터로 받거나 반환하는 함수를 고차 함수^{higher-order functions}라고 한다. 예를 들어 다음 함수를 고차 함수라 할 수 있다.

```
typedef void(*function_t)(int);

function_t higher_order_function1();
void higher_order_function2(function_t f);
function_t higher_order_function3(function_t f);
```

8장의 '형식의 벡터라는 형식 사용' 예제에서 이미 boost::transform이리는 고차 함수를 사용해봤다.

이번 예제에서는 coalesce라는 이름의 메타함수를 만들려고 한다. 이 함수는 두 개의 형식과 두 개의 메타함수를 받을 것이다. coalesce 메타함수는 첫 번째 형식 파라미터를 첫 번째 메타함수에 적용한 후 그 결과형을 boost::mpl::false_ 형식과 비교할 것이다. 결과형이 boost::mpl::false_ 형식 메타함수라면 두 번째 형식 파라미터를 두 번째 메타함수에 적용한 결과를 반환하고, 그 외에는 첫 번째 결과형을 반환한다.

```
template <class Param1, class Param2, class Func1, class Func2>
struct coalesce;
```

준비

이번 예제는 상당히 까다롭다. 8장은 시작에서부터 차근차근 읽는 편이 좋다.

예제 구현

Boost.MPL 메타함수는 사실 일반 구조체이기 때문에 템플릿 파라미터로 쉽게 전달할 수 있다. 제대로 사용하는 것이 어려울 뿐이다.

1. 고차 메타함수를 만들려면 다음 헤더들을 인클루드해야 한다.

```
#include <boost/mpl/apply.hpp>
#include <boost/mpl/if.hpp>
#include <boost/type_traits/is_same.hpp>
```

2. 다음으로 함수를 평가해본다.

```
template <class Param1, class Param2, class Func1, class Func2>
struct coalesce {
    typedef typename boost::mpl::apply<Func1, Param1>::type type1;
    typedef typename boost::mpl::apply<Func2, Param2>::type type2;
```

3. 이제 올바른 결과형을 선택해야 한다.

```
    typedef typename boost::mpl::if_<
        boost::is_same< boost::mpl::false_, type1>,
        type2,
        type1
    >::type type;
};
```

이제 끝났다! 고차 메타함수를 다 만들었다! 이 함수는 다음과 같은 방식으로 사용할 수 있다.

```
#include <boost/static_assert.hpp>
#include <boost/mpl/not.hpp>
#include <boost/mpl/next.hpp>

using boost::mpl::_1;
using boost::mpl::_2;

typedef coalesce<
    boost::mpl::true_,
    boost::mpl::int_<5>,
    boost::mpl::not_<_1>,
    boost::mpl::next<_1>
>::type res1_t;
BOOST_STATIC_ASSERT((res1_t::value == 6));

typedef coalesce<
    boost::mpl::false_,
    boost::mpl::int_<5>,
    boost::mpl::not_<_1>,
    boost::mpl::next<_1>
>::type res2_t;
BOOST_STATIC_ASSERT((res2_t::value));
```

예제 분석

고차 메타함수를 만들 때는 플레이스홀더에 가장 신경 써야 한다. 그러므로 Func1
<Param1>::type을 직접 호출해선 안 된다. 대신 boost::apply 메타함수를 써야 한
다. 이 메타함수는 함수 하나와 이 함수로 전달할 파라미터를 최대 5개까지 받을 수
있다.

 boost::mpl::apply가 더 많은 파라미터를 받게 하려면 BOOST_MPL_LIMIT_METAFUNCTION_
ARITY 매크로를 원하는 파라미터 수(이를테면 6)로 정의하자.

부연 설명

C++11에는 메타함수에 적용할 Boost.MPL 라이브러리와 비슷한 걸 지원하지 않는다.

현대 C++에서는 Boost.MPL 기능을 구현할 때 필요한 특성을 많이 제공한다. 예를 들어 C++11에서는 `<type_traits>` 헤더와 기본적인 constexpr을 지원한다. C++14에서는 constexpr 지원이 확장됐으며, C++17에는 튜플에서 동작하는 `std::apply`를 상수 표현식에서 쓸 수 있다. 또한 C++17의 람다는 기본적으로 constexpr이고 `ifconstexpr(expr)`도 지원된다.

 자신만의 해결법을 구현하는 것은 시간 낭비일 수도 있고 오래된 컴파일러에서는 동작하지 않을 수도 있다. 그렇기 때문에 메타프로그래밍을 할 때는 Boost.MPL이 여전히 가장 적절한 해결책이라 할 수 있다.

참고 사항

더 많은 정보를 얻고 싶다면 http://boost.org/libs/mpl에서 Boost.MPL의 공식 문서, 그중에서도 특히 튜토리얼 부분을 읽어보자.

▌ 메타함수 게으르게 계산

게으른 계산^{Lazy evaluation}은 그 결과가 실제로 필요할 때까지 함수를 호출하지 않겠단 뜻이다. 좋은 메타함수를 만들고 싶다면 이번 예제를 꼭 읽어보자. 게으른 계산이 왜 중요한지는 다음 예제에서 살펴본다.

함수 Func와 파라미터 Param 및 조건 Cond를 받은 메타함수를 만드는 중이라고 가정해보자. Cond를 Param에 적용했을 때 `false`라면 그 함수의 결과형은 `fallback`형이어

378

야 하고, 그 외에는 Func를 Param에 적용한 결과여야 한다.

```
struct fallback;

template <
        class Func,
        class Param,
        class Cond,
        class Fallback = fallback>
struct apply_if;
```

이 코드야 말로 게으른 계산 없이는 해결할 수 없다. Cond 조건을 만족시키지 못한다면 Func를 Param에 적용하지 못할 수 있기 때문이다. 조건을 만족시키지 못했는데도 Func를 적용하려 하면 컴파일에 실패할 뿐 Fallback이 반환되지는 않는다.

준비

4장을 읽어보면 정말 좋다. 하지만 메타프로그래밍에 대해 잘 안다면 그것만으로 충분하다.

예제 구현

이번 예제에서는 ::type을 부르지 않는다는 등의 작은 세부 사항에 집중하자.

1. 필요한 헤더를 인클루드한다.

```
#include <boost/mpl/apply.hpp>
#include <boost/mpl/eval_if.hpp>
#include <boost/mpl/identity.hpp>
```

2. 함수의 시작은 간단하다.

```
template <class Func, class Param, class Cond, class Fallback>
struct apply_if {
    typedef typename boost::mpl::apply<
        Cond, Param
    >::type condition_t;
```

3. 이 부분은 조심해야 한다.

```
    typedef boost::mpl::apply<Func, Param> applied_type;
```

4. 표현식을 평가할 때는 더욱 더 조심한다.

```
    typedef typename boost::mpl::eval_if_c<
        condition_t::value,
        applied_type,
        boost::mpl::identity<Fallback>
    >::type type;
};
```

이게 끝이다! 다음처럼 써도 아무 문제없다.

```
#include <boost/static_assert.hpp>
#include <boost/type_traits/is_integral.hpp>
#include <boost/type_traits/make_unsigned.hpp>
#include <boost/type_traits/is_same.hpp>

using boost::mpl::_1;
using boost::mpl::_2;

typedef apply_if<
```

```
    boost::make_unsigned<_1>,
    int,
    boost::is_integral<_1>
>::type res1_t;

BOOST_STATIC_ASSERT((
    boost::is_same<res1_t, unsigned int>::value
));
```

예제 분석

이번 예제의 핵심은 조건이 false일 때 메타함수를 실행하지 않아야 한다는 데 있다. 조건이 false일 때 그 형식에 대해 메타함수를 적용하면 제대로 동작하지 않을 수 있다.

```
// 함수를 게으르게 평가하지 않는다면
// boost::make_unsigned<_1>의 구현 코드 깊은 곳 어딘가에서
// 정적 단언문에 실패한다.
typedef apply_if<
    boost::make_unsigned<_1>,
    float,
    boost::is_integral<_1>
>::type res2_t;

BOOST_STATIC_ASSERT((
    boost::is_same<res2_t, fallback>::value
));
```

그러면 어떻게 해야 메타함수를 게으르게 계산할 수 있을까?

컴파일러는 메타함수의 내부 형식이나 값에 대해 접근하지 않을 경우 메타함수의 내부를 들여다보지 않는다. 다시 말해 컴파일러는 ::를 통해 멤버 값을 얻으려 할 때에

만 메타함수를 컴파일한다. ::type이나 ::value를 쓰는 것만으로도 컴파일하게 된다. 그래서 apply_if를 잘못 만든다면 다음처럼 될 것이다.

```
template <class Func, class Param, class Cond, class Fallback>
struct apply_if {
    typedef typename boost::mpl::apply<
        Cond, Param
    >::type condition_t;

    // 잘못된 구현, '::type'이 호출될 때 메타함수가 평가된다.
    typedef typename boost::mpl::apply<Func, Param>::type applied_type;

    typedef typename boost::mpl::if_c<
        condition_t::value,
        applied_type,
        boost::mpl::identity<Fallback>
    >::type type;
};
```

제대로 된 예제에서는 세 번째 단계에서 ::type을 호출하지 않고, 네 번째 단계도 파라미터 중 하나에 대해서만 ::type을 호출하는 eval_if_c를 사용해 구현했다. boost::mpl::eval_if_c 메타함수는 다음처럼 구현할 수 있다.

```
template<bool C, typename F1, typename F2>
struct eval_if_c {
    typedef typename if_c<C,F1,F2>::type f_;
    typedef typename f_::type type; // 한 파라미터에 대해서만 `::type` 호출
};
```

boost::mpl::eval_if_c는 성공 조건을 검사하기 위해 ::type을 쓰고 ::type이 없으면 fallback을 쓰기 때문에 fallback을 boost::mpl::identity로 감싸야 한다. 이 클래스는 정말 단순하지만 ::type을 호출하면 자신의 템플릿 파라미터를 반환하는

일만 하는 유용한 구조체다.

```
template <class T>
struct identity {
    typedef T type;
};
```

부연 설명

이전 예제에서 말했던 것처럼 C++11에는 Boost.MPL과 같은 클래스가 없다. 하지만 단 하나의 인자를 받는 std::common_types<T>는 마치 boost::mpl::identity<T>처럼 쓸 수 있다.

언제나처럼 메타함수는 결과 바이너리에 단 하나의 명령도 추가하지 않는다. 따라서 원하는 만큼 얼마든지 메타함수를 써도 된다. 컴파일 시간은 길어지겠지만 실행 시간은 더 줄어들 것이다.

참고 사항

- boost::mpl::identity 형식을 사용하면 템플릿 함수에 대한 인자 종속 룩업[ADL, Argument Dependent Lookup]을 비활성화시킬 수 있다. <boost/implicit_cast.hpp> 헤더의 boost::implicit_cast 소스코드를 참고하자.
- 8장을 처음부터 차근차근 읽어보자. 그리고 Boost.MPL에 대한 공식 문서(http://boost.org/libs/mpl)를 읽어보는 것도 도움이 된다.

▌튜플 요소를 문자열로 변환

이번과 다음 예제에서는 컴파일 시간과 실행 시간 특성을 섞어 사용해본다. Boost. Fusion 라이브러리로 할 수 있는 일에는 어떤 것이 있는지 살펴본다.

1장에서 튜플과 배열에 대해 설명했던 걸 떠올려 보자. 이번에는 튜플과 배열의 요소들을 문자열로 스트리밍하는 함수를 만들려고 한다.

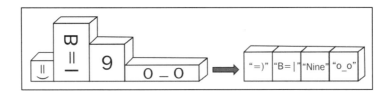

준비

boost::tuple과 boost::array 클래스, 그리고 boost::lexical_cast 함수에 대해 잘 알고 있어야 한다.

예제 구현

이번 예제에서 사용할 거의 대부분 함수와 클래스들에 대해 이미 살펴봤다. 이제 한군데에 잘 모아보자.

1. 어떤 형식이든 문자열로 바꾸는 함자를 만든다.

```
#include <boost/lexical_cast.hpp>
#include <boost/noncopyable.hpp>
struct stringize_functor : boost::noncopyable {
private:
    std::string& result;
```

```
public:
    explicit stringize_functor(std::string& res)
        : result(res)
    {}
    template <class T>
    void operator()(const T& v) const {
        result += boost::lexical_cast<std::string>(v);
    }
};
```

2. 이제 이번 코드에서 제일 까다로운 부분을 알아보자.

```
#include <boost/fusion/include/for_each.hpp>

template <class Sequence>
std::string stringize(const Sequence& seq) {
    std::string result;
    boost::fusion::for_each(seq, stringize_functor(result));
    return result;
}
```

이제 끝이다! 원하는 것이 무엇이든 문자열로 바꿀 수 있다.

```
#include <iostream>
#include <boost/fusion/include/vector.hpp>
#include <boost/fusion/adapted/boost_tuple.hpp>
#include <boost/fusion/adapted/std_pair.hpp>
#include <boost/fusion/adapted/boost_array.hpp>

struct cat{};

std::ostream& operator << (std::ostream& os, const cat& ) {
    return os << "Meow! ";
}
```

```
int main( ) {
    boost::fusion::vector<cat, int, std::string> tup1(cat( ), 0, "_0");
    boost::tuple<cat, int, std::string> tup2(cat( ), 0, "_0");
    std::pair<cat, cat> cats;
    boost::array<cat, 10> many_cats;

    std::cout << stringize(tup1) << '\n'
        << stringize(tup2) << '\n'
        << stringize(cats) << '\n'
        << stringize(many_cats) << '\n';
}
```

이 예제를 실행시키면 다음과 같이 출력한다.

```
Meow! 0_0
Meow! 0_0
Meow! Meow!
Meow! Meow! Meow! Meow! Meow! Meow! Meow! Meow! Meow! Meow!
```

예제 분석

stringize 함수에서 가장 큰 문제는 boost::tuple이나 std::pair에는 begin( )이나 end( ) 메소드가 없다는 점이다. 그래서 std::for_each를 쓸 수 없다. 이럴 때 Boost.Fusion이 필요하다.

Boost.Fusion 라이브러리는 컴파일 시간에 구조체를 조작하는 멋진 알고리즘을 엄청나게 많이 제공한다.

boost::fusion::for_each 함수는 시퀀스^{sequence} 내의 요소들을 탐색하면서 각 요소에 대해 함수 객체를 적용한다.

인클루드해야 하는 헤더 파일들을 잊지 말자.

```
#include <boost/fusion/adapted/boost_tuple.hpp>
#include <boost/fusion/adapted/std_pair.hpp>
#include <boost/fusion/adapted/boost_array.hpp>
```

기본적으로 Boost.Fusion은 자신의 클래스에 대해서만 동작할 수 있기 때문에 이런 헤더들이 필요하다. Boost.Fusion은 자신만의 튜플 클래스와 boost::fusion::vector를 제공하는데, boost::tuple과 상당히 유사하다.

```
#include <string>
#include <cassert>

#include <boost/tuple/tuple.hpp>

#include <boost/fusion/include/vector.hpp>
#include <boost/fusion/include/at_c.hpp>

void tuple_example() {
    boost::tuple<int, int, std::string> tup(1, 2, "Meow");
    assert(boost::get<0>(tup) == 1);
    assert(boost::get<2>(tup) == "Meow");
}

void fusion_tuple_example() {
    boost::fusion::vector<int, int, std::string> tup(1, 2, "Meow");
    assert(boost::fusion::at_c<0>(tup) == 1);
    assert(boost::fusion::at_c<2>(tup) == "Meow");
}
```

하지만 boost::fusion::vector는 boost::tuple만큼 단순하지 않다. 차이점에 대해서는 '튜플 나누기' 예제에서 자세히 알아본다.

부연 설명

boost::fusion::for_each와 std::for_each 사이에는 근본적인 차이점이 하나 있다. std::for_each 함수는 루프를 포함하고 있으며, 얼마나 루프를 반복할지 실행 시간에 결정한다. 하지만 boost::fusion::for_each는 컴파일 시간에 반복 횟수를 알고 있기 때문에 루프를 완전히 풀어버릴 수 있다. boost::tuple<cat, int, std::string> tup2에 대해 boost::fusion::for_each(tup2, functor)를 호출하면 다음 과 같은 일을 하는 코드를 만들어낸다.

```
functor(boost::fusion::at_c<0>(tup2));
functor(boost::fusion::at_c<1>(tup2));
functor(boost::fusion::at_c<2>(tup2));
```

C++11은 Boost.Fusion 클래스를 제공하지 않는다. Boost.Fusion의 모든 메소드는 상당히 효율적이다. 실행 시간에 되도록 많은 일을 하며, 최신의 최적화 기법도 활용한다.

C++14에서는 가변 템플릿을 간단히 하기 위해 std::integer_sequence와 std::make_integer_sequence를 추가했다. 이 둘을 사용하면 boost::fusion::for_each 기능을 직접 만들 수 있고, Boost.Fusion 없이도 stringize 함수를 구현할 수 있다.

```
#include <utility>
#include <tuple>

template <class Tuple, class Func, std::size_t... I>
void stringize_cpp11_impl(const Tuple& t, const Func& f,
std::index_sequence<I...>) {
    // 이런. C++17 접기 표현식이 지원돼야 한다.
    // (f(std::get<I>(t)), ...);

    int tmp[] = { 0, (f(std::get<I>(t)), 0)... };
    (void)tmp; // 사용하지 않은 변수에 대한 경고 억제용
```

388

```
}

template <class Tuple>
std::string stringize_cpp11(const Tuple& t) {
    std::string result;
    stringize_cpp11_impl(
        t,
        stringize_functor(result),
        std::make_index_sequence< std::tuple_size<Tuple>::value >( )
    );
    return result;
}
```

여기서 볼 수 있듯이 이 작업에는 상당히 많은 코드가 들며, 읽기에도, 이해하기에도 편리한 코드는 아니다.

C++20에 constexpr for 같은 걸 추가하자는 논의가 C++ 표준위원회에서 논의 중이다. 그런 특성이 있다면 언젠가는 다음과 같은 코드를 사용할 수도 있을 것이다(문법은 바뀔 수 있다!).

```
template <class Tuple>
std::string stringize_cpp20(const Tuple& t) {
    std::string result;
    for constexpr(const auto& v: t) {
        result += boost::lexical_cast<std::string>(v);
    }
    return result;
}
```

그 전까지는 가장 이식성 높고 간단한 방법은 Boost.Fusion이다.

참고 사항

- '튜플 나누기' 예제를 참조하면 Boost.Fusion이 얼마나 강력한지 더 자세히 알 수 있다.
- Boost.Fusion의 공식 문서에 몇 가지 재미있는 예제와 전체 참조 자료가 나와 있으니 http://boost.org/libs/fusion을 살펴보자.

▌튜플 나누기

이번 예제에서는 Boost.Fusion 라이브러리의 아주 작은 조각 하나를 살펴본다. 단일 튜플을 두 개의 튜플로 나눌 생각인데, 한쪽은 숫자형만을, 그 외의 형식들은 다른 튜플로 나눠 저장해보자.

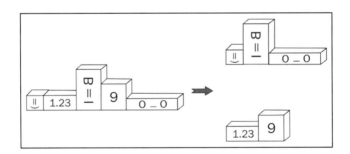

준비

이번 예제를 이해하려면 Boost.MPL, 플레이스홀더와 Boost.Tuple에 대해 알고 있어야 한다. 또한 8장을 처음부터 읽어보는 것이 좋다.

예제 구현

8장에서는 이번 예제가 가장 어려울 것이다. 결과형은 컴파일 시간에 결정되지만 각 형식의 값들은 실행 시간에 채워진다.

1. 이렇게 혼합해서 구현하려면 다음과 같은 헤더가 필요하다.

```
#include <boost/fusion/include/remove_if.hpp>
#include <boost/type_traits/is_arithmetic.hpp>
```

2. 이제 숫자형이 아닌 형식을 반환하는 함수를 만든다.

```
template <class Sequence>
typename boost::fusion::result_of::remove_if<
    const Sequence,
    boost::is_arithmetic<boost::mpl::_1>
>::type get_nonarithmetics(const Sequence& seq)
{
    return boost::fusion::remove_if<
        boost::is_arithmetic<boost::mpl::_1>
    >(seq);
}
```

3. 그런 후 숫자 형식을 반환하는 함수를 만든다.

```
template <class Sequence>
typename boost::fusion::result_of::remove_if<
    const Sequence,
    boost::mpl::not_< boost::is_arithmetic<boost::mpl::_1> >
>::type get_arithmetics(const Sequence& seq)
{
    return boost::fusion::remove_if<
```

```
        boost::mpl::not_< boost::is_arithmetic<boost::mpl::_1> >
    >(seq);
}
```

이제 끝이다! 다음과 같은 일을 할 수 있게 됐다.

```
#include <boost/fusion/include/vector.hpp>
#include <cassert>
#include <boost/fusion/include/at_c.hpp>
#include <boost/blank.hpp>

int main() {
    typedef boost::fusion::vector<
        int, boost::blank, boost::blank, float
    > tup1_t;
    tup1_t tup1(8, boost::blank(), boost::blank(), 0.0);

    boost::fusion::vector<boost::blank, boost::blank> res_na
        = get_nonarithmetics(tup1);
    boost::fusion::vector<int, float> res_a = get_arithmetics(tup1);
    assert(boost::fusion::at_c<0>(res_a) == 8);
}
```

예제 분석

Boost.Fusion의 핵심 아이디어는 바로 컴파일러가 컴파일하는 동안 구조체의 레이아웃^{layout}을 알고 있으며, 컴파일러가 뭘 알고 있든지 간에 컴파일할 때 무언가를 바꿀 수 있단 점이다. Boost.Fusion을 사용하면 서로 다른 시퀀스를 수정할 수 있고, 필드^{field}를 추가하거나 없앨 수도 있고, 필드의 형식을 바꿀 수 있다. 2와 3단계도 Boost. Fusion을 사용해 튜플에서 필요하지 않은 필드를 제거했다.

이제 get_arithmetics를 자세히 들여다보자. 먼저 다음과 같은 생성자를 사용해 결과형을 추론한다.

```
template <class Sequence>
typename boost::fusion::result_of::remove_if<
    const Sequence,
    boost::is_arithmetic<boost::mpl::_1>
>::type
```

좀 낯익은 코드다. 8장의 '컴파일할 때 함수의 결과형 알아내기' 예제에서 비슷한 코드를 사용했다. Boost.MPL의 플레이스홀더인 boost::mpl::_1은 새로운 시퀀스형을 반환하는 boost::fusion::result_of::remove_if 메타함수에 쓰일 수 있다.

이제 함수 내부를 들여다보면 다음 코드를 볼 수 있다.

```
return boost::fusion::remove_if<
    boost::is_arithmetic<boost::mpl::_1>
>(seq);
```

컴파일러는 컴파일 시간에 seq의 모든 형식을 알고 있다는 걸 기억하자. Boost.Fusion은 seq의 여러 요소에 메타함수를 적용할 수 있으며, 거기서 메타함수 결과를 얻을 수 있다. 또한 Boost.Fusion은 한 구조체에서 새로운 구조체로 필요한 필드를 복사하는 방법을 알고 있다.

 하지만 Boost.Fusion은 가능한 한 필드를 복사하지 않는다.

두 번째와 세 번째 단계의 코드는 서로 상당히 유사하다. 세 번째 단계에서는 필요하지 않은 형식을 제거하기 위해 조건자^{predicate}에 역을 취했을 뿐이다.

이번 예제의 함수들은 boost::fusion::vector뿐 아니라 Boost.Fusion이 지원하는 어떠한 형식에 대해서든 쓸 수 있다.

부연 설명

Boost.MPL 함수는 Boost.Fusion 컨테이너에 대해 쓸 수 있다. #include <boost/fusion/include/mpl.hpp>만 인클루드하면 된다.

```cpp
#include <boost/fusion/include/mpl.hpp>
#include <boost/mpl/transform.hpp>
#include <boost/type_traits/remove_const.hpp>

template <class Sequence>
struct make_nonconst: boost::mpl::transform<
    Sequence,
    boost::remove_const<boost::mpl::_1>
> {};

typedef boost::fusion::vector<
    const int, const boost::blank, boost::blank
> type1;
typedef make_nonconst<type1>::type nc_type;

BOOST_STATIC_ASSERT((boost::is_same<
    boost::fusion::result_of::value_at_c<nc_type, 0>::type,
    int
>::value));

BOOST_STATIC_ASSERT((boost::is_same<
    boost::fusion::result_of::value_at_c<nc_type, 1>::type,
    boost::blank
>::value));

BOOST_STATIC_ASSERT((boost::is_same<
    boost::fusion::result_of::value_at_c<nc_type, 2>::type,
```

```
    boost::blank
>::value));
```

 boost::fusion::result_of::at_c 대신 boost::fusion::result_of::value_at_c를
사용했다.

boost::fusion::result_of::at_c는 boost::fusion::at_c 호출의 반환형을 그대로 반
환하는데, 그게 참조자이기 때문이다.

boost::fusion::result_of::value_at_c는 참조자가 아닌 형식을 반환한다.

Boost.Fusion과 Boost.MPL 라이브러리는 C++17에 포함되지 않았다. Boost.Fusion
은 수많은 최적화 기법을 활용하기 때문에 굉장히 빠르다.

사실 여기서 살펴본 것은 Boost.Fusion이 가진 능력 중 아주 작은 부분에 지나지
않는다. 이 라이브러리 하나에 대해서만도 책 한 권을 쓸 수 있을 정도다.

참고 사항

- 부스트 사이트(http://boost.org/libs/fusion)를 방문해보면 Boost.Fusion에 대
  한 좋은 튜토리얼과 전체 문서를 찾아볼 수 있다.
- Boost.MPL에 대한 공식 문서는 http://boost.org/libs/mpl에서 찾아보자.

▌ C++14에서 이종 컨테이너 다루기

8장에서 살펴본 대부분의 메타프로그래밍 기법은 C++11 이전부터 고안된 것이다.
그러니 이미 많은 것을 들어봤을 것 같다.

그러면 새로운 것은 없을까? 앞서 살펴본 예제들을 메타프로그래밍을 뒤집어 놓고

여러분을 깜짝 놀라게 할 C++14의 라이브러리로 구현한다면 어떨까? 안전벨트를 단단히 매고, Boost.Hana의 세상으로 뛰어들어보자.

준비

이번 예제는 C++11과 C++14에 대한 지식, 특히 람다에 대한 지식이 있어야 한다. 예제를 컴파일하려면 C++14를 지원할 수 있는 컴파일러가 필요하다.

예제 구현

이제 Boost.Hana 방식으로 만들어보자.

1. 헤더부터 인클루드한다.

```
#include <boost/hana/traits.hpp>
```

2. is_arithmetic_ 함수 객체를 만든다.

```
constexpr auto is_arithmetic_ = [](const auto& v) {
    assert(false);
    auto type = boost::hana::typeid_(v);
    return boost::hana::traits::is_arithmetic(type);
};
```

3. 이제 get_nonarithmetics 함수를 구현한다.

```
#include <boost/hana/remove_if.hpp>

template <class Sequence>
auto get_nonarithmetics(const Sequence& seq) {
```

```
    return boost::hana::remove_if(seq, [](const auto& v) {
        return is_arithmetic_(v);
    });
}
```

4. get_arithmetics를 다른 방식으로 정의해보자.

```
#include <boost/hana/filter.hpp>

constexpr auto get_arithmetics = [](const auto& seq) {
    return boost::hana::filter(seq, is_arithmetic_);
};
```

이게 끝이다. 이제 이 함수들을 써보자.

```
#include <boost/hana/tuple.hpp>
#include <boost/hana/integral_constant.hpp>
#include <boost/hana/equal.hpp>
#include <cassert>

struct foo {
    bool operator==(const foo&) const { return true; }
    bool operator!=(const foo&) const { return false; }
};

int main() {
    const auto tup1
        = boost::hana::make_tuple(8, foo{}, foo{}, 0.0);

    const auto res_na = get_nonarithmetics(tup1);
    const auto res_a = get_arithmetics(tup1);

    using boost::hana::literals::operator ""_c;
    assert(res_a[0_c] == 8);

    const auto res_na_expected = boost::hana::make_tuple(foo(), foo());
```

```
    assert(res_na == res_na_expected);
}
```

예제 분석

코드를 처음 보면 간단해 보이겠지만, 그렇지 않다. Boost.Hana는 메타프로그래밍을 다른 방식으로 다룬다! 앞 예제에서는 형식을 직접 다뤘지만, Boost.Hana는 형식을 저장하는 변수를 만든 후 거의 대부분 그 변수로 작업한다.

2단계에 있는 typeid_ 호출을 살펴보자.

```
auto type = boost::hana::typeid_(v);
```

이 코드는 실제로 변수를 반환한다. 형식에 대한 정보가 이제 type 변수 안에 숨겨져 있으며, decltype(type)::type을 호출하면 그 정보가 추출돼 나온다.

일단 한 행씩 살펴보자. 2단계에서 일반 람다generic lambda를 is_arithmetic_에 저장했다. 이 시점에서부터 이 변수는 함수 객체로 사용할 수 있다. 람다 안에서는 v의 형식에 대한 정보를 갖고 있는 변수인 type을 만든다. 그다음 행은 std::is_arithmetic을 둘러싸는 특별한 래퍼로 type 변수에서 얻은 v 형식에 대한 정보를 추출한 후 그 정보를 std::is_arithmetic 특질trait로 전달한다. 이를 호출했을 때의 결과는 불리언 정수 상수 값이다.

이제 마술 같은 부분이다! boost::hana::remove_if와 boost::hana::filter 함수는 사실 is_arithmetic_ 변수에 저장한 람다를 결코 호출하지 않는다. 람다를 사용하는 Boost.Hana의 함수들은 람다 함수의 몸체가 아니라 결과형만이 필요할 뿐이다. 정의 부분을 바꾸더라도 예제 전체가 문제없이 잘 동작한다.

398

```
constexpr auto is_arithmetic_ = [](const auto& v) {
    assert(false);
    auto type = boost::hana::typeid_(v);
    return boost::hana::traits::is_arithmetic(type);
};
```

3단계와 4단계에서는 boost::hana::remove_if와 boost::hana::filter를 각각 호출한다. 3단계에서는 람다 내의 is_arithmetic_를 사용한다. 4단계에서는 직접 사용한다. 둘 중 어느 걸 써도 상관없으니 좋아하는 문법을 쓰자.

마지막으로 main( )에서 예상한 대로 동작했고 튜플 내의 인덱스 0번 요소가 8과 같은지 확인한다.

```
using boost::hana::literals::operator ""_c;
assert(res_a[0_c] == 8);
```

TIP Boost.Hana 라이브러리를 이해하는 가장 좋은 방법은 이걸 가지고 실험해보는 것이다. http://apolukhin.github.io/Boost-Cookbook/에서는 온라인에서 바로 실험해볼 수 있다.

부연 설명

아직 설명하지 않은 작은 부분이 남아있다. 어떻게 튜플에 operator[]로 접근할 수 있었을까? 여러 가지 형식을 반환하는 단 하나의 함수는 존재하지 않는다!

처음 이 기법을 보면 정말 흥미롭다. Boost.Hana의 operator ""_c는 리터럴에서 동작하며, 리터럴에 따라 여러 가지 형식을 생성한다.

- 0_c를 쓴다면 integral_constant<long long, 0>이 반환된다.
- 1_c를 쓴다면 integral_constant<long long, 1>이 반환된다.

- 2_c를 쓴다면 integral_constant<long long, 2>가 반환된다.

boost::hana::tuple 클래스는 사실 다양한 형식의 integral_constant를 받아들이는 여러 가지 operator[] 오버로딩을 갖고 있다. 정수 상수의 값에 따라 올바른 튜플 요소가 반환된다. 예를 들어 some_tuple[1_c]를 사용하면 tuple::operator[](integral_constant<long long, 1>)이 호출되고 인덱스 1의 요소가 반환된다.

Boost.Hana는 C++17에 포함되지 않았다. 하지만 라이브러리를 만든 작성자가 C++ 표준위원회에 참여 중이고, C++ 표준에 여러 가지 재미있는 것들을 포함시키자고 제안하고 있다.

Boost.Hana가 Boost.MPL보다 컴파일 시간이 훨씬 짧을 것이라고 기대하고 있을지도 모르는데, 그렇지 않다. 현재 컴파일러는 Boost.Hana의 접근 방식을 잘 처리하지 못하고 있다. 언젠가는 바뀔 것이라고 본다.

 Boost.Hana 라이브러리의 소스코드를 살펴보면 C++14 특성을 사용하는 새롭고 흥미로운 방식을 찾아낼 수 있어 좋다. 부스트의 모든 라이브러리는 깃허브 https://github.com/boostorg에서 찾아볼 수 있다.

참고 사항

공식 문서에 더 많은 예제가 나와 있으며, 참조 문헌란도 알차고, 튜토리얼도 몇 가지 더 제공되고, 컴파일 시간 성능도 제공된다. Boost.Hana 라이브러리는 http://boost.org/libs/hana에서 찾아볼 수 있다.

## 09

컨테이너

9장에서 다루는 내용은 다음과 같다.

- 시퀀스 컨테이너에 몇 가지 요소 저장
- 시퀀스 컨테이너에 최대 N개 요소 저장
- 엄청 빠른 문자열 비교
- 비정렬 집합과 맵 사용
- 값이 키이기도 한 맵 생성
- 다중 인덱스 컨테이너 생성
- 단일 연결 리스트와 메모리 풀의 장점
- 일차원 연결 컨테이너 사용

▎소개

이제 부스트의 컨테이너에 관해 알아본다. 또한 매일 프로그래밍하는 데 사용되고, 프로그램을 훨씬 더 빠르게 만들어줄 수 있으며, 손쉽게 새 애플리케이션을 만들 수 있게 해주는 부스트 클래스를 알아본다.

컨테이너는 기능뿐 아니라 멤버에 따라 효율성(복잡도)도 다 다르다. 애플리케이션의 성능을 높이고 싶다면 복잡도를 잘 알아야 한다. 9장에서는 새로운 컨테이너나 소개하고 끝낼 생각이 아니라 언제 어떤 컨테이너 또는 메소드를 써야 하고 쓰지 말아야 하는지도 함께 알아본다.

이제 시작해보자!

▎시퀀스 컨테이너에 몇 가지 요소 저장

지난 20여 년간, C++ 프로그램은 기본 시퀀스 컨테이너로 `std::vector`를 사용해왔다. 벡터는 할당을 많이 하지 않으며, 요소를 연속적으로 저장하기 때문에 CPU 캐시에 적합한 빠른 컨테이너다. `std::vector::data( )`와 같은 함수를 쓰면 순수 C 함수와도 상호 연산할 수 있다.

하지만 그 이상을 원한다! 벡터에 저장할 요소의 수를 알 때에는 메모리 할당을 완전히 없애 벡터의 성능을 더 높일 수 있다.

은행 트랜잭션을 처리하는 고성능 시스템을 만드는 중이라고 상상해보자. 트랜잭션 transaction이란 일련의 연산이 모두 성공하거나, 그중 하나라도 실패하면 전체가 실패하는 상황을 말한다. 99%의 트랜잭션이 8개보다 작거나 같은 연산으로 이뤄져 있다는 걸 알고 있을 때 성능을 더 높여보자.

```
#include <vector>

class operation;

template <class T>
void execute_operations(const T&);

bool has_operation();
operation get_operation();

void process_transaction_1() {
    std::vector<operation> ops;
    ops.reserve(8); // 할 일: 메모리 할당. 별로 좋진 않다!

    while (has_operation()) {
        ops.push_back(get_operation());
    }

    execute_operations(ops);
    // ...
}
```

준비

C++와 표준 라이브러리에 대한 기본 지식만 있으면 충분하다.

예제 구현

Boost.Container 라이브러리 덕택에 이번 예제가 이 책에서 다루는 작업 중 가장 간단한 일이 될 것 같다.

1. 적절한 헤더를 인클루드한다.

```
#include <boost/container/small_vector.hpp>
```

2. `std::vector`를 `boost::container::small_vector`로 바꾸고 `reserve()` 호출을 생략한다.

```
void process_transaction_2() {
    boost::container::small_vector<operation, 8> ops;

    while (has_operation()) {
        ops.push_back(get_operation());
    }

    execute_operations(ops);
    // ...
}
```

예제 분석

`boost::container::small_vector`는 두 번째 템플릿 파라미터로 스택^{stack}에 미리 할당할 요소의 수를 받는다. 따라서 대부분 벡터 내에 8개나 그 이하의 요소만을 저장한다면 두 번째 템플릿 파라미터로 8을 전달하자.

컨테이너에 8개보다 많은 요소를 저장해야 한다면 `small_vector`는 `std::vector`와 같이 8개보다 많은 요소를 저장할 수 있도록 동적으로 메모리를 할당한다. `std::vector`처럼 `small_vector`는 요소를 일관되게 저장하며, 임의 접근 반복자^{random access iterator}를 제공하는 시퀀스 컨테이너다.

다시 말해 `boost::container::small_vector`는 `std::vector`와 똑같이 동작하되 컴파일 시간이 명시된 요소만큼만 저장하는 동안에는 메모리 할당을 하지 않는다.

부연 설명

small_vector를 사용할 때의 단점은 요소의 개수에 대한 가정이 small_vector를 파라미터로 받는 함수의 서명에도 흘러들어간다는 점이다. 따라서 4, 8, 16개의 요소에 대해 특수화한 세 개의 함수가 각각 있다면 이들 함수는 앞 예제에서의 execute_operations를 사용해 트랜잭션을 처리하며, execute_operations 함수의 인스턴스가 여러 개 생기게 된다.

```
void execute_operations(
    const boost::container::small_vector<operation, 4>&);

void execute_operations(
    const boost::container::small_vector<operation, 8>&);

void execute_operations(
    const boost::container::small_vector<operation, 16>&);
```

이는 좋지 않다! 이제 실행 바이너리 안에 완전히 같은 일을 하며 거의 같은 기계어 코드로 이뤄진 함수가 여러 개 생기게 된다. 그러면 바이너리가 더 커지고, 실행 시작 시간이 길어지며, 컴파일 시간도 링크 시간도 길어진다. 어떤 컴파일러에서는 반복된 것들을 제거해주기도 하지만, 그럴 확률은 낮다.

간단한 해결법이 있다. boost::container::small_vector는 boost::container::small_vector_base에서 상속받는, 이 형식은 미리 할당한 요소 수와는 관계없다.

```
void execute_operations(
    const boost::container::small_vector_base<operation>& ops
);
```

이제 됐다! 새로 만든 execute_operations 함수에서는 어떤 boost::container::small_vector를 사용하든지 바이너리 크기가 늘어나지 않는다.

C++17에는 small_vector와 같은 클래스가 없다. 다음 C++ 표준에는 small_vector 를 추가하자는 제안이 나와 있으며, 2020년쯤에 결론이 날 것 같다.

참고 사항

- Boost.Container 라이브러리는 흥미로운 클래스들에 대한 전체 참조 문서를 제공한다. http://boost.org/libs/container를 찾아보자.
- small_vector는 LLVM 프로젝트 때문에 부스트에 추가됐다. 이 컨테이너에 대해서는 원래 사이트인 http://llvm.org/docs/ProgrammersManual.html#llvm-adt-smallvector-h를 참고하자.

▌시퀀스 컨테이너에 최대 N개 요소 저장

질문 하나: 함수에서 시퀀스를 반환하려 하는데 시퀀스에 N개 이상의 요소가 없고 N이 크지 않다면 어떤 컨테이너를 써야 할까? 예를 들어 최대 5개의 이벤트를 반환하는 get_events( )라는 함수를 작성해야 한다고 해보자.

```
#include <vector>
std::vector<event> get_events( );
```

std::vector<event>는 메모리를 할당하기 때문에 이 코드는 그리 좋은 방법이 아니다.

```
#include <boost/array.hpp>
boost::array<event, 5> get_events( );
```

406

boost::array<event, 5>는 메모리를 할당하진 않지만 항상 요소가 5개까지인 시퀀스를 만든다. 5개보다 더 적게 만들 방법이 없다.

```cpp
#include <boost/container/small_vector.hpp>
boost::container::small_vector<event, 5> get_events();
```

boost::container::small_vector<event, 5>를 쓰면 최대 5개의 요소까지는 메모리를 할당하지 않으며, 5개의 요소보다 더 적은 요소만을 반환할 수 있다. 하지만 이 방법도 완벽하진 않다. 함수 인터페이스만 봐서는 요소가 5개보다 많을 때 어떤 일이 일어날지 불명확하기 때문이다.

준비

C++와 표준 라이브러리에 대한 기본 지식만 있으면 충분하다.

예제 구현

Boost.Container에는 이번 요구 사항을 완벽히 만족시킬 수 있는 컨테이너가 있다.

```cpp
#include <boost/container/static_vector.hpp>
boost::container::static_vector<event, 5> get_events();
```

예제 분석

boost::container::static_vector<T, N>은 메모리를 할당하지 않으며, 컴파일 시간에 명시된 요소 개수까지만 저장할 수 있는 컨테이너다. 이 컨테이너는 동적으로 메모리를 할당할 수 없는 boost::container::small_vector<T, N>이라고 생각하자.

요소의 수가 *N*을 넘기면 std::bad_alloc 예외가 발생한다.

```
#include <cassert>

int main ( ) {
    boost::container::static_vector<event, 5> ev = get_events( );
    assert(ev.size( ) == 5);

    boost::container::static_vector<int, 2> ints;
    ints.push_back(1);
    ints.push_back(2);
    try {
        // 다음 코드는 항상 예외를 던진다.
        ints.push_back(3);
    } catch (const std::bad_alloc& ) {
        // ...
    }
}
```

Boost.Container 라이브러리의 다른 모든 컨테이너처럼 static_vector도 이동 문맥
move semantic을 지원하며, 컴파일러가 rvalue를 지원하지 않는다면 Boost.Move 라이브
러리를 사용해 rvalue 참조자를 흉내낸다.

부연 설명

std::vector는 사용자가 요소를 삽입했을 때 기존에 할당한 메모리로는 새 값을 저장
할 수 없다면 큰 메모리 조각을 할당한다. 그 때 std::vector는 요소가 이동 생성
시 예외를 던지지 않는다면 예전 위치에서 새 위치로 요소를 이동시킨다. 그 이외의
경우에 std::vector는 요소들을 새 위치로 복사한 후 예전 위치에 있는 각 요소에
대해 소멸자를 호출한다.

그렇기 때문에 std::vector의 많은 멤버 함수가 분할 상환된amortized 상수 복잡도를

보이는 것이다. static_vector는 메모리를 절대 할당하지 않기 때문에 예전 위치에서 새 위치로 요소를 이동시키거나 복사하지 않아야 한다. 그렇기 때문에 std::vector에서 분할 상환 O(1) 복잡도를 보인 연산들이 boost::container::static_vector에서는 실제로 O(1) 복잡도를 보인다. 예외를 조심해야 하긴 하지만 이런 점 때문에 일부 실시간 애플리케이션에서 유용하게 쓰일 수 있다.

 어떤 사람들은 출력 파라미터를 반환하는 것보다 void get_events(static_vector<event, 5>& result_out)처럼 참조자로 전달하는 걸 여전히 더 선호한다. 이런 사람들은 결과 값이 복사되지 않을 것이라 보장된다고 생각한다. 그러지 말자. 그러면 상황이 더 나빠진다. C++ 컴파일러는 **반환값 최적화**(RVO, return value optimization)와 **명명된 반환값 최적화**(NRVO, named return value optimization) 같은 한 뭉치의 최적화를 사용한다. 플랫폼에서 return something이라는 코드가 불필요한 복사를 만들지 않게 하자는 협약을 ABI에 새겨 넣었다. 이미 복사를 하지 않는다. 하지만 값을 전달할 때 값이 어디에서 왔는지를 컴파일러가 보지 못한 참조자는 다른 영역에 있는 값에 대한 별칭이라고 가정한다. 그렇게 되면 성능이 급격히 떨어질 수 있다.

C++17에는 static_vector 클래스가 없으며, C++20에 추가할 계획도 현재 없다.

참고 사항

Boost.Container의 공식 문서에 boost::container::static_vector 클래스의 모든 멤버 함수에 대한 상세한 참조 자료가 나와 있다. http://boost.org/libs/container 를 살펴보자.

▌ 엄청 빠른 문자열 비교

문자열 조작은 흔한 일이다. 이제 간단한 기법을 활용해 문자열 비교 연산을 매우 빠르게 끝내는 방법을 알아보자. 이번 예제는 다음 예제로 가는 징검다리다. 다음 예제에서는 상수 시간의 복잡도만으로 검색하는 방법을 알아본다.

두 문자열이 같은지 빠르게 알아볼 수 있는 클래스를 만들어보자. 먼저 성능을 측정하는 데 쓸 템플릿 함수를 만들어본다.

```cpp
#include <string>

template <class T>
std::size_t test_default() {
    // 상수
    const std::size_t ii_max = 200000;
    const std::string s(
        "Long long long string that "
        "will be used in tests to compare "
        "speed of equality comparisons."
    );

    // 비교할 때 사용할 데이터 만들기
    const T data1[] = {
        T(s),
        T(s + s),
        T(s + ". Whooohooo"),
        T(std::string(""))
    };

    const T data2[] = {
        T(s),
        T(s + s),
        T(s + ". Whooohooo"),
        T(std::string(""))
    };

    const std::size_t data_dimensions = sizeof(data1) / sizeof(data1[0]);

    std::size_t matches = 0u;
    for (std::size_t ii = 0; ii < ii_max; ++ii) {
        for (std::size_t i = 0; i < data_dimensions; ++i) {
```

```
        for (std::size_t j = 0; j < data_dimensions; ++j) {
            if (data1[i] == data2[j]) {
                ++ matches;
            }
        }
    }
}

    return matches;
}
```

준비

이번 예제는 C++와 표준 라이브러리에 대한 기본 지식만으로도 충분하다.

예제 구현

우리 클래스에 std::string을 공개 필드로 만든 다음, 비교할 때 쓸 코드를 추가하자.
이때 저장된 std::string을 처리하기 위한 도우미 메소드는 만들지 않아도 된다. 자
이제 단계별로 필요한 일을 살펴보자.

1. 먼저 필요한 헤더를 인클루드한다.

```
#include <boost/functional/hash.hpp>
```

2. 이제 우리만의 빠른 comparison_ 클래스를 만든다.

```
struct string_hash_fast {
    typedef std::size_t comp_type;
```

```
        const comp_type      comparison_;
        const std::string   str_;

        explicit string_hash_fast(const std::string& s)
          : comparison_(
              boost::hash<std::string>()(s)
            )
            , str_(s)
        {}
    };
```

3. 동등성 비교^{equality} 연산자를 정의하는 걸 잊지 말자.

```
    inline bool operator == (
        const string_hash_fast& s1, const string_hash_fast& s2)
    {
        return s1.comparison_ == s2.comparison_ && s1.str_ == s2.str_;
    }

    inline bool operator != (
        const string_hash_fast& s1, const string_hash_fast& s2)
    {
        return !(s1 == s2);
    }
```

4. 이제 끝이다! 다음 코드를 사용해 테스트해보고 결과를 보자.

```
    #include <iostream>
    #include <cassert>

    int main( int argc, char* argv[]) {
        if (argc < 2) {
            assert(
                test_default<string_hash_fast>()
```

```
            ==
            test_default<std::string>()
        );
        return 0;
    }

    switch (argv[1][0]) {
    case 'h':
        std::cout << "HASH matched: "
                  << test_default<string_hash_fast>();
        break;

    case 's':
        std::cout << "STD matched: "
                  << test_default<std::string>();
        break;

    default:
        return 2;
    }
}
```

예제 분석

문자열의 길이가 같을 때 두 문자열을 비교한다면 문자열을 이루는 모든 문자를 하나씩 비교하기 때문에 속도가 느리다. 그러지 말고 문자열의 비교를 정수 값 비교로 바꿔보자. 바로 해시^{hash} 함수를 사용해보는 것이다. 해시 함수는 문자열에 대해 짧은 고정 길이 표현 방식을 만들어낸다. 사과의 해시 값을 만든다고 가정해보자. 두 개의 사과가 있는데 라벨을 붙였다고 상상해보자(다음 그림 참고). 그런 후 사과를 키운 농장이 같은 곳인지 확인해보려 한다. 간단하게 생각할 수 있는 방법으로 라벨을 비교하는 걸 생각할 수 있다. 다른 방법을 사용한다면 사과의 색깔, 크기, 형태 등등을 비교한다고 시간을 엄청 써야 할지도 모른다. 여기서의 라벨이 어떤 객체의 값을 반영하는 해시 값에 해당한다고 볼 수 있다.

이제 한 단계씩 살펴보자.

1단계에서는 hash 함수를 정의한 헤더 파일을 인클루드한다. 2단계에서는 실제 문자열을 갖는 str_과 계산된 hash 값인 comparison_을 갖는 새로운 string 클래스를 선언한다. 이제 이 문자열을 만들어보자. 생성 방법을 살펴보자.

```
boost::hash<std::string>()(s)
```

여기서 boost::hash<std::string>은 구조체로 std::negate<>와 같은 함수 객체다. 그래서 함수 객체를 만들기 위해 괄호를 쓴 것이다. s를 둘러싼 괄호는 std::size_t operator()(const std::string& s)에 대한 호출을 나타내며, hash 값을 계산한다.

이제 3단계에서 operator==를 정의해보자. 다음 코드를 살펴보자.

```
 return s1.comparison_ == s2.comparison_ && s1.str_ == s2.str_;
```

이제 표현식의 두 번째 부분에 좀 더 신경 써보자. 어쨌든 해시 연산을 하면 정보를 잃어버리기 때문에 하나 이상의 문자열이 완전히 동일한 해시 값을 가질 가능성이 있다. 즉, 해시 값이 다르다면 분명 두 문자열은 서로 다르지만, 해시 값이 같다고 두 문자열이 100% 같다고 할 수 없다. 그래서 전통적인 방식으로 문자열을 비교해야만 한다.

이제 성능 지표를 비교해볼 시간이다. 기본 비교 방식을 사용하면 819밀리초가 걸렸지만, 해시 비교 방식을 쓰면 두 배 정도 빨라져서 475밀리초 만에 끝났다.

부연 설명

C++11에도 hash 함수 객체가 있다. `<functional>` 헤더의 `std::` 네임스페이스에서 이 해시 함수 객체를 찾아볼 수 있다. 부스트와 표준 라이브러리 모두에서 빠르고 안전하게 해시 값을 얻을 수 있다. 추가로 메모리를 할당하지도 않고 가상 함수를 쓰지도 않는다.

원한다면 자기만의 형식을 위해 해시 함수를 특수화할 수도 있다. 부스트를 쓴다면 원하는 형식의 네임스페이스에서 `hash_value` 함수를 특수화할 수 있다.

```
// string_hash_fast 클래스의 네임스페이스에 있어야 함
inline std::size_t hash_value(const string_hash_fast& v) {
    return v.comparison_;
}
```

`std::hash`의 표준 라이브러리 특수화와는 다른 방식이다. 표준 라이브러리에서는 `std::` 네임스페이스에서 `hash<>` 구조체의 템플릿 특수화를 만들어야 한다.

부스트에는 모든 기본 형식(int, float, double, char 등)과 배열, `std::array`, `std::tuple`, `stld::type_index`와 같은 모든 표준 라이브러리 컨테이너에 대한 해시 함수가 정의돼 있다. 일부 라이브러리에서는 해시 특수화도 제공한다. 예를 들어 Boost.Variant는 어떠한 `boost::variant` 클래스라도 해시 값을 제공할 수 있다.

참고 사항

- 해시 함수를 사용하는 방법을 자세히 알아보고 싶다면 9장의 '비정렬 집합과 맵 사용' 예제를 참고하자.
- Boost.Functional/Hash의 공식 문서에 여러 해시 함수를 결합해 사용하는 방법과 여러 가지 예제가 있다. http://boost.org/libs/functional/hash를 방문해보자.

▌ 비정렬 집합과 맵 사용

이전 예제에서는 해시 값을 이용해 문자열을 비교하는 방식을 알아봤다. 이걸 읽고 난 다음에 "해시 값을 캐시^{cache}하는 컨데이니를 사용하면 좀 더 빠르게 비교할 수 있지 않을까?"하는 생각이 들진 않았는가?

물론 그렇게 할 수 있다. 그리고 그보다 더 많은 것도 할 수 있다. 검색, 삽입 및 삭제를 상수 시간 안에 할 수 있다.

준비

C++와 STL 컨테이너에 대한 기본 지식이 필요하다. 앞 예제를 읽어보면 도움이 된다.

예제 구현

이번 예제는 정말 간단하다.

1. 맵^{map}을 쓰고 싶다면 <boost/unordered_map.hpp> 헤더를, 집합^{set}을 쓰고 싶다면 <boost/unordered_set.hpp> 헤더를 인클루드한다.

2. 이제 `std::map` 대신 `boost::unordered_map`을, `std::set` 대신 `boost::unordered_set`을 쓸 수 있다.

```
#include <boost/unordered_set.hpp>
#include <string>
#include <cassert>

void example( ) {
    boost::unordered_set<std::string> strings;

    strings.insert("This");
    strings.insert("is");
    strings.insert("an");
    strings.insert("example");

    assert(strings.find("is") != strings.cend( ));
}
```

예제 분석

비정렬 컨테이너^{unordered container}는 값을 저장할 뿐 아니라 그 값의 해시 값도 기억한다. 이제 어떤 값을 찾는다면 그 값의 해시 값을 계산한 후 그 해시로 컨테이너를 뒤지게 된다. 해시 값을 찾으면 컨테이너는 찾은 값과 검색한 값이 같은지 확인한다. 그런 후 해당 값이나 컨테이너의 끝을 가리키는 반복자를 반환한다.

컨테이너는 정해진 크기의 숫자인 해시 값으로 검색할 수 있기 때문에 정수에 대해서만 쓸 수 있는 몇 가지 최적화와 알고리즘도 활용할 수 있다. 이런 알고리즘들을 쓰면 복잡도가 O(1)로, 즉 상수 시간 안에 찾아내는 걸 보장한다. 그에 반해 기존 `std::set`과 `std::map`이 갖는 최악의 복잡도는 O(log(N))으로, 컨테이너의 요소 수에 따라 로그로 증가한다. 따라서 기존 `std::set`이나 `std::map`에 요소를 더 넣으면 넣을수록 검색 시간이 더 길어진다. 하지만 비정렬 컨테이너의 성능은 요소의 수에 구애받지 않는다.

하지만 이렇게 좋은 성능을 공짜로 얻을 수는 없다. 비정렬 컨테이너에서는 값을 정렬하지 않는다(놀라진 않았을 것 같지만). 차이점을 확인하기 위해 다음 코드에서처럼 begin( )과 end( )를 사용해 컨테이너의 요소들을 출력해보자.

```
template <class T>
void output_example( ) {
    T strings;

    strings.insert("CZ");
    strings.insert("CD");
    strings.insert("A");
    strings.insert("B");

    std::copy(
        strings.begin( ),
        strings.end( ),
        std::ostream_iterator<std::string>(std::cout, " ")
    );
}
```

그러면 std::set과 boost::unordered_set에 대해 다음과 같은 출력이 나오는 걸 확인할 수 있다.

```
boost::unordered_set<std::string> : B A CD CZ
std::set<std::string> : A B CD CZ
```

그런데 성능은 얼마나 차이가 날까? 대개 구현 품질에 따라 성능이 달라진다. 필자가 얻은 성능 값을 살펴보자.

```
For 100 elements:
Boost: map is 1.69954 slower than unordered map
Std: map is 1.54316 slower than unordered map
```

418

```
For 1000 elements:
Boost: map is 4.13714 slower than unordered map
Std: map is 2.12495 slower than unordered map

For 10000 elements:
Boost: map is 2.04475 slower than unordered map
Std: map is 2.23285 slower than unordered map

For 100000 elements:
Boost: map is 1.67128 slower than unordered map
Std: map is 1.68169 slower than unordered map
```

이 성능은 다음 코드를 사용해 측정했다.

```
T map;

for (std::size_t ii = 0; ii < ii_max; ++ii) {
    map[s + boost::lexical_cast<std::string>(ii)] = ii;
}

// 단언문.
for (std::size_t ii = 0; ii < ii_max; ++ii) {
    assert(map[s + boost::lexical_cast<std::string>(ii)] == ii);
}
```

 코드 내에서 문자열을 엄청나게 생성한다는 점을 기억하자. 그러니 이 테스트를 사용해 성능이 얼마나 개선됐는지 100% 확신할 수는 없다. 우리가 알 수 있는 것은 비정렬 컨테이너가 일반적으로 정렬 컨테이너보다 더 빠르다는 점이다.

때론 비정렬 컨테이너에 사용자 정의 형식을 써야 할 때가 있다.

```
struct my_type {
    int          val1_;
```

```
    std::string  val2_;
};
```

이럴 때는 해당 형식에 대한 비교 연산자를 만들어야 한다.

```
inline bool operator == (const my_type& v1, const my_type& v2) {
    return v1.val1_ == v2.val1_ && v1.val2_ == v2.val2_;
}
```

이제 해시 함수가 이 형식을 처리할 수 있도록 특수화하자. 형식에 필드가 여러 개라면 동등성 비교 검사에 쓰이는 모든 필드의 해시 값을 결합해서 만들 수도 있다.

```
std::size_t hash_value(const my_type& v) {
    std::size_t ret = 0u;
    boost::hash_combine(ret, v.val1_);
    boost::hash_combine(ret, v.val2_);
    return ret;
}
```

 해시 값들을 결합할 때는 boost::hash_combine 함수를 쓰는 것을 적극 추천한다.

부연 설명

컨테이너의 다중 요소 버전도 역시 지원된다. boost::unordered_multiset은 <boost/unordered_set.hpp> 헤더에, boost::unordered_multimap은 <boost/unordered_map.hpp> 헤더에 정의돼 있다. 표준 라이브러리의 경우 컨테이너의 다중 요소 버전은 동일한 키key도 여러 개 저장할 수 있다.

모든 비정렬 컨테이너에서 boost::hash 대신 사용할 자신만의 해시 함수 객체를 명시할 수 있다. 또한 기본값인 std::equal_to 대신 자신만의 동등성 검사 함수 객체도 사용할 수 있다.

C++11은 부스트 라이브러리에서 제공하는 모든 비정렬 컨테이너를 다 갖고 있다. 필요한 헤더는 <unordered_set>과 <unordered_map>으로 boost::가 아닌 std:: 네임스페이스를 써야 한다는 걸 잊지 말자. 부스트와 표준 라이브러리 버전은 성능이 약간 다를 수 있지만 동작 방식은 같아야 한다. 하지만 부스트의 비정렬 컨테이너는 C++03/C++98 컴파일러에서도 쓸 수 있다. 특히 Boost.Move를 통한 rvalue 참조자 에뮬레이션도 지원하기 때문에 컨테이너의 요소로 이동만 할 수 있는 클래스를 C++11 이전 컴파일러에서도 쓸 수 있다.

C++11에는 hash_combine 함수가 없으니 필요하다면 새로 만들어야 한다.

```
template <class T>
inline void hash_combine(std::size_t& seed, const T& v)
{
    std::hash<T> hasher;
    seed ^= hasher(v) + 0x9e3779b9 + (seed<<6) + (seed>>2);
}
```

아니면 boost::hash_combine을 사용하자.

부스트 1.64에서부터 부스트의 비정렬 컨테이너는 노드를 추출하고 삽입할 때 C++17 기능을 사용한다.

참고 사항

- Boost.Move의 rvalue 참조자 에뮬레이션에 대해 자세히 알고 싶다면 1장의 'C++11 이동 에뮬레이션 사용' 예제를 참고하자.

- 비정렬 컨테이너에 대한 여러 가지 정보를 알아보고 싶다면 공식 사이트인 http://boost.org/libs/unordered를 살펴보자.
- 해시 값을 결합하거나 범위를 위한 해시 값을 계산하는 것에 대해 더 자세히 알고 싶다면 http://boost.org/libs/functional/hash를 참고하자.

값이 키이기도 한 맵 생성

일 년에도 몇 번씩 한 쌍의 값을 저장하고 인덱싱할 필요가 있다. 더군다나 두 번째 값을 사용해 해당 쌍의 첫 번째 값을 찾거나, 첫 번째 값을 사용해 두 번째 값을 알아내야 할 때가 있다. 헷갈리려나? 예제로 알아보는 편이 좋겠다. 어휘 클래스를 만드는 중이라고 해보자. 사용자가 값을 넣는다면 클래스는 식별자를 반환하고, 사용자가 식별자를 넣는다면 값을 반환해야 한다.

좀 더 실용적인 예제로 사용자는 우리 어휘 클래스에 로그인 이름을 입력한 후 그 사람에 대한 고유한 식별 값을 받고 싶어 하는 경우를 생각해볼 수 있다. 반대로 식별자를 사용해 그 사람에 대한 이름을 얻고 싶을 수도 있다.

자, 이제 부스트를 사용해 이런 기능을 어떻게 구현할 수 있는지 알아보자.

준비

이번 예제는 표준 라이브러리와 템플릿에 대한 기본 지식이 필요하다.

예제 구현

이번 예제에서는 `Boost.Bimap` 라이브러리를 사용해보자. 지금 주어진 작업을 처리할 때 이 라이브러리를 어떻게 쓰는 것인지 알아보자.

1. 다음 헤더를 인클루드한다.

```
#include <iostream>
#include <boost/bimap.hpp>
#include <boost/bimap/multiset_of.hpp>
```

2. 어휘 구조체를 만든다.

```
int main() {
    typedef boost::bimap<
        std::string,
        boost::bimaps::multiset_of<std::size_t>
    > name_id_type;

    name_id_type name_id;
```

3. 다음 문법을 사용해 내용을 채운다.

```
    // 키 <-> 값을 삽입
    name_id.insert(name_id_type::value_type(
        "John Snow", 1
    ));

    name_id.insert(name_id_type::value_type(
        "Vasya Pupkin", 2
    ));

    name_id.insert(name_id_type::value_type(
        "Antony Polukhin", 3
    ));

    // "Antony Polukhin"처럼 동일 인물 삽입
    name_id.insert(name_id_type::value_type(
        "Anton Polukhin", 3
    ));
```

4. bimap의 왼쪽 부분은 마치 맵처럼 쓸 수 있다.

```
std::cout << "Left:\n";

typedef name_id_type::left_const_iterator left_const_iterator;
const left_const_iterator lend = name_id.left.end();

for (left_const_iterator it = name_id.left.begin();
    it!= lend;
    ++it)
{
    std::cout << it->first << " <=> " << it->second << '\n';
}
```

5. bimap의 오른쪽 부분도 왼쪽에서 쓴 방식과 거의 비슷한 방식으로 쓸 수 있다.

```
std::cout << "\nRight:\n";

typedef name_id_type::right_const_iterator right_const_iterator;
const right_const_iterator rend = name_id.right.end();

for (right_const_iterator it = name_id.right.begin();
    it!= rend;
    ++it)
{
    std::cout << it->first << " <=> " << it->second << '\n';
}
```

6. 등록된 어휘 내에 그런 사람이 있는지 확인해볼 수도 있다.

```
assert(
    name_id.find(name_id_type::value_type(
        "Anton Polukhin", 3
    )) != name_id.end()
);
```

424

```
} /* main( )의 끝 */
```

이제 끝이다. 모든 코드(헤더 부분 제외)를 int main( )에 넣으면 다음과 같은 결과를 얻을 수 있다.

```
Left:
Anton Polukhin <=> 3
Antony Polukhin <=> 3
John Snow <=> 1
Vasya Pupkin <=> 2

Right:
1 <=> John Snow
2 <=> Vasya Pupkin
3 <=> Antony Polukhin
3 <=> Anton Polukhin
```

예제 분석

2단계에서 bimap 형식을 정의했다.

```
typedef boost::bimap<
    std::string,
    boost::bimaps::multiset_of<std::size_t>
> name_id_type;
```

첫 번째 템플릿 파라미터는 첫 번째 키의 형식이 std::string이어야 한다는 걸, 그리고 마치 std::set처럼 동작해야 한다는 걸 나타낸다. 두 번째 템플릿 파라미터는 두 번째 키의 형식이 std::size_t여야 한다는 걸 나타낸다. 마치 std::multimap처럼 첫 번째 키가 중복되더라도 단 하나의 두 번째 키 값만 가질 수도 있다.

bimap의 실제 동작 방식은 boost::bimaps:: 네임스페이스의 클래스를 사용해 명시할 수 있다. 첫 번째 키의 실제 형식을 해시 맵으로 만들 수도 있다.

```
#include <boost/bimap/unordered_set_of.hpp>
#include <boost/bimap/unordered_multiset_of.hpp>

typedef boost::bimap<
    boost::bimaps::unordered_set_of<std::string>,
    boost::bimaps::unordered_multiset_of<std::size_t>
> hash_name_id_type;
```

키의 동작 방식을 명시하지 않고 형식만 명시한다면 Boost.Bitmap은 기본값인 boost::bimaps::set_of를 사용한다. 이번 예제에서처럼 다음 코드를 표준 라이브러리를 사용해 표현해보자.

```
#include <boost/bimap/set_of.hpp>

typedef boost::bimap<
    boost::bimaps::set_of<std::string>,
    boost::bimaps::multiset_of<std::size_t>
> name_id_type;
```

표준 라이브러리를 쓰려면 다음 두 변수의 조합으로 만들어야 한다.

```
std::map<std::string, std::size_t> key1;      // == name_id.left
std::multimap<std::size_t, std::string> key2; // == name_id.right
```

앞서 나온 주석에서 볼 수 있듯이 name_id.left에 대해 호출하면(4단계) std::map<std::string, std::size_t>와 비슷한 무언가에 대한 참조자를 인터페이스로 반환한다. 5단계에서 name_id.right를 호출했을 때는 std::multimap<std::size_t, std::string>에 가까운 인터페이스를 가진 무언가를 반환한다.

6단계에서는 bimap 전체에서 한 쌍의 키를 검색하고, 컨테이너에 있는지 확인하는 등의 작업을 한다.

부연 설명

안타깝게도 C++17에는 Boost.Bimap과 유사한 것이 없다. 게다가 나쁜 소식이 하나 더 있다.

Boost.Bimap은 rvalue 참조자를 지원하지 않으며, 일부 컴파일러에서는 경고가 엄청 나게 쏟아질 수 있다. 특정 경고를 억제하는 방법은 여러분의 컴파일러 문서를 찾아보 길 바란다.

좋은 점이라면 Boost.Bimap은 항상 두 개의 표준 라이브러리 컨테이너보다는 메모리 를 적게 쓰며, 표준 라이브러리 컨테이너만큼 빠르게 검색할 수 있다는 점이다. 가상 함수 호출을 쓰지 않기는 하지만, 동적 할당은 사용한다.

참고 사항

- 다음의 '다중 인덱스 컨테이너 생성' 예제에서는 다중 인덱스에 대해 좀 더 자세히 알아보고 Boost.Bimap 대신 쓸 수 있는 부스트 라이브러리에 대해서 도 함께 알아본다.
- bimap에 대한 정보와 예제를 찾아보고 싶다면 http://boost.org/libs/bimap에 있는 공식 문서를 찾아보자.

▌ 다중 인덱스 컨테이너 생성

앞 예제에서는 어휘라고 하는 쌍으로 만들면 좋은 자료를 만들어봤다. 하지만 더 고차원의 인덱스가 필요하다면 어떻게 해야 할까? 사람에 대한 인덱스를 만드는 프로그램을 만든다고 해보자.

```cpp
struct person {
    std::size_t     id_;
    std::string     name_;
    unsigned int    height_;
    unsigned int    weight_;

    person(std::size_t id, const std::string& name,
            unsigned int height, unsigned int weight)
        : id_(id)
        , name_(name)
        , height_(height)
        , weight_(weight)
    {}
};

inline bool operator < (const person& p1, const person& p2) {
    return p1.name_ < p2.name_;
}
```

여기서는 이름, ID, 키와 몸무게 등에 대한 다양한 인덱스를 제공해야 한다.

준비

표준 라이브러리 컨테이너와 비정렬 맵에 대한 기본 지식이 필요하다.

예제 구현

모든 인덱스를 Boost.Multiindex 컨테이너를 사용해 만들고 관리해보자.

1. 먼저 상당히 많은 헤더 파일을 인클루드해야 한다.

```cpp
#include <iostream>
#include <boost/multi_index_container.hpp>
#include <boost/multi_index/ordered_index.hpp>
#include <boost/multi_index/hashed_index.hpp>
#include <boost/multi_index/identity.hpp>
#include <boost/multi_index/member.hpp>
```

2. 다중 인덱스 형식을 만드는 것이 가장 어렵다.

```cpp
void example_main() {
    typedef boost::multi_index::multi_index_container<
        person,
        boost::multi_index::indexed_by<
            // 이름은 고유해야 한다.
            boost::multi_index::ordered_unique<
                boost::multi_index::identity<person>
            >,

            // ID는 고유하지 않으며, 정렬할 필요도 없다.
            boost::multi_index::hashed_non_unique<
                boost::multi_index::member<
                    person, std::size_t, &person::id_
                >
            >,

            // 키는 고유하지 않지만, 정렬돼 있어야 한다.
            boost::multi_index::ordered_non_unique<
                boost::multi_index::member<
                    person, unsigned int, &person::height_
```

```
            >
        >,

            // 몸무게도 고유하지 않지만 정렬돼 있어야 한다.
            boost::multi_index::ordered_non_unique<
                boost::multi_index::member<
                    person, unsigned int, &person::weight_
                >
            >
        > // `boost::multi_index::indexed_by<` 끝남
    > indexes_t;
```

3. 이제 새로 만든 다중 인덱스에 값을 넣는다.

```
    // 값 삽입
    persons.insert(person(1, "John Snow", 185, 80));
    persons.insert(person(2, "Vasya Pupkin", 165, 60));
    persons.insert(person(3, "Antony Polukhin", 183, 70));
    // "Antony Polukhin" 이라는 동일 인물 삽입
    persons.insert(person(3, "Anton Polukhin", 182, 70));
```

4. 인덱스의 내용을 출력하는 함수를 만든다.

```
    template <std::size_t IndexNo, class Indexes>
    void print(const Indexes& persons) {
        std::cout << IndexNo << ":\n";

        typedef typename Indexes::template nth_index<
            IndexNo
        >::type::const_iterator const_iterator_t;

        for (const_iterator_t it = persons.template
                get<IndexNo>().begin(),
                iend = persons.template get<IndexNo>().end();
```

```
        it != iend;
        ++it )
    {
        const person& v = *it;
        std::cout
            << v.name_ << ", "
            << v.id_ << ", "
            << v.height_ << ", "
            << v.weight_ << '\n'
        ;
    }

    std::cout << '\n';
}
```

5. 모든 인덱스를 다음처럼 출력해보자.

```
print<0>(persons);
print<1>(persons);
print<2>(persons);
print<3>(persons);
```

6. 이전 예제에서 쓴 코드 중 일부를 재활용한다.

```
assert(persons.get<1>().find(2)->name_ == "Vasya Pupkin");
assert(
    persons.find(person(
        77, "Anton Polukhin", 0, 0
    )) != persons.end()
);

// 컴파일되지 않는다.
//assert(persons.get<0>().find("John Snow")->id_ == 1);
```

이제 예제를 실행시키면 인덱스의 내용을 출력한다.

```
0:
Anton Polukhin, 3, 182, 70
Antony Polukhin, 3, 183, 70
John Snow, 1, 185, 80
Vasya Pupkin, 2, 165, 60

1:
John Snow, 1, 185, 80
Vasya Pupkin, 2, 165, 60
Anton Polukhin, 3, 182, 70
Antony Polukhin, 3, 183, 70

2:
Vasya Pupkin, 2, 165, 60
Anton Polukhin, 3, 182, 70
Antony Polukhin, 3, 183, 70
John Snow, 1, 185, 80

3:
Vasya Pupkin, 2, 165, 60
Antony Polukhin, 3, 183, 70
Anton Polukhin, 3, 182, 70
John Snow, 1, 185, 80
```

예제 분석

이번 예제에서 가장 어려운 부분은 boost::multi_index::multi_index_container를 사용해 다중 인덱스 형식을 만드는 과정이다. 첫 번째 템플릿 파라미터는 인덱스를 만들 클래스다. 이번 예제에서는 person이라는 클래스였다. 두 번째 파라미터는 boost::multi_index::indexed_by라는 형식으로, 모든 인덱스는 이 클래스의 템플릿 파라미터로 할 수 있어야 한다.

이제 첫 번째 인덱스에 대한 설명 부분을 살펴보자.

```
boost::multi_index::ordered_unique<
    boost::multi_index::identity<person>
>
```

boost::multi_index::ordered_unique 클래스가 쓰였단 것은 인덱스가 std::set처럼 동작하며 모든 멤버를 가져야 한다는 뜻이다. 템플릿 인자로 쓰인 boost::multi_index::identity<person> 클래스는 인덱스가 정렬할 때 person 클래스의 연산자 <를 쓴다는 걸 뜻한다.

다음 표에 Boost.Multiindex 형식과 STL 컨테이너 사이의 관계가 나와 있다.

Boost.Multiindex 형식	STL 컨테이너
boost::multi_index::ordered_unique	std::set
boost::multi_index::ordered_non_unique	std::multiset
boost::multi_index::hashed_unique	std::unordered_set
boost::multi_index::hashed_non_unique	std::unordered_multiset
boost::multi_index::sequenced	std::list

이제 두 번째 인덱스를 살펴보자.

```
boost::multi_index::hashed_non_unique<
    boost::multi_index::member<
        person, std::size_t, &person::id_
    >
>
```

boost::multi_index::hashed_non_unique 형식은 인덱스가 std::set처럼 동작한다는 걸 뜻하고, boost::multi_index::member<person, std::size_t, &person::id_>는 인덱스가 person 구조체의 단 하나의 멤버 필드에 대해서만(여기서는 person::id_) 해시 함수를 적용해야 한다는 걸 의미한다.

나머지 인덱스들은 지금은 문제가 되지 않으니 출력 함수에서 인덱스를 어떻게 쓰는지 살펴보자. 특정 인덱스에 대한 반복자의 형식을 알아내는 방법은 다음과 같다.

```
typedef typename Indexes::template nth_index<
    IndexNo
>::type::const_iterator const_iterator_t;
```

인덱스가 템플릿 파라미터이기 때문에 코드가 약간 더 복잡해 보인다. 이 코드를 index_t의 영역 내에서 만든다면 더 간단해진다.

```
typedef indexes_t::nth_index<0>::type::const_iterator const_iterator_t;
```

nth_index 멤버 메타함수는 사용할 인덱스(0에서부터 시작)를 받는다. 이번 예제에서 인덱스 1은 ID에 대한 인덱스를, 인덱스 2는 height에 대한 인덱스를 나타내는 식이다.

이제 const_iterator_t를 어떻게 사용하는지 알아보자.

```
for (const_iterator_t it = persons.template get<IndexNo>().begin(),
    iend = persons.template get<IndexNo>().end();
    it != iend;
    ++it)
{
    const person& v = *it;
    // ...
```

이것 역시 index_t의 영역 내에 있다면 좀 더 간단해진다.

```
for (const_iterator_t it = persons.get<0>().begin(),
    iend = persons.get<0>().end();
    it != iend;
    ++it)
{
    const person& v = *it;
    // ...
```

get<indexNo>() 함수는 인덱스를 반환한다. 이 인덱스는 거의 STL 컨테이너에서 사용하듯이 쓸 수 있다.

부연 설명

C++17에는 다중 인덱스 라이브러리를 제공하지 않는다. Boost.Multiindex 라이브러리는 가상 함수를 쓰지 않는 빠른 라이브러리다. Boost.Multiindex의 공식 문서에 성능과 메모리 사용량 측정치가 나와 있는데, 표준 라이브러리 기반으로 직접 만든 코드보다 이 라이브러리가 거의 모든 경우 메모리를 적게 쓴다는 것을 볼 수 있다. 안타깝게도 boost::multi_index::multi_index_container는 C++11 특성을 지원하지도 않고 Boost.Move를 사용한 rvalue 참조자 에뮬레이션도 제공하지 않는다.

참고 사항

Boost.Multiindex의 공식 문서에 튜토리얼, 성능 측정 결과, 예제와 Boost. Multiindex 라이브러리의 유용한 특성에 대한 설명들이 나와 있다. http://boost. org/libs/multi_index를 찾아보자.

▌ 단일 연결 리스트와 메모리 풀의 장점

요즘 컨테이너가 연관일 필요도, 정렬돼 있을 필요도 없을 경우에는 주로 std::vector를 사용한다. 안드레이 알렉산드레스쿠[Andrei Alexandrescu]와 허브 서터[Herb Sutter]가 쓴 책인 『C++ Coding Standards』에서 추천하는 방식이기도 하지만, 이 책을 안 읽은 사람도 대개 std::vector를 쓴다. 사실 std::list는 느리고 std::vector보다 자원을 많이 쓴다. std::deque 컨테이너는 std::vector와 거의 똑같긴 하지만, 값들을 비연속적으로 저장한다.

하지만 컨테이너를 써야 하는 데 요소를 삭제하고 삽입하더라도 반복자가 무효화[invalid]되지 않아야 한다면 느리더라도 std::list를 써야 한다.

부스트를 쓰면 더 좋은 방법이 있다.

준비

도입부를 이해하려면 표준 라이브러리 컨테이너에 대해 잘 알아야 한다. 그다음에는 C++와 표준 라이브러리 컨테이너에 대한 기본 지식으로도 충분하다.

예제 구현

이번 예제에서는 Boost.Pool과 단일 연결 리스트를 제공하는 Boost.Container라는 두 부스트 라이브러리를 소개한다.

1. 다음 헤더 파일들을 인클루드한다.

```
#include <boost/pool/pool_alloc.hpp>
#include <boost/container/slist.hpp>
#include <cassert>
```

2. 이제 리스트의 형식을 명시한다. 다음처럼 선언하면 된다.

```
typedef boost::fast_pool_allocator<int> allocator_t;
typedef boost::container::slist<int, allocator_t> slist_t;
```

3. 이번에 선언한 단일 연결 리스트는 std::list처럼 쓰면 된다. 두 리스트형의 속도를 측정하는 데 쓸 함수를 살펴보자.

```
template <class ListT>
void test_lists( ) {
    typedef ListT list_t;

    // 1000000개의 0 삽입
    list_t list(1000000, 0);

    for (int i = 0; i < 1000; ++i) {
        list.insert(list.begin( ), i);
    }

    // 어떤 값 찾기
    typedef typename list_t::iterator iterator;
    iterator it = std::find(list.begin( ), list.end( ), 777);
    assert(it != list.end( ));

    // 일부 값 삭제
    for (int i = 0; i < 100; ++i) {
        list.pop_front( );
    }

    // 반복자는 여전히 유효하며, 같은 값을 가리키고 있다.
    assert(it != list.end( ));
    assert(*it == 777);

    // 값 추가 삽입
    for (int i = -100; i < 10; ++i) {
        list.insert(list.begin( ), i);
```

```
    }

    // 반복자는 여전히 유효하며, 같은 값을 가리키고 있다.
    assert( it != list.end( ) );
    assert( *it == 777 );
}

void test_slist( ) {
    test_lists<slist_t>( );
}

void test_list( ) {
    test_lists<std::list<int> >( );
}
```

4. 리스트가 가진 특성에 대한 구현을 알아보자.

```
void list_specific( slist_t& list, slist_t::iterator it ) {
    typedef slist_t::iterator iterator;

    // 요소 776 삭제
    assert( *(++iterator(it)) == 776 );
    assert( *it == 777 );

    list.erase_after( it );

    assert( *it == 777 );
    assert( *(++iterator(it)) == 775 );
```

5. 다음 코드로 메모리를 풀어줘야만 한다.

```
    // 메모리 풀어주기: slist는 allocator_t를 다시 바인딩하고,
    // 정수가 아니라 slist의 노드를 할당한다.

    boost::singleton_pool<
        boost::fast_pool_allocator_tag,
```

```
        sizeof(slist_t::stored_allocator_type::value_type)
    >::release_memory();
} // list_specific 함수의 끝
```

예제 분석

std::list를 사용하면 리스트 내의 모든 노드에 메모리를 개별적으로 할당해야 하기 때문에 확실히 성능이 떨어진다. 다시 말해 std::list에 10개의 요소를 삽입한다면 컨테이너는 10번 모두 메모리를 따로 할당한다. 또한 할당된 노드는 항상 메모리 내에 무작위로 분포되기 때문에 CPU 캐시에 적합하지 않다.

그래서 이번 예제에서는 Boost.Pool의 boost::fast_pool_allocator<int>를 사용했다. 이 할당자allocator는 가능하다면 좀 더 큰 메모리 블록을 할당해 다음 단계에서 새로운 메모리를 할당하지 않고도 여러 노드를 만들 수 있게 해준다.

Boost.Pool 라이브러리에도 단점은 있다. 내부에서 사용하기 위해 메모리를 쓴다. 대부분 요소마다 sizeof(coid*) 포인터의 크기만큼 추가된다. 이 문제를 피해가기 위해 Boost.Containers의 단일 연결 리스트를 사용했다.

boost::container::slist 클래스는 좀 더 압축적이지만, 반복자가 앞으로만 갈 수 있다는 단점이 있다. 3단계의 코드는 표준 라이브러리 컨테이너에 익숙한 독자라면 자주 봤을 테니 boost::container::slist만의 특성을 살펴보기 위해 4단계로 넘어가자. 단일 연결 리스트에서는 앞으로만 반복할 수 있기 때문에 기존 알고리즘으로 삽입과 삭제를 구현하면 복잡도가 O(N)이다. 삭제하거나 삽입하려면 리스트 내에 있는 기본 요소를 수정해 새 요소를 가리키게 만들어야 하기 때문이다. 이 문제를 피하기 위해 단일 연결 리스트는 상수 시간 복잡도 O(1)을 제공하는 메소드인 erase_after와 insert_after를 제공한다. 이 두 메소드는 반복자의 현재 위치 바로 다음에 있는 요소를 삭제하거나 삽입한다.

단일 연결 리스트의 시작부분에서 요소를 삽입/삭제한다면 성능차가 크지 않다.

다음 코드를 주의 깊게 살펴보자.

```
boost::singleton_pool<
    boost::fast_pool_allocator_tag,
    sizeof(slist_t::stored_allocator_type::value_type)
>::release_memory();
```

boost::fast_pool_allocator는 메모리를 해제하지 않기 때문에 이런 코드를 직접 사용해 메모리를 해제해야 한다. Boost.Pool을 사용할 때는 2장의 '영역을 벗어날 때의 처리' 예제를 활용하면 좋다.

성능 차이가 얼마나 나는지 확인하기 위해 실험 결과를 살펴보자.

```
$ TIME="Runtime=%E RAM=%MKB" time ./07_slist_and_pool l
std::list: Runtime=0:00.08 RAM=34224KB

$ TIME="Runtime=%E RAM=%MKB" time ./07_slist_and_pool s
slist_t: Runtime=0:00.04 RAM=19640KB
```

여기서 볼 수 있듯이 slist_t는 std::list 클래스에 비해 메모리를 절반만 사용할 뿐 아니라 성능도 두 배 더 좋다.

부연 설명

Boost.Container 라이브러리에는 사실 boost::container::stable_vector라는 완전히 새로운 해결책이 있다. 요소에 대한 임의 접근이 가능하고, 임의 접근 반복자를 제공하지만, 성능이나 메모리 사용상의 단점은 std::list와 거의 같다.

C++11에는 boost::container::slist와 매우 유사한 std::forward_list가 있다. 이 컨테이너도 *_after 메소드를 지원하지만, size( ) 메소드는 제공하지 않는다. C++11과 부스트 버전 모두 성능이 같고, 둘 다 가상 함수를 쓰지 않는다. 하지만 부스트 버전은 C++03 컴파일러에서도 쓸 수 있고 심지어 Boost.Move를 사용해 rvalue 참조자 에뮬레이션을 할 수 있다는 점을 기억하자.

boost::fast_pool_allocator는 C++17에서 제공하지 않는다. 하지만 C++17에는 더 좋은 방법이 있다! <memory_resource> 헤더에는 다형적 할당자와 함께 사용할 수 있는 유용한 것들이 제공되며, 거기서 std::pmr::synchronized_pool_resource, std::pmr::unsynchronized_pool_resource와 std::pmr::monotonic_buffer_resource 도 찾아볼 수 있다. 성능을 더 높이고 싶다면 이것들을 실험해보자.

 boost::fast_pool_allocator가 스스로 메모리를 해제하지 않는지 그 이유를 알겠는가? C++03에는 상태를 갖는 할당자가 없어 컨테이너가 할당자를 복사하거나 저장하지 않기 때문이다. 이런 상황에서는 스스로 메모리를 할당 해제하는 boost::fast_pool_allocator 함수를 만드는 것이 불가능하다.

참고 사항

- 메모리 풀^{memory pool}을 다루는 예제와 클래스에 대해 더 자세히 알고 싶다면 Boost.Pool의 공식 문서를 살펴보자. 이 문서는 http://boost.org/libs/pool에 서 찾아볼 수 있다.
- '일차원 연결 컨테이너 사용' 예제에서 Boost.Container가 제공하는 여러 클래스를 다양하게 살펴보자. 또한 Boost.Container의 공식 문서를 통해 직접 이 라이브러리에 대해 알아볼 수도 있고, 제공하는 클래스들에 대한 전체 참조 문서들도 살펴볼 수 있다. http://boost.org/libs/container를 방문해보자.
- C++ 프로그래밍 언어의 아버지인 비야네 스트롭스트룹^{Bjarne Stroustrup}이 벡터

대 리스트를 비롯한 흥미로운 주제들에 대해 강연한 적이 있으니 http://channel9.msdn.com/Events/GoingNative/GoingNative-2012/Keynote-Bjarne-Stroustrup-Cpp11-Style을 찾아보자.

▌일차원 연결 컨테이너 사용

앞 예제를 읽고 난 후 일부 독자들은 빠른 풀 할당자를 아무 데나 쓰려 할 수 있다. 특히 std::set과 std::map에 대해서도 말이다. 꼭 그러고 싶다면 말리지는 않겠지만 그 전에 다른 대안은 없는지 살펴보는 것이 좋을 것 같다. 바로 일차원 연결 컨테이너 말이다. 이 컨테이너는 기존의 벡터 컨테이너를 사용해 구현하되 값들을 정렬해 저장한다.

준비

표준 라이브러리 연관 컨테이너에 대한 기본적인 지식이 필요하다.

예제 구현

일차원 컨테이너는 Boost.Container 라이브러리의 일부다. 이미 이 라이브러리에서 제공하는 컨테이너 중 일부를 사용하는 방법은 앞서 살펴봤다. 이번에는 flat_set 연관 컨테이너를 알아보자.

1. 이번에는 단 하나의 헤더 파일만 인클루드하면 된다.

```
#include <boost/container/flat_set.hpp>
```

2. 그런 후 마음껏 일차원 컨테이너를 만들고 실험해본다.

```cpp
#include <algorithm>
#include <cassert>

int main( ) {
    boost::container::flat_set<int> set;
```

3. 요소들을 저장할 공간을 미리 확보한다.

```cpp
set.reserve(4096);
```

4. 컨테이너를 채운다.

```cpp
for (int i = 0; i < 4000; ++i) {
    set.insert(i);
}
```

5. 이제 std::set처럼 쓰면 된다.

```cpp
// 5.1
assert(set.lower_bound(500) - set.lower_bound(100) == 400);

// 5.2
set.erase(0);

// 5.3
set.erase(5000);

// 5.4
assert(std::lower_bound(set.cbegin( ), set.cend( ), 900000) ==
        set.cend( ));

// 5.5
```

```
        assert(
            set.lower_bound(100) + 400
            ==
            set.find(500)
        );
    } // main( ) 함수의 끝
```

예제 분석

1단계와 2단계는 간단하지만 3단계는 주의 깊게 살펴봐야 한다. 이 단계에서 일차원 연관 컨테이너와 std::vector를 사용할 때 가장 중요한 부분이다.

boost::container::flat_set 클래스는 자신의 값을 정렬된 상태로 벡터에 저장한다. 즉, 컨테이너의 끝이 아니라면 요소를 삽입하고 삭제하는 데 std::vector처럼 선형 시간(O(N))이 걸린다. 이는 필요악이다. 하지만 삽입/삭제 성능 대신 요소당 드는 메모리를 세 배나 줄일 수 있고, 프로세서의 캐시에 적합한 크기가 되며, 임의 접근 반복자를 쓸 수 있게 된다. 5단계 중 5.1을 보면 lower_bound 멤버 함수를 호출해서 얻은 두 반복자 사이의 거리를 얻을 수 있다. 일차원 집합에서 거리를 얻는 것은 상수 시간 O(1)밖에 되지 않는다. 동일한 연산을 std::set의 반복자에 대해 하려면 선형 시간 O(N)이 든다. 5.1의 경우 std::set을 사용해 거리를 얻는다면 일차원 집합 컨테이너의 거리를 얻을 때보다 400배나 느리다는 걸 알 수 있다.

3단계로 돌아가 보자. 메모리를 미리 예약하지 않는다면 요소를 삽입하는 데 시간도 더 많이 걸리고 메모리 효율성도 떨어진다. std::vector 클래스는 요청 받은 크기만큼의 메모리 블록을 할당하고 거기에서 요소를 생성한다. 메모리를 미리 확보하지 않은 상태에서 요소를 삽입한다면 미리 할당 받은 메모리 블록에 남은 공간이 없어 std::vector가 더 큰 메모리를 할당하게 될 수 있다. 그런 후 std::vector는 예전 메모리에 있던 요소들을 새로운 메모리 블록으로 복사하거나 이동하고, 예전 메모리 블록의 요소들을 지운 후 그 메모리 블록은 해제해야 한다. 그런 후에야 새로운 요소를 삽입할 수 있다. 요소를 삽입하는 동안 이와 같은 복사와 해제를 여러 번 해야 한다면 성능이 극적으로 떨어질 것이다.

 std::vector나 일차원 컨테이너가 가져야 할 요소의 수를 미리 알 수 있다면 삽입하기 전에 미리 공간을 예약해두자. 대부분 프로그램 성능이 좋아진다!

4단계는 평범하게 요소를 삽입하는 것뿐이다. 여기서 정렬된 요소를 삽입하고 있다는 걸 눈여겨보자. 꼭 그래야 하는 것은 아니지만 이렇게 정렬한 후 삽입하면 속도가 빨라진다. std::vector의 끝에 요소를 삽입하는 편이 중간이나 시작부분에 삽입하는 것보다 훨씬 빠르다.

5단계에서 5.2와 5.3은 그리 다르지 않지만, 수행 속도는 차이가 난다. 요소를 삭제할 때의 법칙은 삽입할 때와 거의 같다. 자세한 설명은 앞 문단을 참고하자.

 컨테이너에 관한 너무나 식상한 이야기를 하고 있을지도 모르지만, 이제까지 C++11의 특성을 이용하는 일부 매우 유명한 프로그램에서 엄청난 최적화 기법을 사용하면서도 표준 라이브러리 컨테이너는 그중에서도 특히 std::vector는 아무렇게나 쓰는 걸 많이 봐왔다.

5단계에서 5.4를 보면 std::lower_bound 함수가 boost::container::flat_set을 쓸 때 std::set에서보다 더 빠르다는 걸 확인할 수 있다. 임의 접근 반복자를 쓰기 때문에 가능한 일이다.

5단계의 5.5에서는 임의 접근 반복자가 갖는 장점을 확인할 수 있다.

 여기서 std::find 함수를 쓰지 않았다는 점에 주의하자. find 함수는 선형 시간 O(N)이 걸리는 데 반해 멤버 함수로 있는 find 함수는 로그 시간 O(log(N))만 걸릴 뿐이다.

부연 설명

언제 일차원 컨테이너를 쓰고 언제 일반적인 연관 컨테이너를 써야 할까? 사실 그것은 여러분의 선택이다. 그래도 선택하는 데 도움이 되도록 Boost.Container에서 제공하는 컨테이너형의 차이점에 대한 공식 문서를 읽어보자.

- 표준 연관 컨테이너보다 찾기 속도가 빠르다.
- 표준 연관 컨테이너보다 반복 속도가 빠르다.
- 작은 객체일 경우 메모리 소모량이 적다(shrink_to_fit를 쓴다면 큰 객체에서도 마찬가지임).
- 캐시 성능이 개선된다(데이터가 연결된 메모리상에 위치한다).
- 반복자가 안정적이지 않다(요소를 삽입하거나 삭제하면 반복자가 무효화된다).
- 복사할 수 없고 이동할 수 없는 형식은 저장할 수 없다.
- 표준 연관 컨테이너에 비해 예외에 대해 덜 안전하다(삽입과 삭제를 하기 위해 값을 옮기는 동안 복사/이동 생성자가 예외를 던질 수 있다).
- 표준 연관 컨테이너에 비해 삽입/삭제 연산 속도가 느리다(특히 이동할 수 없는 형식에서 심하게 느리다).

C++17에는 아쉽게도 일차원 컨테이너가 없다. 부스트가 지원하는 일차원 컨테이너는 빠르고, 수많은 최적화 기법이 적용됐으며, 가상 함수도 쓰지 않는다. Boost.Containers에서 제공하는 클래스들은 Boost.Move를 사용해 rvalue 참조자 에뮬레이션을 지원하기 때문에 C++03 컴파일러에서도 손쉽게 rvalue 참조자 에뮬레이션을 쓸 수 있다.

참고 사항

- Boost.Container에 대해 더 자세히 알고 싶다면 단일 연결 리스트와 메모리 풀의 장점 예제를 읽어보자.

- 1장의 'C++11 이동 에뮬레이션 사용' 예제에 C++03 지원 컴파일러에서 rvalue 참조자를 에뮬레이션하는 방식에 대한 기본적인 정보가 있으니 참고하자.
- Boost.Container의 공식 문서에 Boost.Container에 대한 유용한 정보뿐 아니라 각 클래스에 대한 전체 참조 자료가 나와 있다. http://boost.org/libs/container를 방문해보자.

## 10

플랫폼과 컴파일러 정보 모으기

10장에서 다루는 내용은 다음과 같다.

- OS와 컴파일러 알아내기
- int128 지원 여부 알아내기
- RTTI가 지원되지 않는다면 건너뛰기
- 더 간단한 메소드를 사용해 메타함수 만들기
- C++11에서 사용자 정의 형식의 성능은 높이고 코드 크기는 줄이기
- 이식 가능한 방식으로 함수와 클래스를 내보내고 불러들이기
- 부스트 버전 알아내고 최신 기능 가져오기

▌소개

여러 프로젝트와 회사들은 코드에 대해 자신만의 요구 사항을 갖고 있다. 어떤 곳은 예외나 RTTI를 금지하고, 어떤 곳은 C++11을 사용하지 못하게 한다. 많은 프로젝트에 걸쳐 사용될 수 있는 이식 가능한^{portable} 코드를 만들고 싶다면 10장을 꼭 읽어보자.

최대한 빠르고 최신 C++ 특성을 사용하는 코드를 만들고 싶은가? 그럴 땐 컴파일러 특성을 검출하는 도구가 꼭 필요하다.

일부 컴파일러에는 우리 삶을 정말 단순하게 해주는 고유한 특성이 있다. 단일 컴파일러만을 사용할 예정이라면 이런 특성들을 활용해 시간을 절약할 수 있다. 이런 특성을 대체하는 무언가를 바닥부터 만들려고 시간을 허비할 필요가 없다!

10장에서는 컴파일러, 플랫폼과 부스트 특성들을 알아내기 위해 사용하는 도우미^{helper} 매크로^{macro}를 알아본다. 도우미 매크로는 부스트 라이브러리 전체에서 널리 사용될 뿐 아니라 어떠한 컴파일러 플래그에서도 잘 동작할 수 있는 이식성 높은 코드를 작성하는 데 필수다.

▌OS와 컴파일러 알아내기

여러분은 아마도 코드를 컴파일하는 컴파일러를 알아내려고 못생긴 매크로를 엄청나게 쓰고 있을 것이다. 다음과 같은 전형적인 C 코드처럼 말이다.

```
//#include <something_that_defines_macros>

#if !defined(__clang__) \
    && !defined(__ICC) \
    && !defined(__INTEL_COMPILER) \
    && (defined(__GNUC__) || defined(__GNUG__))
```

```
    // GCC 맞춤

#endif
```

이제 GCC 컴파일러를 검출하는 좋은 매크로를 알아보자. 매크로 사용을 최대한 줄이려고도 해보자.

다음 예제를 보면 어떻게 했는지 알 수 있다.

준비

C++에 대한 기본 지식만으로 충분하다.

예제 구현

이번 예제는 매우 간단해서 헤더 하나와 매크로 하나뿐이다.

　1. 헤더

```
#include <boost/predef/compiler.h>
```

　2. 매크로

```
#if BOOST_COMP_GNUC

// GCC 맞춤

#endif
```

예제 분석

헤더 **<boost/predef/compiler.h>**는 모든 가능한 컴파일러에 대해 알고 있고, 각각에 대한 매크로^macro를 갖추고 있다. 현재 컴파일러가 GCC라면 매크로 **BOOST_COMP_GNUC**가 1로 정의되며, 그 외의 컴파일러에 대한 다른 모든 매크로는 0으로 정의된다. GCC 컴파일러가 아니라면 **BOOST_COMP_GNUC** 매크로는 0으로 정의된다.

이런 방식을 택하기 때문에 어떤 매크로가 정의됐는지를 직접 검출할 필요가 없다.

```
#if defined(BOOST_COMP_GNUC) // 틀렸다!

// GCC 맞춤

#endif
```

Boost.Predef 라이브러리의 매크로들은 항상 정의돼 있기 때문에 **defined()**나 **#ifdef**에서 **def**를 직접 타이핑할 필요가 없다.

부연 설명

Boost.Predef 라이브러리에는 OS, 아키텍처^architecture, 표준 라이브러리 구현, 기타 하드웨어 지원 사항을 알아내는 매크로가 있다. 언제나 정의돼 있는 매크로를 사용하기 때문에 복잡하던 표현식을 훨씬 짧게 줄일 수 있다.

```
#include <boost/predef/os.h>
#include <boost/predef/compiler.h>

#if BOOST_COMP_GNUC && BOOST_OS_LINUX && !BOOST_OS_ANDROID

// 안드로이드가 아닌 리눅스일 때 할 일

#endif
```

이제 제일 중요한 부분이다. Boost.Predef는 C, C++, 오브젝트-C 컴파일러에서도 사용할 수 있다. 원한다면 C++가 아닌 프로젝트에서도 쓸 수 있다.

C++17에서는 Boost.Predef 라이브러리 기능을 제공하지 않는다.

참고 사항

- Boost.Predef의 기능에 대해 더 알고 싶다면 http://boost.org/libs/predef에 서 공식 문서를 살펴보자.
- 다음 예제에서 더욱 질서 정연하지만, 조금 덜 아름답고, 훨씬 기능이 풍부한 Boost.Config 라이브러리를 알아보자.

▎int128 지원 여부 알아내기

일부 컴파일러는 128비트 부동소수점이나 정수와 같은 확장된 숫자 형식을 지원한다. 부스트에서 이런 정수형을 어떻게 쓰는지 간단히 알아보자.

세 개의 파라미터를 받아들인 후 이 값들을 곱하는 메소드를 만들어보자. 컴파일러가 128비트 정수를 지원한다면 그걸 쓴다. 컴파일러가 long long을 지원한다면 이쪽을 사용한다. 다 지원하지 않는다면 컴파일 시간 오류를 일으킨다.

준비

C++에 대한 기본 지식만으로 충분하다.

예제 구현

128비트 정수가 필요할 때는 어떤 것이 필요할까? 128비트 정수가 지원되는지를 알아
내는 매크로와 여러 플랫폼에서 사용할 수 있게 하는 **typedef**들이 있어야 한다.

1. 헤더를 인클루드한다.

```
#include <boost/config.hpp>
```

2. 이제 int128가 지원되는지 알아본다.

```
#ifdef BOOST_HAS_INT128
```

3. 몇 가지 **typedef**를 추가하고 메소드를 구현한다.

```
typedef boost::int128_type int_t;
typedef boost::uint128_type uint_t;

inline int_t mul(int_t v1, int_t v2, int_t v3) {
    return v1 * v2 * v3;
}
```

4. int128 형식을 지원하지도 않고, **long long**도 없다면 컴파일 시간 오류를 발생
시킨다.

```
#else // #ifdef BOOST_HAS_INT128

#ifdef BOOST_NO_LONG_LONG
#error "This code requires at least int64_t support"
#endif
```

5. 이제 int128을 지원하지 않는 컴파일러에서는 **int64**를 쓰도록 몇 가지 구현을
   추가한다.

```
struct int_t { boost::long_long_type hi, lo; };
struct uint_t { boost::ulong_long_type hi, lo; };

inline int_t mul( int_t v1, int_t v2, int_t v3) {
    // 직접 수학 문제를 푸는 코드를 넣는다.
    // ...
    return int_t( );
}

#endif // #ifdef BOOST_HAS_INT128
```

예제 분석

<boost/config.hpp> 헤더에는 컴파일러와 플랫폼 특성을 나타내는 다양한 매크로가
있다. 이번 예제에서는 **BOOST_HAS_INT128**을 사용해 128비트 정수가 지원되는지, 그
리고 **BOOST_NO_LONG_LONG**을 사용해 64비트 정수가 지원되는지 알아봤다.

이번 예제에 나와 있듯이 부스트는 부호가 있는/없는 64비트 정수에 대한 **typedef**를
갖고 있다.

```
boost::long_long_type
boost::ulong_long_type
```

그리고 부호가 있는/없는 128비트 정수에 대한 **typedef**도 있다.

```
boost::int128_type
boost::uint128_type
```

부연 설명

C++11은 64 비트 형식을 long long int와 unsigned long long int라는 이름으로 제공한다. 하지만 모든 컴파일러가 C++11을 지원하는 것은 아니므로 BOOST_NO_LONG_LONG 매크로를 써서 확인해보는 것이 좋다.

128비트 정수는 C++17에서 지원하지 않으므로 부스트의 typedef와 매크로를 사용해야만 이식 가능한 코드를 만들 수 있다.

C++ 표준위원회에서는 컴파일러 시간에 너비가 정해지는 정수를 추가하려고 작업 중이다. 이 작업이 끝나면 128비트, 512비트 더 나아가 8388608비트(1MB 길이)의 정수도 만들 수 있다.

참고 사항

- Boost.Config에 대해 더 자세히 알고 싶다면 'RTTI가 지원되지 않는다면 건너뛰기' 예제를 읽어보자.
- Boost.Config로 어떤 일을 할 수 있는지 더 알고 싶다면 http://boost.org/libs/config에 있는 공식 문서를 참고하자.
- 부스트에서는 정밀도^{precision}가 무한대인 형식도 만들 수 있다. Boost.Multiprecision 라이브러리에 대해서는 http://boost.org/libs/multiprecision에 자세히 찾아볼 수 있다.

▌ RTTI가 지원되지 않는다면 건너뛰기

어떤 회사와 라이브러리에서는 C++ 코드에 대한 특별한 요구 사항을 갖는다. 이를테면 RTTI 없이 성공적으로 컴파일할 수 있을 것과 같은 요구 사항 말이다.

이번 예제에서는 RTTI가 꺼져있는지를 검출할 뿐 아니라 형식에 대한 정보를 저장하고 typeid 없이 실행 시간에 형식을 비교하는 라이브러리(부스트와 유사한)를 바닥에서부터 만들어보자.

준비

C++ RTTI 사용에 대한 기본 지식이 필요하다.

예제 구현

RTTI가 꺼져있는지 알아내고, 형식에 대한 정보를 저장하고, 실행 시간에 형식을 비교하는 것들 모두 부스트 라이브러리에서 널리 쓰이는 트릭들이다. 그 예로 Boost. Exception과 Boost.function을 들 수 있다.

1. 먼저 다음 헤더를 인클루드한다.

```
#include <boost/config.hpp>
```

2. RTTI가 활성화돼 있고, C++11 std::std::type_index 클래스를 쓸 수 있는 상황부터 살펴보자.

```
#if !defined(BOOST_NO_RTTI) \
    && !defined(BOOST_NO_CXX11_HDR_TYPEINDEX)

#include <typeindex>
using std::type_index;

template <class T>
type_index type_id() {
```

```
    return typeid(T);
}
```

3. 그 외의 상황에서는 우리만의 `type_index`를 만들어야 한다.

```
#else

#include <cstring>
#include <iosfwd> // std::basic_ostream
#include <boost/current_function.hpp>

struct type_index {
    const char* name_;

    explicit type_index(const char* name)
        : name_(name)
    {}

    const char* name() const { return name_; }
};

inline bool operator == (type_index v1, type_index v2) {
    return !std::strcmp(v1.name_, v2.name_);
}

inline bool operator != (type_index v1, type_index v2) {
    return !(v1 == v2);
}
```

4. 마지막으로 `type_id` 함수를 정의한다.

```
template <class T>
inline type_index type_id() {
    return type_index(BOOST_CURRENT_FUNCTION);
}
```

```
#endif
```

5. 이제 형식을 비교할 수 있다.

```
#include <cassert>

int main( ) {
    assert(type_id<unsigned int>( ) == type_id<unsigned>( ));
    assert(type_id<double>( ) != type_id<long double>( ));
}
```

예제 분석

RTTI가 비활성화돼 있으면 BOOST_NO_RTTI 매크로가 정의되고, 컴파일러에 <typeindex> 헤더도 std::type_index 클래스도 없으면 BOOST_NO_CXX11_HDR_ TYPEINDEX 매크로가 정의된다.

3단계에서 직접 만든 type_index 구조체는 어떤 문자열에 대한 포인터만을 가질 뿐 흥미로운 부분은 없다.

BOOST_CURRENT_FUNCTION 매크로를 살펴보자. 이 매크로는 현재 함수에 대해 템플릿 파라미터, 인자와 반환형을 포함하는 함수의 전체 이름을 반환한다. 예를 들어 type_id<double>( )은 다음과 같이 표현할 수 있다.

```
type_index type_id( ) [with T = double]
```

그래서 다른 형식에 대해 BOOST_CURRENT_FUNCTION을 사용하면 다른 문자열을 반환한다. 그러므로 이번 예제에서 등호를 사용해 type_index 변수가 같은지 검사하지 않은 것이다.

축하한다! 이제 Boost.TypeIndex 라이브러리의 기능을 거의 다 다시 구현했다. 1단계에서부터 4단계까지의 코드를 삭제하고, 5단계의 코드를 약간 바꿔 Boost.TypeIndex 라이브러리를 쓰게 해보자.

```cpp
#include <boost/type_index.hpp>

void test() {
    using boost::typeindex::type_id;

    assert(type_id<unsigned int>() == type_id<unsigned>());
    assert(type_id<double>() != type_id<long double>());
}
```

부연 설명

물론 Boost.TypeIndex가 하는 일은 이보다 많다. 플랫폼과 관계없이 사람이 읽을 수 있는 형식 이름을 제공하고, 플랫폼과 관련된 이슈들을 회피할 수 있게 해주며, 자신만의 RTTI 구현을 구현할 수 있게 해주고, constexpr RTTI와 그 외의 것들을 제공한다.

컴파일러가 다르면 함수 이름 전체를 가져올 때 다른 매크로를 사용해야 한다. 부스트에서 제공하는 매크로를 사용하는 것이 가장 이식성이 높다. BOOST_CURRENT_FUNCTION 매크로는 컴파일 시간에 이름을 반환하기 때문에 실행 시간에는 거의 성능 저하가 없다.

C++11에는 현재 함수의 이름이 되는 __func__라는 마술 식별자를 갖고 있다. __func__의 결과는 항상 함수의 이름일 뿐이지만 BOOST_CURRENT_FUNCTION은 함수 파라미터와 템플릿 파라미터까지 보여주려고 열심히 노력한다.

참고 사항

- Boost.Config에 대해 더 많이 알고 싶다면 다음에 나오는 예제들을 읽어보자.
- Boost.TypeIndex 라이브러리의 소스코드를 보고 싶다면 http://github.com/boostorg/type_index를 방문해보자.
- type_index를 구현하기 위해 이번 예제에 나오는 모든 트릭을 사용한다.
- Boost.Config의 공식 문서는 http://boost.org/libs/config에 나와 있다.
- Boost.TypeIndex 라이브러리의 공식 문서는 http://boost.org/libs/type_index에 나와 있다.
- 1장의 '사람이 읽기 편한 형식 이름 알아내기' 예제에 Boost.TypeIndex의 여러 가지 기능이 설명돼 있다.

▌ 더 간단한 메소드 사용해 메타함수 만들기

4장과 8장은 메타프로그래밍에 대한 예제들로 구성돼 있다. 이 예제들에 나온 기법을 사용하고 싶다면 그전에 먼저 메타함수를 만드는 데 시간이 많이 든다는 점을 알아두자. 그러니 이식 가능하게 구현하기 전에 C++11의 constexpr과 같이 좀 더 사용자 친화적인 메소드를 사용해 메타함수를 실험해보는 것이 좋다.

이번 예제에서는 constexpr이 지원되는지 알아내는 방법을 살펴보자.

준비

이번 예제에서 알아야 할 것은 constexpr 함수는 컴파일 시간에 계산되는 함수라는 것뿐이다.

예제 구현

현재 constexpr 함수를 지원하는 컴파일러는 많지 않다. 그러니 새 컴파일러라 해도 실험해볼 필요가 있다. 이제 컴파일러가 constexpr 특성을 지원하는지 알아보는 방법으로 들어가 보자.

1. 10장의 다른 예제들처럼 다음 헤더를 인클루드하는 것에서부터 시작한다.

```
#include <boost/config.hpp>
```

2. 이제 constexpr을 사용한다.

```
#if !defined(BOOST_NO_CXX11_CONSTEXPR) \
    && !defined(BOOST_NO_CXX11_HDR_ARRAY)

template <class T>
constexpr int get_size(const T& val) {
    return val.size() * sizeof(typename T::value_type);
}
```

3. C++11 특성이 지원되지 않는다면 오류를 출력한다.

```
#else
#error "This code requires C++11 constexpr and std::array"
#endif
```

4. 이게 끝이다. 이제 다음과 같은 코드를 마음껏 만들어도 좋다.

```
#include <array>

int main() {
    std::array<short, 5> arr;
```

```cpp
    static_assert(get_size(arr) == 5 * sizeof(short), "");

    unsigned char data[get_size(arr)];
}
```

예제 분석

BOOST_NO_CXX11_CONSTEXPR 매크로는 C++11 constexpr을 쓸 수 있을 때 정의된다.

constexpr 키워드를 쓰면 컴파일러는 이 함수의 입력값이 컴파일 시간 상수일 경우 컴파일 시간에 계산될 수 있다는 걸 알아차릴 수 있다. C++11에서는 constexpr 함수가 할 수 있는 일에 제약 사항이 많다. C++14에서는 일부 제약 사항이 없어졌다.

BOOST_NO_CXX11_HDR_ARRAY 매크로는 C++11 std::array 클래스와 <array> 헤더를 쓸 수 있다면 정의된다.

부연 설명

하지만 constexpr에서 쓸 수 있고 알아둘 만한 매크로도 다음과 같이 많다.

- BOOST_CONSTEXPR 매크로는 constexpr로 확장되거나 확장되지 않는다.
- BOOST_CONSTEXPR_OR_CONST 매크로는 constexpr로 확장되거나 const가 된다.
- BOOST_STATIC_CONSTEXPR 매크로는 static BOOST_CONSTEXPR_OR_CONST와 같다.

이런 매크로를 사용하면 C++11 상수 표현식 특성이 지원될 경우 사용하는 코드를 만들 수 있다.

```
template <class T, T Value>
struct integral_constant {
    BOOST_STATIC_CONSTEXPR T value = Value;
    BOOST_CONSTEXPR operator T( ) const {
        return this->value;
    }
};
```

이제 다음에서처럼 integral_constant를 쓸 수 있다.

```
char array[integral_constant<int, 10>( )];
```

이번 예제에서 위 코드는 BOOST_CONSTEXPR operator T( )를 사용해 배열의 크기를 알아낸다.

C++11 상수 표현식을 쓰면 컴파일 속도도 개선될 수 있으며, 오류가 있을 때는 진단 정보도 제공한다. 사용하기 좋은 특성이다. C++14의 완화된 constexpr을 사용해야 한다면 BOOST_CXX14_CONSTEXPR 매크로를 써보자. 완화된 constexpr을 사용할 수 있을 때에만 constexpr을 확장하며, 그 외의 경우에는 아무것도 확장하지 않는다.

참고 사항

- constexpr 사용법을 더 자세히 알고 싶다면 http://en.cppreference.com/w/cpp/language/constexpr을 찾아보자.
- 매크로들에 대해 더 알고 싶다면 http://boost.org/libs/config에 있는 Boost.Config의 공식 문서를 읽어보자.

464

C++11에서 사용자 정의 형식의 성능은 높이고 코드 크기는 줄이기

C++11에서는 표준 라이브러리 컨테이너에서 사용자 정의 형식[UDT, User Defined Type]을 사용할 때를 위한 매우 특별한 구조를 갖추고 있다. 컨테이너는 이동 생성자가 예외를 던지지 않거나 복사 생성자가 없을 때에만 이동 할당과 이동 생성을 사용한다.

이번에 정의한 클래스인 move_nothrow가 예외를 던지지 않는 move 할당 연산자와 예외를 던지지 않는 move 생성자를 갖고 있다는 것을 컴파일러에 알리는 방법을 살펴보자.

준비

C++11 rvalue 참조자에 대한 기본 지식이 필요하다. 표준 라이브러리 컨테이너에 대해 알아두는 것도 좋다.

예제 구현

부스트를 사용해 자신이 만든 C++ 클래스를 개선시켜본다.

1. 여기서 해야 할 일은 move_nothrow 할당 연산자와 move_nothrow 생성자를 BOOST_NOEXCEPT 매크로로 표시하는 것뿐이다.

```cpp
#include <boost/config.hpp>

class move_nothrow {
    // 클래스 멤버는 여기에
    // ...

public:
    move_nothrow() BOOST_NOEXCEPT;
    move_nothrow(move_nothrow&&) BOOST_NOEXCEPT
```

```
    // 멤버 초기화
    // ...
{}

move_nothrow& operator=(move_nothrow&&) BOOST_NOEXCEPT {
    // 구현
    // ...
    return *this;
}

move_nothrow(const move_nothrow&);
move_nothrow& operator=(const move_nothrow&);
};
```

2. 이제 더 이상 아무것도 고치지 않고 C++11의 `std::vector`에서 이 클래스를 쓸 수 있다.

```
#include <vector>

int main() {
    std::vector<move_nothrow> v(10);
    v.push_back(move_nothrow());

    foo();
}
```

3. move 생성자에서 BOOST_NOEXCEPT를 없애면 복사 생성자의 정의가 제공되지 않기 때문에 다음과 같은 오류 메시지가 발생한다.

undefined reference to `move_nothrow::move_nothrow(move_nothrow const&)`

예제 분석

BOOST_NOEXCEPT 매크로는 noexcept를 지원하는 컴파일러라면 noexcept로 확장된다. 표준 라이브러리 컨테이너는 생성자가 예외를 던지는지를 알아내기 위해 형식 특질을 사용한다. 이 형식 특질은 대개 noexcept 명세자에 따라 결정을 내린다.

BOOST_NOEXCEPT가 없으면 왜 오류가 날까? 컴파일러의 형식 특질은 move_nothrow가 예외를 던진다고 알려주기 때문에 std::vector는 move_nothrow의 복사 생성자를 사용하려 하는데, 그에 맞는 복사 생성자가 없기 때문이다.

부연 설명

BOOST_NOEXCEPT 매크로를 사용하면 다른 소스 파일에 noexcept 함수나 메소드의 정의를 뒀는지 아닌지와 관계없이 바이너리의 크기가 줄어든다.

```cpp
// 헤더 파일에
int foo( ) BOOST_NOEXCEPT;

// 소스 파일에
int foo( ) BOOST_NOEXCEPT {
    return 0;
}
```

두 번째의 경우 컴파일러가 이미 이 함수가 예외를 던지지 않는다는 걸 알기 때문에 이들을 처리할 코드를 생성할 필요가 없어서 바이너리의 크기가 줄어드는 것이다.

 noexcept로 표시된 함수가 사실은 예외를 던진다면 그 프로그램은 생성된 객체에 대한 소멸자도 호출하지 않고 바로 종료한다.

- 왜 이동 생성자가 예외를 던지는지, 컨테이너가 어떻게 객체를 이동시켜야 하는지에 대한 문서는 http://www.open-std.org/jtc1/sc22/wg21/docs/papers/2010/n3050.html에서 찾아볼 수 있다.

- 부스트에서 BOOST_NOEXCEPT 매크로를 어떻게 사용하는지 예제를 보고 싶다면 http://boost.org/libs/config에 있는 Boost.Config의 공식 문서를 찾아보자.

▌이식 가능한 방식으로 함수와 클래스를 내보내고 불러들이기

거의 대부분의 현대 언어에서 잘 정의된 인터페이스를 가진 클래스와 메소드의 모음을 라이브러리로 묶는 기능을 제공한다. C++도 예외는 아니다. 라이브러리에는 두 가지 종류가 있는데, 하나는 실행 시간(공유 혹은 동적^{dynamic}이라고도 함) 라이브러리와 정적 라이브러리로 나뉜다. 하지만 라이브러리를 만드는 작업은 그리 쉽지 않다. 각 플랫폼에 따라 공유 라이브러리에서 어떤 심볼을 내보내야 하는지 표현하는 방식이 달라지기 때문이다.

이제 부스트를 사용해 어떻게 하면 이식 가능한 방식으로 심볼의 가시성^{visibility}을 관리할 수 있는지 알아본다.

준비

동적과 정적 라이브러리를 만들어본 경험이 있다면 좋다.

예제 구현

이번 예제의 코드는 두 부분으로 나뉜다. 첫 번째 부분은 라이브러리 자체고, 두 번째 부분은 라이브러리를 쓰는 부분이다. 두 부분은 모두 같은 헤더를 사용하는데, 이 헤더에 라이브러리 메소드를 선언할 것이다. 부스트에서 심볼의 가시성을 이식 가능한 방식으로 관리하는 것은 매우 간단하다. 한 단계씩 살펴보자.

1. 헤더 파일에서 다음과 같이 헤더를 인클루드해 필요한 정의를 가져온다.

```
#include <boost/config.hpp>
```

2. 헤더 파일에 다음 코드를 추가해야만 한다.

```
#if defined(MY_LIBRARY_LINK_DYNAMIC)
#   if defined(MY_LIBRARY_COMPILATION)
#       define MY_LIBRARY_API BOOST_SYMBOL_EXPORT
#   else
#       define MY_LIBRARY_API BOOST_SYMBOL_IMPORT
#   endif
#else
#   define MY_LIBRARY_API
#endif
```

3. 이제 모든 선언에서 **MY_LIBRARY_API** 매크로를 사용해야 한다.

```
int MY_LIBRARY_API foo();

class MY_LIBRARY_API bar {
public:
    /* ... */
    int meow() const;
};
```

4. 예외는 BOOST_SYMBOL_VISIBLE로 선언돼야만 한다. 그러지 않을 경우 라이브러리를 사용하는 코드에서 이 예외를 잡을 방법은 catch(...)밖에 없다.

```
#include <stdexcept>
struct BOOST_SYMBOL_VISIBLE bar_exception
    : public std::exception
{};
```

5. 라이브러리 소스 파일은 꼭 다음과 같이 헤더 파일을 인클루드해야 한다.

```
#define MY_LIBRARY_COMPILATION
#include "my_library.hpp"
```

6. 메소드의 정의는 라이브러리의 소스 파일에 있어야만 한다.

```
int MY_LIBRARY_API foo() {
    // 구현
    // ...
    return 0;
}

int bar::meow() const {
    throw bar_exception();
}

int bar::meow() const {
    throw bar_exception();
}
```

7. 이제 다음과 같은 코드를 써서 라이브러리를 사용할 수 있다.

```
#include "../06_A_my_library/my_library.hpp"
```

```
#include <cassert>
int main( ) {
    assert(foo( ) == 0);
    bar b;
    try {
        b.meow( );
        assert(false);
    }
    catch (const bar_exception&) {}
}
```

예제 분석

모든 실질적인 작업은 2단계에서 일어난다. 거기서 라이브러리로 내보내는 클래스와 메소드에 적용할 매크로인 MY_LIBRARY_API를 정의한다. 또한 2단계에서는 MY_LIBRARY_LINK_DYNAMIC을 검사한다. 정의되지 않았다면 정적 라이브러리 만드는 중이므로 MY_LIBRARY_API를 정의할 필요가 없다.

 MY_LIBRARY_LINK_DYNAMIC에 주의를 기울이자! 스스로 정의되는 값이 아니다. 동적 라이브러리를 만드는 중이라면 이 값을 빌드 시스템에서 정의해야 한다.

MY_LIBRARY_LINK_DYNAMIC이 정의돼 있다면 실행 시간 라이브러리를 만드는 중인 것으로, 지금 알아보고 있는 기법이 쓰이게 된다. 개발자는 사용자에게 보여주기 위해 지금 이 메소드를 내보내는 중이라고 컴파일러에게 말해야만 한다. 이후 사용자도 라이브러리에서 메소드를 불러들인다고 컴파일러에게 말해야만 한다. 라이브러리 불러들이기와 내보내기 둘 다를 위해 쓸 수 있는 단 하나의 헤더 파일을 만들고 싶다면 다음과 같이 코드를 만든다.

```
#   if defined(MY_LIBRARY_COMPILATION)
#       define MY_LIBRARY_API BOOST_SYMBOL_EXPORT
#   else
#       define MY_LIBRARY_API BOOST_SYMBOL_IMPORT
#   endif
```

라이브러리를 내보낼 때(다시 말해 컴파일할 때) `MY_LIBRARY_COMPILATION`을 정의해야
만 한다. 그러면 `MY_LIBRARY_API`가 `BOOST_SYMBOL_EXPORT`로 정의된다. 예를 들어
5단계를 보면 my_library.hpp를 인클루드하기 전에 `MY_LIBRARY_COMPILATION`을 정
의했다. `MY_LIBRARY_COMPILATION`이 정의되지 않았다면 사용자가 헤더를 인클루드한
것으로, 사용자는 이 매크로에 대해서 아무것도 모른다. 사용자가 헤더를 인클루드했
다면 라이브러리에서 심볼을 들여와야 한다.

`BOOST_SYMBOL_ VISIBLE` 매크로는 내보내지는 않을 것이지만, RTTI에서 사용될 클
래스에 대해서만 써야 한다. 이런 클래스로는 예외와 `dynamic_cast`를 사용해 형 변
환할 클래스 등이 포함된다.

부연 설명

어떤 컴파일러에서는 기본적으로 모든 심볼을 내보내기 때문에 이런 동작을 막으려면
플래그를 설정해야 한다. 예를 들어 리눅스의 GCC와 Clang은 -fvisibility=hidden
을 제공한다. 가능하면 플래그를 설정하자. 그래야 바이너리의 크기가 작아지고, 동적
라이브러리의 읽어 들이기loading 속도가 빨라지며, 이진 입력에 대한 논리적 구조가
나아진다. 일부 프로시저 간inter-procedural 최적화 기법들에서는 심볼을 적게 불러 들여
야만 코드를 더 잘 최적화할 수 있다. C++17은 가시성을 나타내는 표준화된 방법을
제공하지 않는다. 언젠가는 C++에서 가시성을 표현하는 이식성 높은 방법이 나타날
것이다. 그 전까지는 부스트에서 제공하는 매크로를 써야만 한다.

- Boost.Config 사용에 대한 예제를 더 많이 살펴보고 싶다면 10장을 처음부터 읽어보자.
- Boost.Config의 매크로 전체와 각각에 대한 설명을 읽어보고 싶다면 http://boost.org/libs/config에 있는 Boost.Config의 공식 문서를 찾아보자.

▌부스트 버전 알아내고 최신 기능 가져오기

부스트는 계속해서 활발하게 개발되고 있는 중이다. 그래서 새로운 릴리스마다 새로운 특성과 라이브러리가 포함된다. 부스트의 여러 버전에서 컴파일되는 라이브러리를 쓰길 원하면서 동시에 새로운 버전의 새 특성들도 쓰고 싶을 수 있다.

boost::lexical_cast의 변경 목록을 보자. 여기에 따르면 부스트 1.53은 lexical_cast(const CharType* chars, std::size_t count) 함수 로버로딩을 제공한다. 이번 예제에서는 새로운 버전의 부스트면 이 함수 오버로딩을 사용해본다. 그리고 오래된 버전을 쓰고 있어 찾을 수 없는 함수 오버로딩이 있을 경우 어떻게 해결할지 알아본다.

준비

C++와 Boost.LexicalCast 라이브러리에 대한 기본 지식만 있으면 충분하다.

예제 구현

부스트의 버전을 알아낸 후 최적의 코드를 만드는 것만 하면 된다. 단계별로 알아보자.

1. 부스트 버전과 boost::lexical_cast를 갖는 헤더들을 인클루드한다.

```
#include <boost/version.hpp>
#include <boost/lexical_cast.hpp>
```

2. 가능하다면 Boost.LexicalCast의 새로운 기능을 사용한다.

```
#if (BOOST_VERSION >= 105200)

int to_int(const char* str, std::size_t length) {
    return boost::lexical_cast<int>(str, length);
}
```

3. 없다면 먼저 std::string에 데이터를 복사해야 한다.

```
#else

int to_int(const char* str, std::size_t length) {
    return boost::lexical_cast<int>(
        std::string(str, length)
    );
}

#endif
```

4. 이제 다음과 같은 코드를 쓸 수 있다.

```
#include <cassert>

int main() {
    assert(to_int("10000000", 3) == 100);
}
```

예제 분석

BOOST_VERSION 매크로는 부스트 버전으로 메이저 버전을 가리키는 숫자 하나에 마이너 버전을 가리키는 숫자 세 개, 그리고 패치 수준을 나타내는 숫자 두 개가 붙는다. 예를 들어 부스트 1.73.1은 BOOST_VERSION 매크로에서 107301로 표현된다.

2단계에서 부스트 버전을 검사하고 Boost.LexicalCast의 기능에 맞춰 to_int 함수의 올바른 구현을 선택한다.

부연 설명

큰 라이브러리에서는 흔히 버전 매크로를 제공하곤 한다. 부스트 라이브러리 중 일부에서는 원하는 라이브러리의 버전을 명시할 수 있게도 한다. Boost.Thread가 제공하는 BOOST_THREAD_VERSION 매크로가 대표적이다.

한편 C++에도 버전 매크로가 있다. __cplusplus 매크로의 값으로 C++11 이전과 C++11을, C++11을 C++14와 또는 C++17과 구분할 수 있다. 현재 각각의 값은 199711L, 201103L, 201402L, 201703L이다. 매크로의 값은 표준위원회가 해당 표준을 승인한 연도와 월을 나타낸다.

참고 사항

- BOOST_THREAD_VERSION과 버전에 따라 Boost.Thread 라이브러리가 어떤 영향을 받는지 알고 싶다면 5장의 '실행 스레드 생성' 예제를 읽어보자. 아니면 http://boost.org/libs/thread에 있는 문서를 읽어보자.
- Boost.Config에 대해 자세히 알고 싶다면 10장을 처음부터 읽거나 http://boost.org/libs/config에 있는 공식 문서를 찾아보자.

## 11

시스템 사용

11장에서 다루는 내용은 다음과 같다.

- 디렉터리 내의 파일 나열
- 파일과 디렉터리 생성과 삭제
- 플러그인 작성과 사용
- 백트레이스(현재 콜 시퀀스) 얻기
- 한 프로세스에서 다른 프로세스로 빠르게 데이터 옮기기
- 프로세스 간 통신 동기화
- 공유 메모리 안에서 포인터 쓰기
- 가장 빠르게 파일 읽기
- 코루틴: 상태를 저장한 후 실행을 잠시 미루기

소개

각 운영체제마다 시스템 호출^{system call}이 많이 제공되고, 이 시스템 호출들은 운영체제에 따라 거의 같은 일을 약간 다른 방식으로 수행하곤 한다. 시스템 호출들은 성능도 다르고, 운영체제에 따라서 각기 형태도 다르다. 부스트는 시스템 호출에 대한 이식 가능하고 안전한 래퍼를 제공한다. 좋은 프로그램을 만들려면 이런 래퍼를 알아둘 필요가 있다.

11장에서는 운영체제를 사용하는 방법을 알아보자. 6장에서는 네트워크 통신과 신호를 다루는 방법을 알아봤다. 11장에서는 파일을 생성하고 삭제하는 것과 파일 시스템을 좀 더 자세히 들여다본다. 서로 다른 시스템 프로세스 사이에서 데이터를 주고받는 방법과 파일을 최대한 빨리 읽는 방법, 그리고 그 외의 트릭들을 사용하는 방법을 알아본다.

디렉터리 내의 파일 나열

표준 라이브러리에는 파일에서 데이터를 읽고 쓰는 함수와 클래스가 있다. 하지만 C++17 이전에는 디렉터리 내의 파일을 나열하거나, 파일의 형식을 얻거나, 파일에 대한 접근 권한을 얻는 함수는 없었다.

이제 부스트를 사용해 이런 불편함을 해소해보자. 현재 디렉터리에 있는 파일 이름을 나열하고, 쓰기 접근을 하고, 파일의 형식을 알아보는 프로그램을 만들어보자.

준비

C++에 대한 기본 지식만으로도 충분하고도 넘친다.

이번 예제는 **boost_system** 및 **boost_filesystem** 라이브러리와 링크해야 한다.

예제 구현

이번과 다음 예제에서는 파일 시스템을 다루는 이식 가능한 래퍼에 대해 알아본다.

1. 다음 두 헤더 파일을 인클루드한다.

```
#include <boost/filesystem/operations.hpp>
#include <iostream>
```

2. 이제 디렉터리를 명시한다.

```
int main() {
    boost::filesystem::directory_iterator begin("./");
```

3. 디렉터리를 명시한 후 내용을 순환하며 살펴보자.

```
    boost::filesystem::directory_iterator end;

    for (; begin != end; ++ begin) {
```

4. 다음 단계로 파일 정보를 얻어본다.

```
        boost::filesystem::file_status fs =
                boost::filesystem::status(*begin);
```

5. 이제 파일 정보를 출력한다.

```
        switch (fs.type()) {
           case boost::filesystem::regular_file:
               std::cout << "FILE      ";
               break;
```

```
        case boost::filesystem::symlink_file:
            std::cout << "SYMLINK    ";
            break;
        case boost::filesystem::directory_file:
            std::cout << "DIRECTORY  ";
            break;
        default:
            std::cout << "OTHER      ";
            break;
    }

    if (fs.permissions() & boost::filesystem::owner_write) {
        std::cout << "W ";
    } else {
        std::cout << "  ";
    }
```

6. 마지막으로 파일 이름을 출력한다.

```
        std::cout << begin->path() << '\n';
    } /*for*/
} /*main*/
```

이제 끝이다. 이 프로그램을 실행시키면 다음과 비슷한 결과를 얻을 수 있다.

```
FILE W "./main.o"
FILE W "./listing_files"
DIRECTORY W "./some_directory"
FILE W "./Makefile"
```

예제 분석

Boost.Filesystem의 함수와 클래스는 사실 파일을 다루는 시스템별 함수를 둘러싼 래퍼다.

2단계에서 /를 사용하는 방법에 주의하자. POSIX 시스템에서는 경로를 명시할 때 /를 사용한다. 윈도우^{Windows}에서는 기본적으로 \을 사용한다. 하지만 윈도우도 /를 인식할 수 있다. 그러니 ./라고 하면 널리 쓰이는 모든 운영체제에서 잘 동작하는 '현재 디렉터리'가 된다.

다음으로 3단계를 살펴보자. 여기서는 기본 생성자를 사용해 boost::filesystem:: directory_iterator 클래스를 생성했다. 이 클래스는 std::istream_iterator 클래스와 동일하게 동작한다. 기본 생성된 end 반복자처럼 행동한단 뜻이다.

4단계는 좀 복잡하다. 이해하기 어렵단 뜻이 아니라 상당히 변환을 많이 한다는 뜻이다. begin 반복자를 참조 해제하면 boost::filesystem::directory_entry가 반환되는데, 이는 암묵적으로 boost::filesystem::path로 변환된다. 즉, boost:: filesystem::/status 함수의 파라미터로 쓰일 수 있다. 사실 이것보다 더 잘 할 수도 있다.

```
boost::filesystem::file_status fs = begin->status();
```

 불필요한 암묵적 변환을 피하고 싶다면 참조 문서를 주의 깊게 읽어보자.

5단계에서 하는 일은 빤하기 때문에 6단계로 넘어가자. 여기서 또다시 경로로의 암묵적 변환이 일어난다. 다음처럼 하는 것이 더 낫다.

```
std::cout << begin->path() << '\n';
```

여기서 begin->path( )는 boost::filesystem::path 변수에 대한 const 참조자를 반환하는데, path 변수는 boost::filesystem::directory_entry를 갖는다.

부연 설명

Boost.Filesystem은 C++17에 포함됐다. C++17에서는 관련된 모든 것이 <filesystem> 헤더 파일의 std::filesystem 네임스페이스 내에 들어가 있다. 파일 시스템의 표준 라이브러리 버전은 부스트 버전과는 약간 다른데, 영역화된 열거형 클래스enum class를 사용한다는 점이 가장 대표적인 차이점이다. 그에 반해 Boost.Filesystem은 영역이 없는 enum을 쓴다.

 directory_entry라는 클래스도 있다. 이 클래스는 파일 시스템 정부를 캐싱한다. 파일 시스템을 자주 사용하면서 다양한 정보를 알아본다면 directory_entry를 써보자. 성능이 더 나아질 것이다.

다른 부스트 라이브러리처럼 Boost.Filesystem도 C++17 전의 컴파일러에서 쓸 수 있으며, 심지어는 C++11 이전의 컴파일러에서도 쓸 수 있다.

참고 사항

- Boost.filesystem을 사용하는 또 다른 예를 보고 싶다면 '파일과 디렉터리 생성과 삭제' 예제를 찾아보자.
- Boost.filesystem이 제공하는 기능에 대해 자세히 알고 싶다면 부스트의 공식 문서를 읽어보자. http://boost.org/libs/filesystem에서 찾아볼 수 있다.
- C++17 초안은 http://www.open-std.org/jtc1/sc22/wg21/docs/papers/2017/n4659.pdf에서 읽을 수 있다.

▌파일과 디렉터리 생성과 삭제

다음 코드를 한번 살펴보자.

```
std::ofstream ofs("dir/subdir/file.txt");
ofs << "Boost.Filesystem is fun!";
```

dir/subdir이라는 디렉터리에 있는 file.txt에 무언가를 쓰려고 하는 코드다. 해당 디렉터리가 없다면 당연히 쓰기에 실패할 것이다. 그래서 잘 동작하는 코드를 만들려면 파일 시스템을 다루는 기능이 꼭 필요하다.

이번 예제에서는 디렉터리와 하위 디렉터리를 만들고, 파일에 데이터를 쓰고, 심볼릭 링크symbolic link인 symlink를 만들어본다. 심볼릭 링크를 만들지 못했다면 생성한 파일을 삭제해본다. 오류를 알리는 방식으로 예외 대신 반환 코드를 사용할 생각이다.

준비

C++와 `std::ofstream` 클래스에 대한 기본 지식이 필요하다.

`Boost.Filesystem`은 헤더만 있는 라이브러리가 아니므로, 이번 예제에 나오는 코드는 `boost_system`과 `boost_filesystem` 라이브러리에 링크해야 한다.

예제 구현

앞서 예제에 이어 파일 시스템에 대한 이식 가능한 래퍼를 알아보자. 이번 예제에서는 디렉터리 내용을 수정하는 방법을 알아보려 한다.

   1. 언제나처럼 필요한 헤더를 인클루드한다.

```
#include <boost/filesystem/operations.hpp>
#include <cassert>
#include <fstream>
```

2. 이번에는 오류(가 있으면)를 저장할 변수를 만든다.

```
int main( ) {
    boost::system::error_code error;
```

3. 필요하다면 디렉터리를 만든다.

```
boost::filesystem::create_directories("dir/subdir", error);
assert(!error);
```

4. 파일에 데이터를 쓴다.

```
std::ofstream ofs("dir/subdir/file.txt");
ofs << "Boost.Filesystem is fun!";
assert(ofs);
ofs.close( );
```

5. symlink를 만든다.

```
boost::filesystem::create_symlink(
    "dir/subdir/file.txt", "symlink", error);
```

6. symlink를 통해 파일에 접근할 수 있는지 확인한다.

```
if (!error) {
    std::cerr << "Symlink created\n";
```

```
    assert(boost::filesystem::exists("symlink"));
```

7. symlink를 만들 수 없었다면 생성한 파일을 지운다.

```
    } else {
        std::cerr << "Failed to create a symlink\n";

        boost::filesystem::remove_all("dir", error);
        assert(!error);

        boost::filesystem::remove("symlink", error);
        assert(!error);
    } /*if (!error)*/
} /*main*/
```

예제 분석

6장의 거의 모든 코드에서 boost::system::error_code를 사용해봤다. 이 변수는 오류에 대한 정보를 저장하며, 부스트 라이브러리 전체에서 널리 사용된다.

 Boost.Filesystem 함수에 boost::system::error_code의 인스턴스를 제공하지 않는다 해도 코드 자체는 잘 컴파일된다. 대신 오류가 발생했을 때 예외를 던진다. 메모리를 할당하다 실패한 것이 아니라면 대개 boost::filesystem::filesystem_error 예외를 던진다.

3단계에서 boost::filesystem::create_directory가 아니라 boost::filesystem:: create_directories 함수를 사용했다. 첫 번째 함수는 하위 디렉터리를 만들 수 없기 때문이다. boost::filesystem::remove_all과 boost::filesystem::remove의 관계도 비슷하다. 첫 번째 함수는 비어 있지 않아 파일과 하위 디렉터리를 가진 디렉터리를 삭제할 수 있다. 두 번째 함수는 단 하나의 파일만 삭제할 수 있다.

다음 단계들은 이해하기 어렵지 않으니 문제없을 것이다.

부연 설명

boost::system::error_code 클래스는 C++11에 포함됐으며, <system_error> 헤더
의 std:: 네임스페이스 아래에서 찾아볼 수 있다. Boost.Filesystem은 C++11에 포
함되지 않았지만, C++17에 포함됐다.

마지막으로 Boost.Filesystem을 사용할 프로그래머들을 위한 작은 팁 하나가 있다.
일상적으로 파일 시스템에서 오류가 생기거나 굉장히 응답성/성능이 중요한 애플리케
이션에 대해서만 boost::system::error_codes를 사용하자. 그 외에는 예외를 쓰는
편이 더 낫고 안전하다.

참고 사항

'디렉터리 내의 파일 나열' 예제에서도 Boost.Filesystem을 다룬다. 더 많은 정보와
예제를 읽고 싶다면 http://boost.org/libs/filesystem에 있는 부스트의 공식 문서를 읽
어보자.

▌ 플러그인 작성과 사용

어려운 질문 하나, 사용자가 우리 프로그램의 기능을 확장시킬 수 있게 하고 싶지만,
그렇다고 소스코드를 주고 싶진 않다. 다시 말해 "함수 X를 작성한 후 공유 라이브러
리로 감싸세요. 다른 사용자의 함수와 함께 여러분의 함수도 사용하겠습니다!"라고
말하고 싶다.

> ℹ️ 이 기법을 일상생활에서 만나고 있다. 브라우저에서 제삼자의 플러그인을 허용할 때 텍스트 편집기에서 문법 하이라이트 기능을 사용할 때 **다운로드 가능한 컨텐트**(DLC, downloadable content)나 게임 플레이어의 컨텐트를 추가하기 위해 동적 라이브러리 로딩 기법을 쓰는 게임, 암호화/인증을 위한 모듈이나 플러그인을 사용하는 서버가 반환한 웹 페이지 등등에서 활용된다.

사용자 함수에는 필요한 것은 무엇이고, 언제든 공유 라이브러리에 링크를 걸지 않고도 해당 사용자 함수를 사용할 수 있으려면 어떻게 해야 할까?

준비

C++에 대한 기본 지식이 필요하다. 10장의 '이식 가능한 방식으로 함수와 클래스를 내보내고 불러들이기' 예제를 읽어두자.

예제 구현

먼저 사용자와 협의를 해둬야 한다.

1. 플러그인 인터페이스에 대한 요구 사항을 문서로 만든다. 예를 들어 모든 플러그인은 greeter라는 이름의 함수를 내보내야 하며, 그 함수는 const std::string&를 받아들이고 std::string을 반환해야 한다는 식으로 말이다.

2. 그런 후 사용자는 다음과 같은 방식으로 플러그인/공유 라이브러리를 시작해야 한다.

```
#include <string>
#include <boost/config.hpp>

#define API extern "C" BOOST_SYMBOL_EXPORT
```

```
API std::string greeter(const std::string& name) {
    return "Good to meet you, " + name + ".";
}
```

3. 공유 라이브러리를 로딩하는 프로그램 코드는 Boost.DLL의 헤더를 인클루드해야만 한다.

```
#include <boost/dll/shared_library.hpp>
```

4. 라이브러리를 로딩하는 코드가 다음에 나와 있다.

```
int main( int argc, char* argv[]) {
    assert(argc == 2);
    boost::filesystem::path plugin_path = argv[1];

    boost::dll::shared_library plugin(
        plugin_path,
        boost::dll::load_mode::append_decorations
    );
```

5. 사용자의 함수를 얻는 방식은 다음을 따라야 한다.

```
    auto greeter = plugin.get<std::string(const
        std::string&)>("greeter");
```

6. 끝났다. 이제 이 함수를 사용할 수 있다.

```
    std::cout << greeter("Sally Sparrow");
}
```

로딩한 플러그인에 따라 결과가 다르게 나온다.

---

plugin_hello:

Good to meet you, Sally Sparrow.

plugin_do_not:

They are fast. Faster than you can believe. Don't turn

your back, don't look away, and don't blink. Good luck, Sally Sparrow.

예제 분석

2단계에서 작은 트릭을 부렸다. 함수는 extern "C"로 선언하면 컴파일러는 함수 이름을 바꿔서는 안 된다. 다시 말해 2단계에서는 greet란 이름의 함수를 만들고, 바로 그 이름을 공유 라이브러리로 내보낸 것이다.

4단계에서는 boost::dll::shared_library형의 변수를 plugin이라는 이름으로 만든다. 이 변수의 생성자는 명시한 경로에 있는 공유 라이브러리를 현재 실행 파일의 주소 영역으로 불러들인다. 5단계에서는 plugin에서 greet란 이름의 함수를 찾는다. 또한 이 함수의 서명을 std::string(const std::string&)로 명시했고, 해당 함수에 대한 포인터를 변수 greet에 저장했다.

이게 끝이다! 그다음부터는 plugin 변수와 그 복사품들이 소멸되지 않는 한 greet 변수를 함수로 사용할 수 있다.

공유 라이브러리에 여러 함수를 내보낼 수도 있다. 아예 변수를 내보낼 수도 있다.

> 조심하자! 항상 C와 C++ 라이브러리를 플러그인과 핵심 실행 파일에 동적으로 링크해야 한다. 그러지 않으면 애플리케이션이 크래시(crash)된다. 플러그인에서 C와 C++ 라이브러리는 항상 같거나 ABI 호환 버전을 사용해야 한다. 그러지 않으면 애플리케이션이 크래시된다. 자주 문서에서 저지르는 실수에 대해 읽어보자!

부연 설명

Boost.DLL은 새로운 라이브러리로 부스트 1.61에 추가됐다. 이 라이브러리에서 필자가 제일 좋아하는 부분은 플랫폼별 데코레이션을 공유 라이브러리 이름에 추가하는 기능이다. 예를 들어 다음 코드는 플랫폼에 따라 "./some/path/libplugin_name.so", "./some/path/plugin_name.dll"이나 "./some/path/libplugin_name.dll"을 로딩하려 흰다.

```
boost::dll::shared_library lib(
    "./some/path/plugin_name",
    boost::dll::load_mode::append_decorations
);
```

C++17에는 boost::dll::shared_library와 같은 기능을 하는 클래스가 없다. 하지만 현재 작업 중이기 때문에 언젠가는 C++ 표준에서 볼 수 있을 것이다.

참고 사항

공식 문서에 여러 가지 예제뿐 아니라 더욱 중요한 자주 저지르는 문제/잘못된 사용법이 나와 있으니 http://boost.org/libs/dll을 방문해보자.

▎ 백트레이스(현재 콜 시퀀스) 얻기

오류나 실패를 보고하려면 오류 자체보다는 어떤 단계를 거쳐 오류가 발생하게 됐는지를 보고하는 것이 더 중요하다. 다음에 나와 있는 단순한 거래 시뮬레이터를 살펴보자.

```cpp
int main() {
    int money = 1000;
    start_trading(money);
}
```

이 코드가 알려주는 것은 다음 출력문뿐이다.

Sorry, you're bankrupt!

이건 아니다. 무엇 때문에 어떤 단계들을 거쳐서 파산하게 됐는지를 알고 싶다.

그러니 이제 다음 함수를 수정해서 파산하게 된 과정을 보고하게 해보자.

```cpp
void report_bankruptcy() {
    std::cout << "Sorry, you're bankrupt!\n";

    std::exit(0);
}
```

준비

이번 예제에서는 부스트 1.65나 더 최신 부스트가 필요하다. C++에 대한 기본 지식도 필요하다.

예제 구현

이번 예제에서는 클래스 하나를 만들고 출력하면 된다.

```cpp
#include <iostream>
#include <boost/stacktrace.hpp>

void report_bankruptcy() {
    std::cout << "Sorry, you're bankrupt!\n";
    std::cout << "Here's how it happened:\n" << boost::stacktrace::stacktrace();
    std::exit(0);
}
```

끝났다. 이제 report_bankruptcy( ) 함수가 다음과 같은 출력을 낸다(아래에서부터 읽어 올라오자).

```
Sorry, you're bankrupt!
Here's how it happened:
 0# report_bankruptcy( )
 1# loose( int )
 2# go_to_casino( int )
 3# go_to_bar( int )
 4# win( int )
 5# go_to_casino( int )
 6# go_to_bar( int )
 7# win( int )
 8# make_a_bet( int )
 9# loose( int )
10# make_a_bet( int )
11# loose( int )
12# make_a_bet( int )
13# start_trading( int )
14# main
15# 0x00007F79D4C48F45 in /lib/x86_64-linuxgnu/libc.so.6
```

```
gnu/libc.so.6
16# 0x0000000000401F39 in ./04_stacktrace
```

예제 분석

이 신비로운 일을 하는 것은 바로 boost::stacktrace::stacktrace 클래스다. 생성될 때에 먼저 현재의 콜 스택^{call stack}을 자체 저장한다. boost::stacktrace::stacktrace 는 복사할 수 있고 이동할 수도 있다. 그러니 저장된 호출 시퀀스를 다른 함수로 전달할 수도 있고, 예외 클래스에 복사하거나 파일에 저장할 수도 있다. 원하는 뭐든 하자!

출력에 있는 boost::stacktrace::stacktrace의 인스턴스는 저장된 호출 시퀀스를 해독해 사람이 이해할 수 있는 함수 이름으로 바꾼다. 그게 바로 앞의 예제에서 봤던 결과, report_bankruptcy( ) 함수를 호출하게 된 과정상의 호출 시퀀스다.

boost::stacktrace::stacktrace를 사용하면 저장된 주소를 반복할 수도 있고, 개별 주소를 사람이 이해할 수 있는 이름으로 해독할 수도 있다. 출력된 기본 포맷이 마음에 들지 않는다면 원하는 방식으로 출력하는 자신만의 함수를 만들 수도 있다.

백트레이스^{backtrace}가 유용한지 여부는 여러 가지 사안에 달려있다. 자신의 프로그램의 배포판에 인라인 함수가 있다면 출력 결과를 읽기가 조금 더 어려워진다.

```
0# report_bankrupty( )
1# go_to_casino(int)
2# win(int)
3# make_a_bet(int)
4# make_a_bet(int)
5# make_a_bet(int)
6# main
```

디버그 심볼 없이 실행 파일을 만들면 여러 가지 함수 이름이 트레이스에 포함되지 않을 수 있다.

 트레이스의 가독성에 영향을 주는 다양한 컴파일 플래그와 매크로에 대해 자세히 살펴보고 싶다면 공식 문서의 'Configuration and Build' 절을 읽어보자.

부연 설명

Boost.Stacktrace 라이브러리는 큰 프로젝트에 잘 어울리는 멋진 특성들을 많이 제공한다. 프로그램을 링크하는 동안 모든 트레이스 기능을 비활성화할 수 있다. 즉, 소스 파일을 다시 컴파일할 필요가 없다. 전체 프로젝트에 대해 BOOST_STACKTRACE_LINK 매크로만 정의하면 된다. 이제 boost_stacktrace_noop 라이브러리를 링크했다면 빈 트레이스가 수집된다. boost_stacktrace_windbg/boost_stacktrace_windbg_cached/boost_stacktrace_backtrace/... libraries를 링크하면 읽는 방식이 달라진 트레이스를 얻을 수 있다.

Boost.Stacktrace는 새로운 라이브러리로 부스트 1.65에 추가됐다.

boost::stacktrace::stacktrace는 현재 호출 시퀀스를 상당히 빠르게 모은다. 메모리 한 조각을 동적으로 할당하고 거기에 주소 한 뭉치를 복사한다. 주소를 해독하는 것은 훨씬 느리다. 플랫폼별로 달라지는 호출을 여러 가지 사용하며, 프로세스를 포크 fork할 수도 있고, 초기화하거나 COM을 쓸 수도 있다.

C++17에는 Boost.Stacktrace 기능이 제공되지 않는다. 다음 C++ 표준에 추가하기 위한 작업이 진행되고 있다.

참고 사항

공식 문서는 http://boost.org/libs/stacktrace/에 있으며, 비동기 신호에 안전한 스택 트레이스 기능과 Boost.Stacktrace가 제공하는 모든 기능에 대한 상세한 설명이 담겨있다.

▌한 프로세스에서 다른 프로세스로 빠르게 데이터 옮기기

때때로 다른 프로그램과 자주 통신해야 하는 프로그램을 만들어야 할 때가 있다. 프로그램이 다른 곳에 있을 때는 소켓을 사용해 통신하는 방식이 가장 널리 쓰인다. 하지만 한곳에서 여러 프로세스가 동시에 실행되고 있다면 더 좋은 방법이 있다.

이제 Boost.Interprocess 라이브러리를 사용해 다양한 프로세스에서 공유할 수 있는 메모리 공간을 만드는 방법을 알아본다.

준비

C++에 대한 기본 지식이 필요하다. 그리고 원자^{atomic} 변수에 대한 지식도 필요하다(원자에 대해서는 '참고 사항' 절을 확인하자). 일부 플랫폼에서는 실행 시간 라이브러리 rt와 링크해야 할 수도 있다.

예제 구현

이번 예제에서는 여러 프로세스가 원자 변수를 공유하는 방법을 알아본다. 그리고 새로운 프로세스가 시작되면 그 값을 증가시키고, 프로세스가 끝나면 줄이게 한다.

1. 프로세스 간 통신을 지원하려면 다음 헤더를 인클루드해야 한다.

```
#include <boost/interprocess/managed_shared_memory.hpp>
```

2. 헤더 다음으로 typedef를 쓰고, 몇 가지 검사를 통해 이번 예제에서 원자를 쓸 수 있는지 확인한다.

```
#include <boost/atomic.hpp>

typedef boost::atomic<int> atomic_t;
#if (BOOST_ATOMIC_INT_LOCK_FREE != 2)
#error "This code requires lock-free boost::atomic<int>"
#endif
```

3. 공유할 수 있는 메모리 공간을 만들거나 얻는다.

```
int main() {
    boost::interprocess::managed_shared_memory
            segment(boost::interprocess::open_or_create,
            "shm1-cache", 1024);
```

4. atomic 변수를 얻거나 만든다.

```
    atomic_t& atomic
        = *segment.find_or_construct<atomic_t> // 1
            ("shm1-counter")                    // 2
            (0)                                 // 3
    ;
```

5. 일반적인 방식으로 atomic 변수를 사용한다.

```
    std::cout << "I have index " << ++ atomic
```

```
        << ". Press any key...\n";
    std::cin.get();
```

6. atomic 변수를 소멸시킨다.

```
    const int snapshot = --atomic;
    if (!snapshot) {
        segment.destroy<atomic_t>("shm1-counter");
        boost::interprocess::shared_memory_object
                ::remove("shm1-cache");
    }
} /*main*/
```

이제 끝이다! 이 프로그램을 동시에 여러 개 실행시킨다면 각 인스턴스가 인덱스 값을 증가시키는 걸 볼 수 있다.

```
I have index 1. Press any key...
I have index 2.

Press any key...
I have index 3. Press any key...
I have index 4. Press any key...
I have index 5.

Press any key...
```

예제 분석

모든 프로세스가 볼 수 있는 메모리 공간을 얻고 거기에 데이터를 쓰는 것이 이번 예제의 핵심이다. 3단계에 이런 일을 할 때 쓸 수 있는 메모리 공간을 얻는 방법이 나와 있다. 여기서 shm1-cache는 메모리 공간의 이름이다(각 메모리 공간마다 이름이

다르다). 여기에 원하는 어떤 이름이든 붙일 수 있다. 첫 번째 파라미터는 `boost::interprocess::open_or_create`로 shm1-cache라는 이름으로 만들어진 메모리 공간이 있다면 `boost::interprocess::managed_shared_memory`로 열고, 아니면 생성하라는 뜻이다. 마지막 파라미터는 메모리 공간의 크기다.

 메모리 공간의 크기는 Boost.Interprocess 라이브러리에서 쓰는 데이터가 들어가고도 남아야 한다. 그래서 sizeof(atomic_t)가 아니라 1024를 쓴 것이다. 하지만 사실 운영체제는 이 값을 받아 자신이 할당할 수 있는 값에 맞춰 올림하는데, 대개 4kB보다 크거나 같기 때문에 어떤 방식을 쓰든 크게 관계는 없다.

4단계에서는 여러 가지 일을 한꺼번에 처리해야 하기 때문에 약간 까다롭다. 4단계의 두 번째 부분에서는 메모리 공간에 shm1-counter라는 변수가 있는지 찾고, 없으면 만든다. 이때 변수를 찾기 못해 새로 만들어야 한다면 초기화에 4단계의 세 번째 부분에서 제공한 파라미터를 사용한다. 이 파라미터는 변수를 찾기 못해 새로 생성할 때에만 사용되며, 그 외에는 무시한다. 두 번째 코드를 좀 더 자세히 살펴보자(4단계의 첫 번째 부분). 참조 해제 연산자인 *를 호출했다는 점에 주의하자. `segment.find_or_construct<atomic_t>`는 atomic_t에 대한 포인터를 반환하는데, 포인터를 직접 조작하는 것은 좋지 않기 때문에 참조 해제한 것이다.

 공유 메모리에 있는 원자 변수를 사용했다! 두 개 이상의 프로세스가 같은 shm1-counter 원자 변수에 동시에 접근할 수 있게 하기 위해서다.

공유 메모리에 있는 객체를 다룰 때는 몹시 주의를 기울여야 한다. 이들을 삭제하는 걸 잊지 말자. 이번 예제에서는 6단계에서 이름을 사용해 객체와 메모리 공간을 삭제했다.

부연 설명

2단계를 자세히 살펴보면 `BOOST_ATOMIC_INT_LOCK_FREE != 2`라는 검사를 했다는 걸 알 수 있다. `atomic_t`가 뮤텍스를 쓰지 않는지 확인할 수 있다. 뮤텍스는 공유 메모리에서는 제대로 동작하지 않기 때문에 꼭 이렇게 검사해봐야 한다. `BOOST_ATOMIC_INT_LOCK_FREE`가 2가 아니라면 정의되지 않은 동작을 하게 될 것이다.

아쉽게도 C++11에는 프로세스 간 통신을 위한 클래스가 지원되지 않는다. 그리고 필자가 아는 한 `Boost.Interprocess`를 C++20에 추가하자고 제안하지도 않은 상태다.

 한 번 메모리 공간을 생성하고 나면 자동으로 크기가 늘어나지 않는다! 그러니 충분히 큰 메모리 공간을 할당받게 하자. 아니면 할당받은 공간을 증가시키는 것과 관련된 정보를 '참고 사항' 절에서 알아보자.

공유 메모리를 사용하면 가장 빠르게 프로세스끼리 통신을 할 수 있지만, 프로세스들이 메모리를 공유할 수 있을 때에만 쓸 수 있는 방법이다. 다시 말해 프로세스가 같은 호스트[host]나 동기 다중 프로세스[SMP, Symmetric MultiProcessing] 클러스터[cluster]에 속해야 한다.

참고 사항

- '프로세스 간 통신 동기화' 예제에서도 공유 메모리, 프로세스 간 통신과 공유 메모리에 있는 자원을 동기화해 접근하는 방법을 알아본다.
- 원자에 대해서는 5장의 '원자 연산으로 공통 자원에 빠르게 접근' 예제를 참고하자.
- `Boost.Interprocess`에 대한 부스트의 공식 문서를 읽어보는 것도 좋다. 이 문서는 http://boost.org/libs/interprocess에 있다.
- 할당받은 메모리를 증가시키는 방법은 http://boost.org/libs/interprocess에 나와 있다.

▌프로세스 간 통신 동기화

이전 예제에서는 공유 메모리를 만들고 거기에 객체를 두는 방법을 알아봤다. 이제 좀 더 유용한 작업을 해보자. 5장의 'work_queue 클래스 생성' 예제에서 사용한 예제를 다중 프로세스 상황으로 바꿔본다. 이번 예제를 통해 다양한 작업을 저장하고 프로세스로 작업을 넘겨줄 수 있는 클래스를 만들어본다.

준비

이번 예제는 이전 예제의 기법을 그대로 사용한다. 또한 5장의 'work_queue 클래스 생성' 예제도 읽어둬서 핵심 사항을 알아둘 필요가 있다. 일부 플랫폼에서 이번 예제를 동작시키려면 실행 시간 라이브러리 rt와 링크해야 한다.

예제 구현

스레드 대신 종속 프로세스를 만드는 쪽이 더 안전하다. 종속 프로세스가 끝난다고 하더라도 부모 프로세스를 종료시키진 않기 때문이다. 이런 가정에 대해서는 여기서 다루지 않겠다. 프로세스 간에 데이터를 공유하는 방법만 알아본다.

1. 이번 예제에서는 상당히 많은 헤더를 사용한다.

```
#include <boost/interprocess/managed_shared_memory.hpp>
#include <boost/interprocess/containers/deque.hpp>
#include <boost/interprocess/allocators/allocator.hpp>
#include <boost/interprocess/sync/interprocess_mutex.hpp>
#include <boost/interprocess/sync/interprocess_condition.hpp>
#include <boost/interprocess/sync/scoped_lock.hpp>

#include <boost/optional.hpp>
```

2. 이제 작업을 저장하는 데 쓸 구조체인 task_structure를 정의한다.

```cpp
struct task_structure {
    // ...
};
```

3. 이제 work_queue 클래스를 만든다.

```cpp
class work_queue {
public:
    typedef task_structure task_type;
    typedef boost::interprocess::managed_shared_memory
        managed_shared_memory_t;

    typedef boost::interprocess::allocator<
        task_type,
        managed_shared_memory_t::segment_manager
    > allocator_t;
```

4. 필요한 work_queue의 멤버를 만든다.

```cpp
private:
    managed_shared_memory_t    segment_;
    const allocator_t          allocator_;

    typedef boost::interprocess::deque<task_type, allocator_t>
        deque_t;
    deque_t&        tasks_;

    typedef boost::interprocess::interprocess_mutex mutex_t;
    mutex_t&        mutex_;

    typedef boost::interprocess::interprocess_condition
        condition_t;
```

```
        condition_t&      cond_;

        typedef boost::interprocess::scoped_lock<mutex_t>
            scoped_lock_t;
```

5. 멤버들은 다음과 같이 초기화한다.

```
public:
    explicit work_queue()
        : segment_(
            boost::interprocess::open_or_create,
            "work-queue",
            1024 * 1024 * 32
        )
        , allocator_(segment_.get_segment_manager())
        , tasks_(
            *segment_.find_or_construct<deque_t>
                ("work-queue:deque")(allocator_)
        )
        , mutex_(
            *segment_.find_or_construct<mutex_t>
                ("work-queue:mutex")()
        )
        , cond_(
            *segment_.find_or_construct<condition_t>
                ("work-queue:condition")()
        )
    {}
```

6. 원래 쓰던 고유 잠금 대신 scoped_lock_t를 쓰게 work_queue의 멤버 함수를
약간 수정한다.

```
boost::optional<task_type> try_pop_task() {
```

```
        boost::optional<task_type> ret;
        scoped_lock_t lock(mutex_);
        if (!tasks_.empty()) {
            ret = tasks_.front();
            tasks_.pop_front();
        }

        return ret;
    }
```

7. 자원을 정리해야 한다는 걸 잊지 말자.

```
void cleanup() {
    segment_.destroy<condition_t>("work-queue:condition");
    segment_.destroy<mutex_t>("work-queue:mutex");
    segment_.destroy<deque_t>("work-queue:deque");

    boost::interprocess::shared_memory_object
        ::remove("work-queue");
}
```

예제 분석

이번 예제에서 하는 일은 사실 5장의 'work_queue 클래스 생성' 예제와 거의 같다. 단지 데이터를 공유 메모리에 만든다는 점만 달라졌다.

 포인터나 참조자를 멤버로 갖는 공유 메모리 객체를 만들 때는 특별히 주의하자. 포인터를 사용하는 방법은 다음 예제에서 알아보자.

2단계에서는 작업의 형식으로 boost::function을 쓰지 않았다. 이 클래스는 포인터를 저장하는데, 공유 메모리에서는 잘 동작하지 않기 때문이다.

3단계는 allocator_t를 쓴다는 점이 재미있다. 이 메모리를 공유 메모리 조각에 할당하지 않는다면 다른 프로세스에도 쓰일 수 있다. 그래서 컨테이너를 위한 특별한 할당자가 필요한 것이다. allocator_t는 상태를 갖는 할당자로, 컨테이너와 함께 복사된다. 그리고 기본값으로 생성할 수 없다.

4단계는 하는 일이 뻔하지만 tasks_, mutex_, cond_에 대한 참조자만을 가진다는 점이 특이하다. 객체들이 공유 메모리에서 생성됐기 때문에 work_queue는 이들에 대한 참조자만 저장할 뿐이다.

5단계에서는 멤버들을 초기화했다. 이 코드들은 상당히 익숙할 것이다. 앞서 예제에서도 똑같은 일을 했었다.

> tasks_를 만들면서 allocator의 인스턴스를 넘겨줬다. 컨테이너 혼자서 allocator_t를 만들 수는 없기 때문이다. 프로세스가 끝나더라도 공유 메모리는 삭제되지 않기 때문에 프로그램을 실행하고, 큐에 작업을 올리고, 프로그램을 끝낸 다음, 같은 프로그램을 새로 실행하더라도 이전 프로세스에서 만든 작업을 얻을 수 있다. 공유 메모리는 시스템이 재시작될 때나 명시적으로 segment.deallocate("work-queue")를 호출할 때에만 삭제된다.

부연 설명

이전 예제에서도 언급했듯이 C++17에는 Boost.Interprocess 같은 클래스가 없다. 또한 공유 메모리에서는 C++17이나 C++03의 컨테이너를 써서는 안 된다. 일부 컨테이너는 동작할 수도 있지만 다른 플랫폼에서도 동작할 것이라고 보장할 수 없다.

<boost/interprocess/containers/*.hpp> 헤더를 살펴보면 Boost.Container 라이브러리의 컨테이너를 쓴다는 걸 알 수 있다.

```
namespace boost {
    namespace interprocess {
```

```
        using boost::container::vector;
    }
}
```

Boost.Interprocess의 컨테이너도 역시 Boost.Container 라이브러리의 장점인 rvalue 참조자와 오래된 컴파일러를 위한 rvalue 참조 에뮬레이션 등과 같은 특성을 모두 활용한다.

같은 머신 안에서 동작하는 프로세스 간에 통신하는 가장 빠른 방법은 Boost. Interprocess다.

참고 사항

- '공유 메모리 안에서 포인터 쓰기' 예제를 참고하자.
- 동기화 방식과 다중 스레드에 대해 더 자세히 알고 싶다면 5장을 살펴보자.
- 다양한 예제와 정보를 얻고 싶다면 Boost.Interprocess 라이브러리에 대한 부스트의 공식 문서를 참고하자. http://boost.org/libs/interprocess에 나와 있다.

▌ 공유 메모리 안에서 포인터 쓰기

포인터 없이 중요한 C++ 클래스를 만든다는 것은 상상하기 어렵다. C++에서는 포인터와 참조자가 어디서나 쓰이는데, 공유 메모리에서는 잘 동작하지 않는다! 공유 메모리에 다음과 같은 구조체를 두고, 공유 메모리에 있는 정수 변수의 주소를 멤버인 pointer_에 할당해보면 다른 프로세스 안에서 pointer_가 올바른 주소를 나타내지 않는다는 걸 볼 수 있다.

```
struct with_pointer {
    int* pointer_;
    // ...
    int value_holder_;
};
```

이 코드는 어떻게 고칠 수 있을까?

준비

이번 예제를 이해하려면 앞서 설명한 예제를 알아둬야 한다. 일부 플랫폼에서는 실행 시간 시스템 라이브러리 rt를 링크해야 한다.

예제 구현

사실 쉽게 고칠 수 있다. 포인터 대신 offset_ptr<>을 쓰면 된다.

```
#include <boost/interprocess/offset_ptr.hpp>

struct correct_struct {
    boost::interprocess::offset_ptr<int> pointer_;
    // ...
    int value_holder_;
};
```

이제 일반 포인터처럼 자유롭게 쓸 수 있다.

```
void main() {
    boost::interprocess::managed_shared_memory
        segment(boost::interprocess::open_or_create, "segment", 4096);
```

```
    correct_struct* ptr =
        segment.find<correct_struct>("structure").first;

    if (ptr) {
        std::cout << "Structure found\n";
        assert(*ptr->pointer_ == ethalon_value);
        segment.destroy<correct_struct>("structure");
    }
}
```

예제 분석

공유 메모리의 일부가 프로세스의 주소 공간에 매핑될 때 그 주소는 해당 프로세스에
만 유효한 값을 갖는다. 그래서 공유 메모리에서는 포인터를 쓸 수 없다. 변수의 주소
를 가져오면 해당 프로세스만을 위한 지역 주소다. 다른 프로세스는 자기만의 기본
주소 값을 사용해 공유 메모리를 매핑하기 때문에 동일한 변수라 해도 주소가 다르다.

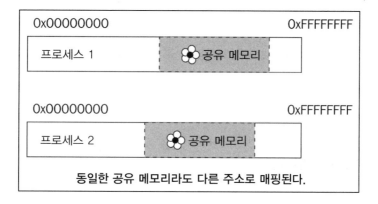

동일한 공유 메모리라도 다른 주소로 매핑된다.

어떻게 하면 계속해서 바뀌는 주소를 처리할 수 있을까? 여기에서 트릭을 부려보자!
포인터와 구조체는 동일한 공유 메모리 공간상에 있고, 그들 사이의 거리는 바뀌지 않는
다. boost::interprocess::offset_ptr의 핵심 아이디어는 이 거리를 기억해뒀다가
참조 해제할 때 offset_ptr 변수의 프로세스 종속 주소에 그 거리 값을 더하는 것이다.

오프셋 포인터는 포인터의 동작을 흉내내기 때문에 거리 치환은 상당히 빠르다.

 포인터나 참조자를 갖는 클래스는 공유 메모리에 두지 말자!

부연 설명

오프셋 포인터는 참조 해제할 때 주소를 다시 계산하기 때문에 일반 포인터보다 약간 느리다. 하지만 그 차이가 크진 않다.

C++17은 오프셋 포인터를 지원하지 않는다.

참고 사항

- 부스트의 공식 문서에 Boost.Interprocess에 대한 예제도 많이 있고 고급 특성에 대한 설명도 나와 있으니 http://boost.org/libs/interprocess를 참고하자.
- Boost.Interprocess 라이브러리를 전형적이지 않은 방식으로 사용하는 방법이 궁금하다면 '가장 빠르게 파일 읽기' 예제를 읽어보자.

▌가장 빠르게 파일 읽기

인터넷을 돌아다니다 보면 사람들이 "파일을 가장 빠르게 읽는 방법은 무엇인가요?"라고 물어보곤 한다. 이번 예제에서는 그보다 더 어려운 일을 해보자. "이진binary 파일을 가장 빠르면서도 이식 가능한 방식으로 읽는 방법은 무엇일까?"

준비

C++와 std::fstream 컨테이너에 대한 기본 지식이 필요하다.

예제 구현

입력/출력 속도가 매우 중요한 애플리케이션에서 이번 예제의 기법을 널리 사용한다.

1. Boost.Interprocess 라이브러리에서 제공하는 두 헤더를 인클루드한다.

```
#include <boost/interprocess/file_mapping.hpp>
#include <boost/interprocess/mapped_region.hpp>
```

2. 이제 파일을 열어본다.

```
const boost::interprocess::mode_t mode =
        boost::interprocess::read_only;
boost::interprocess::file_mapping fm(filename, mode);
```

3. 이번 예제에서 가장 중요한 부분은 바로 파일 내용 전체를 메모리에 매핑시키는 작업이다.

```
boost::interprocess::mapped_region region(fm, mode, 0, 0);
```

4. 파일에서 데이터를 가리키는 포인터를 알아낸다.

```
const char* begin = static_cast<const char*>(
    region.get_address()
);
```

이제 끝이다! 파일을 마치 일반 메모리처럼 사용할 수 있다.

```
const char* pos = std::find(
    begin, begin + region.get_size(), '\1'
);
```

예제 분석

널리 쓰이는 모든 운영체제에서 파일을 프로세스의 주소 공간에 매핑시키는 기능을 제공한다. 이렇게 한 번 매핑하고 나면 프로세스는 이 주소를 일반 메모리인 것처럼 사용할 수 있다. 운영체제가 캐싱caching이라든지 미리 읽기와 같은 파일 작업에 대한 모든 걸 처리해준다.

왜 이 방식을 쓰면 일반적인 방식으로 읽고 쓰는 것보다 빠를까? 그것은 대부분의 읽기와 쓰기가 메모리 매핑 및 사용자별 버퍼로의 데이터 복사로 구현되며, 읽기를 할 때 더 많은 작업을 하기 때문이다.

표준 라이브러리의 std::fstream에서처럼 파일을 읽을 때 읽기 모드mode를 제공해야 한다. 2단계를 보면 이번 코드에서는 boost::interprocess::read_only 모드를 줬단 걸 알 수 있다.

3단계에서는 전체 파일을 한꺼번에 매핑했다. 이 작업은 사실 정말 빠르다. 사실 OS는 디스크에서 데이터를 읽지 않고, 매핑된 영역의 일부에 대한 요청을 기다릴 뿐이기 때문이다. 매핑된 영역 중 일부를 요청하면 OS는 파일에서 해당 부분만 디스크에서 읽는다. 다시 말해 메모리 매핑 연산은 게으르게 동작하며, 매핑한 영역이 얼마나 큰지는 성능에 영향을 주지 않는다.

하지만 32비트 OS는 큰 파일을 메모리 매핑할 수 없다. 그럴 경우 파일을 여러 조각으로 나누어 매핑해야 한다. POSIX(리눅스) 운영체제에서는 32비트 플랫폼에서 큰 파일을 다루려면 전체 프로젝트에서 _FILE_OFFSET_BITS=64로 정의돼 있어야 한다. 그러지 않을 경우 OS는 4GB를 넘어가는 파일 영역은 매핑할 수 없다.

이제 성능을 재보자.

```
$ TIME="%E" time ./reading_files m
mapped_region: 0:00.08
$ TIME="%E" time ./reading_files r
ifstream: 0:00.09
$ TIME="%E" time ./reading_files a
C: 0:00.09
```

예상한 대로 메모리 매핑한 파일이 일반적인 읽기보다 약간 더 빠르다. 순수하게 C 메소드만 사용하더라도 C++ **std::ifstream** 클래스와 성능이 같다는 것도 확인할 수 있다. 그러니 제발 C++에서 **FILE***와 관련된 함수는 쓰지 말자. 그것은 C를 위한 함수지 C++를 위한 것이 아니다!

std::ifstream을 최적화하고 싶다면 파일을 이진 모드로 열고 블록 단위로 데이터를 읽어야 한다는 걸 잊지 말자.

```
std::ifstream f(filename, std::ifstream::binary);
// ...
char c[kilobyte];
f.read(c, kilobyte);
```

부연 설명

안타깝게도 파일을 메모리로 매핑하는 데 사용하는 클래스들은 C++17에 포함되지 않았고, C++20에도 포함될 것 같지 않다.

메모리에 매핑된 영역에 대한 쓰기 연산은 매우 빠르다. OS는 쓰기 작업을 바로 디스크로 내려 보내지 않고 캐시한다. OS와 `std::ofstream`의 차이는 바로 데이터 캐시에 있다. `std::ofstream` 데이터를 애플리케이션에서 캐시한 후 종료한다면 캐시한 데이터가 사라질 수도 있다. 하지만 OS가 데이터 캐시를 맡는다면 애플리케이션이 종료하더라도 데이터가 사라지진 않는다. 전원이 내려가거나 시스템이 망가지게 된다면 어차피 두 경우 모두 데이터를 잃어버린다.

여러 프로세스가 같은 파일을 매핑했는데, 그중 한 프로세스가 매핑된 영역을 수정한다면 다른 프로세스도 그 즉시 변경된 내용을 볼 수 있다(실제로 데이터를 디스크에 쓰지 않더라도! 현대 OS는 정말 똑똑하다!).

참고 사항

`Boost.Interprocess` 라이브러리에는 시스템을 다루는 여러 가지 유용한 특성을 제공한다. 이 책에서 모든 특성을 살펴보진 못했으니 이 멋진 라이브러리에 대해 더 알아보고 싶다면 공식 사이트 http://boost.org/libs/interprocess을 방문해보자.

▍코루틴: 상태를 저장한 후 실행을 잠시 미루기

요즘에 이르러서도 상당히 많은 내장형embedded 장치device들의 코어는 여전히 하나다. 이런 장치를 위한 프로그램을 만드는 개발자들은 여기에서 최대의 성능을 쥐어짜내려 한다.

이런 장치에서는 **Boost.Threads**나 다른 스레드 라이브러리를 써봤자 그다지 효과적이지 않다. OS는 실행할 스레드를 스케줄^{schedule}해야 하고 자원도 관리하는 등의 작업을 해야 하는데, 어차피 하드웨어는 병렬적으로 실행할 수도 없는 상황인 것이다.

그럴 때 프로그램의 주요 부분이 어떤 자원을 기다리고 있을 때 하위 프로그램을 실행시키게 하는 방법은 없을까?

준비

C++와 템플릿에 대한 기본 지식이 필요하다. 그리고 **Boost.Function**에 대한 예제들을 읽어보면 도움이 된다.

예제 구현

이번 예제는 코루틴^{coroutine} 혹은 서브루틴^{subroutine}에 대한 것으로, 시작 지점이 여러 개일 수 있다. 시작 지점이 여러 개면 특정 지점에서 프로그램을 멈춘 후 다른 하위 프로그램으로 옮겨가거나 되돌아와 실행을 시작할 수 있다.

1. Boost.Coroutine2 라이브러리를 사용하면 필요한 거의 모든 일을 처리해준다. 필요한 헤더는 단 하나다.

   ```
   #include <boost/coroutine2/coroutine.hpp>
   ```

2. 필요한 입력 파라미터형에 맞춰 코루틴 형식을 만든다.

   ```
   typedef boost::coroutines2::asymmetric_coroutine<std::size_t>
       corout_t;
   ```

3. 하위 프로그램을 나타내는 클래스를 만든다.

```cpp
struct coroutine_task {
    std::string& result;

    coroutine_task(std::string& r)
        : result(r)
    {}

    void operator()(corout_t::pull_type& yield);

private:
    std::size_t ticks_to_work;
    void tick(corout_t::pull_type& yield);
};
```

4. 이제 코루틴 자체를 만든다.

```cpp
int main() {
    std::string result;
    coroutine_task task(result);
    corout_t::push_type coroutine(task);
```

5. 이제 상위 프로그램이 이벤트를 기다리는 동안 하위 프로그램을 실행한다.

```cpp
// main()의 어딘가에
while (!spinlock.try_lock()) {
    // 스핀 잠금(spinlock)을 한 번 더 잠그기 전에
    // 유용한 일을 좀 해두자.
    coroutine(10); // 실행 전에 10틱 동안 기다린다.
}
// 스핀 잠금
// ...

while (!port.block_ready()) {
```

```
    // 시 데이터를 가져오기 전에
    // 유용한 일을 좀 해두자.
    coroutine(300);  // 실행 전에 300틱 동안 기다린다.

    // `result` 변수로 몇 가지 작업을 한다.
}
```

6. 코루틴 메소드는 다음과 같이 만들 수 있다.

```
void coroutine_task::operator( )(corout_t::pull_type& yield) {
    ticks_to_work = yield.get( );

    // 버퍼 준비
    std::string buffer0;

    while (1) {
        const bool requiers_1_more_copy = copy_to_buffer(buffer0);
        tick(yield);

        if (requiers_1_more_copy) {
            std::string buffer1;

            copy_to_buffer(buffer1);
            tick(yield);

            process(buffer1);
            tick(yield);
        }

        process(buffer0);
        tick(yield);
    }
}
```

7. tick( ) 함수는 다음과 같이 구현할 수 있다.

```
void coroutine_task::tick(corout_t::pull_type& yield) {
    result += 'o';

    if (ticks_to_work != 0) {
        --ticks_to_work;
    }

    if (ticks_to_work == 0) {
        // 메인 함수로 되돌아간다.
        yield();

        ticks_to_work = yield.get();
    }
}
```

예제 분석

2단계에서 하위 프로그램의 입력 파라미터를 설명할 때 `std::string& (std::size_t)`를 템플릿 파라미터로 사용했다.

3단계는 `corout_t::pull_type& yield` 파라미터 부분만 빼면 상당히 간단하다. 이에 대해서는 조금만 뒤에 알아본다.

5단계에서 `coroutine(10)`을 호출하면 코루틴 프로그램이 실행된다. 실행은 바로 `coroutine_task::operator()`로 들어가며, 그 안에서 `yield.get()`을 호출하는데 이 함수는 입력 파라미터 10을 반환한다. 실행이 계속되고 `coroutine_task::tick` 함수가 지나간 틱^{tick}을 측정한다.

이제 재미있는 부분이 시작된다!

7단계에서 `coroutine_task::tick` 함수 안에서 `ticks_to_work` 변수가 0이 되면 코루틴의 실행은 `yield()`에 멈춰서고 `main()`이 실행을 진행한다. `coroutine(some_value)`에 대한 다음 호출을 하면 코루틴이 실행되는데, `tick` 함수의 중간인 `yield()`

의 다음 행에서부터 시작된다. 그 행에서 ticks_to_work = yield.get( );이 실행되고 ticks_to_work 변수가 새로운 입력값 some_value를 갖게 된다.

그렇기에 함수의 여러 지점에서 코루틴을 중지시킬 수도/시작시킬 수도 있는 것이다. 모든 함수 상태와 변수가 복원된다.

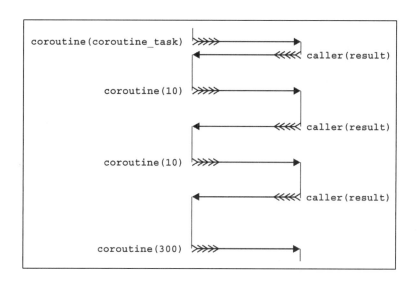

코루틴과 스레드의 차이점을 알아보자. 코루틴이 실행되면 상위 작업은 아무것도 하지 않는다. 상위 작업이 실행 중일 때는 코루틴 작업이 아무것도 하지 않는다. 스레드에서는 그렇게 보장되지 않는다. 코루틴에서는 하위 작업을 시작시킬 때와 중지시킬 때를 명시적으로 지정할 수 있다. 코어가 하나인 환경에서 스레드는 언제라도 교환될 수 있으며, 그 동작을 제어할 수 없다.

부연 설명

스레드를 교환할 때는 OS가 많은 일을 해야 하기 때문에 그다지 빠르지 않다. 하지만 코루틴을 사용하면 작업이 교환되는 시점을 자신이 직접 제어할 수 있다. 뿐만 아니라 어떠한 OS별 내부 커널kernal 작업을 할 필요도 없다. 코루틴을 교환하는 것이 스레드를 교환하는 것보다 훨씬 빠르긴 하지만 boost::function을 호출하는 것만큼 빠르지는 않다.

Boost.Coroutine2 라이브러리가 코루틴 작업 내 변수들의 소멸자를 호출하는 작업을 책임지기 때문에 어떠한 자원 누수도 걱정할 필요 없다.

 코루틴은 std::exception에서 파생되지 않은 예외인 boost::coroutines2::detail::forced_unwind 예외를 사용해 자원을 놓아준다. 코루틴 작업 내에서는 예외를 잡지 않도록 주의를 기울이자.

Boost.Coroutine2 코루틴은 복사할 수 없지만 std::move를 쓸 수는 있다.

Boost.Coroutine 라이브러리(끝에 2가 없다!)도 있는데, 이 라이브러리는 C++11을 지원하는 컴파일러가 필요 없다. 하지만 이 라이브러리는 폐기 예정돼 있는 상태고, 몇 가지 차이점도 있다(예를 들어 이 라이브러리는 코루틴에서 예외를 전파하지 않는다). 이 차이점에 주의하자! Boost.Coroutine도 부스트 1.56에서 인터페이스가 상당히 달라졌다.

C++17은 코루틴을 지원하지 않는다. 하지만 코루틴 TS가 거의 준비를 마쳐가니 다음 C++ 표준에는 등장할지도 모르겠다.

코루틴 TS는 Boost.Coroutine2와는 다르다! 부스트는 스택이 있는^{stackful} 코루틴을 제공하기 때문에 자신의 코드를 사용할 때 매크로나 키워드로 특별히 표시하지 않아도 된다. 하지만 그 때문에 컴파일러가 부스트의 코루틴을 최적화하기가 더 어렵고 메모리도 더 많이 할당할 수도 있다. 코루틴 TS는 스택이 없는^{stackless} 코루틴을 제공한다. 따라서 컴파일러가 코루틴에 필요한 메모리를 정확하게 계산할 수 있고, 전체 코루틴을 좀 더 최적화할 수 있다. 하지만 이런 접근 방식을 쓰려면 코드를 바꿔야 하며, 실제 사용 방법은 좀 더 어렵다.

참고 사항

- Boost.Coroutines2 라이브러리에 대한 더 많은 예제와, 성능 자료, 제한 사항, 그리고 사용 예를 살펴보고 싶다면 http://boost.org/libs/coroutine2에 있는 부스트의 공식 문서를 찾아보자.

- Boost.Coroutine와 Boost.Thread, Boost.Function 라이브러리 사이의 차이점을 알아보고 싶다면 2장과 5장의 예제들을 읽어보자.

- 코루틴 TS에 관심이 있는가? 구현 사항에 대해 필자가 직접 밝히는 재미있는 강좌가 있다. "CppCon 2016: Gor Nishanov. C++ Coroutines: Under the covers"라는 이름으로 https://www.youtube.com/watch?v= 8C8NnE1Dg4A 에서 볼 수 있다.

## 12

부스트 라이브러리 살짝 맛보기

12장에서 다루는 내용은 다음과 같다.

- 그래프 써보기
- 그래프 보여주기
- 진짜 난수 생성기 사용
- 이식 가능 수학 함수 쓰기
- 테스트 생성
- 여러 테스트를 묶어 테스트 모듈로 생성
- 이미지 다루기

▌소개

부스트는 엄청나게 큰 라이브러리 모음이다. 일부 라이브러리는 크기도 작고 매일매일 쓰기에도 좋지만, 어떤 라이브러리는 모든 기능을 설명하려면 책 한 권씩 따로 있어야 할 정도로 크기도 하다. 12장에서는 그런 큰 라이브러리들에 대해 알아보면서 기본 사항을 이해해보자.

처음에 알아볼 두 예제에서는 `Boost.Graph`를 쓰는 방법을 살펴본다. 이 라이브러리는 말도 안 되게 많은 알고리즘을 제공할 만큼 크다. 그중에서 가장 기본이기도 하고, 아마도 제일 중요한 부분일 그래프 시각화visualization에 대해 알아본다.

그다음 예제에서는 정말 무작위로 난수를 생성하는 방법을 알아본다. 안전한 암호 시스템을 만들 때 특히 중요하다.

일부 C++ 표준 라이브러리에는 수학 함수가 많이 빠졌다. 부스트를 사용해 이 틈을 메꿔보자. 아쉽게도 자리가 많이 남지 않아서 모든 함수를 다 알아볼 수는 없겠다.

테스트를 만드는 방법은 '테스트 생성'과 '여러 테스트를 묶어 테스트 모듈로 생성' 예제에서 살펴본다. 프로그램을 판매할 제품으로 만들고 싶다면 테스트가 특히 중요하다.

마지막 예제는 필자가 대학을 다니며 수업을 들을 때 도움이 많이 됐던 라이브러리에 대한 것이다. 그림을 만들 수도 있고 수정할 수도 있다. 다양한 알고리즘을 시각화하고, 그림 속에 데이터를 숨기고, 서명을 그림으로 만들고, 텍스처texture를 만들 때 쓰기도 했다.

안타깝게도 12장까지 다 보더라도 부스트 라이브러리에 대해 전부 살펴본 것이라고 할 수 없다. 언젠가 필자가 또 다른 책을 쓴다면 좀 더 다룰 수 있긴 하겠지만 말이다.

522

▌ 그래프 써보기

데이터를 시각적으로 표현해야 할 때가 있다. 그럴 때는 그래프를 만들고 표현하는 여러 가지 유연한 방식을 제공하는 Boost.Graph를 사용해보자. 그래프를 다루는 여러 가지 알고리즘으로, 위상 정렬^{topological sort}, 너비 우선 검색^{breadth first search}, 깊이 우선 검색^{depth first search}과 다익스트라 최단 경로^{Dijkstra shortest path} 등을 제공한다.

그러면 이제 Boost.Graph를 써서 간단한 작업들을 해보자!

준비

C++와 템플릿에 대한 기본 지식만으로 충분하다.

예제 구현

이번 예제에서는 그래프 형식에 대해 설명하고, 이 형식으로 그래프를 만들고, 그래프에 정점^{vertex}과 간선^{edge}을 추가하고, 특정 정점을 검색하는 방법을 알아본다. Boost. Graph 사용에 대한 시작점으로 이 정도면 충분한 것 같다.

1. 먼저 그래프 형식을 알아본다.

```
#include <boost/graph/adjacency_list.hpp>
#include <string>
typedef std::string vertex_t;

typedef boost::adjacency_list<
    boost::vecS
    , boost::vecS
    , boost::bidirectionalS
    , vertex_t
> graph_type;
```

2. 이제 만들어보자.

```
int main() {
    graph_type graph;
```

3. 문서에는 나오지 않는 기법을 써서 그래프 생성 속도를 높여주는 트릭을 부려
   보자.

```
static const std::size_t vertex_count = 5;
graph.m_vertices.reserve(vertex_count);
```

4. 그래프에 정점을 추가할 준비가 됐다.

```
typedef boost::graph_traits<
    graph_type
>::vertex_descriptor descriptor_t;

descriptor_t cpp
    = boost::add_vertex(vertex_t("C++"), graph);
descriptor_t stl
    = boost::add_vertex(vertex_t("STL"), graph);
descriptor_t boost
    = boost::add_vertex(vertex_t("Boost"), graph);
descriptor_t guru
    = boost::add_vertex(vertex_t("C++ guru"), graph);
descriptor_t ansic
    = boost::add_vertex(vertex_t("C"), graph);
```

5. 정점들을 간선으로 연결한다.

```
boost::add_edge(cpp, stl, graph);
boost::add_edge(stl, boost, graph);
```

```
    boost::add_edge(boost, guru, graph);
    boost::add_edge(ansic, guru, graph);
} // main의 끝
```

6. 정점을 검색하는 함수를 만든다.

```
inline void find_and_print(
    const graph_type& graph, boost::string_ref name)
{
```

7. 이번에는 모든 정점을 순환하는 반복자를 얻는 코드를 만든다.

```
typedef typename boost::graph_traits<
    graph_type
>::vertex_iterator vert_it_t;

vert_it_t it, end;
boost::tie(it, end) = boost::vertices(graph);
```

8. 원하는 정점을 찾아볼 시간이다.

```
typedef typename boost::graph_traits<
    graph_type
>::vertex_descriptor desc_t;

for (; it != end; ++ it) {
    const desc_t desc = *it;
    const vertex_t& vertex = boost::get(
        boost::vertex_bundle, graph
    )[desc];

    if (vertex == name.data()) {
        break;
```

```
            }
        }

        assert(it != end);
        std::cout << name << '\n';
    } /* find_and_print */
```

예제 분석

1단계에서는 이번에 만들 그래프가 어떻게 생겨야 하고, 어떤 형식을 기반으로 해야
하는지를 정했다. boost::adjacency_list는 그래프를 이차원 구조로 표현하는 클래
스로, 일차원에는 정점을 저장하고, 이차원에는 해당 정점에 대한 간선을 저장한다.
boost::adjacency_list는 그래프를 표현하는 방식에 대한 기본값으로, 대부분의 상
황에 적합하다.

첫 번째 템플릿 파라미터인 boost::adjacency_list는 각 정점에 대한 간선 목록을
나타내는 구조체다. 두 번째는 정점을 저장하는 구조체다. 특정 선택자^{selector}를 사용
해 다양한 표준 라이브러리 컨테이너 중 하나를 선택할 수 있다. 선택자와 그에 해당
하는 컨테이너는 다음 표에 나와 있다.

선택자	표준 라이브러리 컨테이너
boost::vecS	std::vector
boost::listS	std::list
boost::slistS	std::slist
boost::setS	std::set
boost::multisetS	std::multiset
boost:hash_setS	std::hash_set

세 번째 템플릿 파라미터는 무방향성^{indirected}, 방향성^{directed}이나 양방향성^{bidirectional} 그래프를 만들 것인지 나타낸다. `boost::undirectedS`, `boost::directedS`와 `boost::bidirectionalS` 선택자 중 하나를 고른다.

다섯 번째 템플릿 파라미터는 정점을 나타낼 때 쓸 형식을 말한다. 이번 예제에서는 `std::string`을 사용했다. 간선을 나타낼 형식도 선택할 수 있으며, 템플릿 파라미터로 제공하면 된다.

2단계는 간단하지만 3단계에서는 그래프 생성 속도를 높이기 위해 문서에 나오지 않는 방법을 사용했다. 이번 예제에서는 정점을 저장하기 위해 `std::vector`를 사용했기 때문에 원하는 만큼의 정점을 위한 메모리를 충분히 확보해두라고 지정할 수 있다. 미리 공간을 마련해두면 정점을 삽입하는 동안 메모리 할당/해제를 덜해도 되고 복사 연산수도 줄어들기 때문에 좋다. 정점을 저장할 컨테이너형과 `boost::adjacency_list`의 구현에 크게 영향을 받기 때문에 이번 단계는 이식성이 떨어지고 부스트의 새로운 버전에서는 제대로 실행되지 않을 수도 있다.

4단계에서는 그래프에 정점을 추가하는 방법을 알아봤다. `boost::graph_traits<graph_type>`을 사용하는 방식을 눈여겨보자. `boost::graph_traits` 클래스를 사용해 그래프형에 특화된 형식을 알아내고 있다. 앞으로 이 특질 클래스를 사용하는 방법과 몇 가지 그래프별 형식에 대해서 알아본다. 5단계에는 정점을 간선으로 연결하는 방법이 나와 있다.

 간선을 위한 형식을 선택해 제공했다면 간선을 더하는 방식을 다음과 같이 바꿔야 한다.
`boost::add_edge(ansic, guru, edge_t(initialization_paramters), graph)`

6단계에서 그래프의 형식이 템플릿 파라미터라는 점에 주목하자. 이렇게 만들면 코드의 재활용성이 높아져서 다른 그래프형에 대해서도 이 함수를 쓸 수 있다.

7단계에는 그래프의 모든 정점을 순환하는 방법이 나와 있다. 정점에 대한 반복자의 형식은 boost::graph_traits에서 얻었다. boost::tie 함수는 Boost.Tuple의 일부로, 튜플tuple의 값을 변수에 할당할 때 쓴다. 따라서 boost::tie(it, end) = boost:: vertices(g)라고 하면 begin 반복자를 변수 it에 넣고, end 반복자를 end 변수에 넣는다.

놀랄지도 모르겠지만 정점 반복자를 참조 해제하더라도 정점 데이터를 반환하지 않는다. 대신 정점 기술자descriptor인 desc를 반환하는데, boost::get(boost::vertex_bundle, g)[desc]를 하면 정점 데이터를 얻을 수 있다. 이게 바로 8단계에서 사용한 방식이다. 정점 기술자 형식은 Boost.Graph가 제공하는 함수에서 많이 사용한다. 5단계의 간선 생성 함수에서도 사용되고 있는 걸 볼 수 있다.

 앞서 언급했듯이 Boost.Graph 라이브러리에는 수많은 알고리즘을 구현해 제공하고 있다. 많은 검색 정책이 구현돼 있기는 하지만 이 책에서는 다루지 않을 생각이다. 이번 예제에서는 그래프 라이브러리에 대한 기본에만 충실하려 한다.

부연 설명

Boost.Graph 라이브러리는 C++17의 일부도 아니고, 다음 C++ 표준에도 포함되지 않을 것이다. 현재 구현은 rvalue 참조자와 같은 C++11 특성을 지원하지도 않는다. 정점의 형식을 복사하는 데 비용이 많이 든다면 다음 기법을 활용해 속도를 높일 수도 있다.

```
vertex_descriptor desc = boost::add_vertex(graph);
boost::get(boost::vertex_bundle, g_)[desc] = std::move(vertex_data);
```

이 방법을 사용하면 boost::add_vertex(vertex_data, graph)의 복사 생성을 막아주고 대신 이동 할당 연산을 활용해 기본 생성한다.

Boost.Graph의 성능은 사용한 컨테이너 형식, 그래프 표현 방식, 간선과 정점의 형식 등과 같이 다양한 요소에서 영향을 받는다.

참고 사항

그래프를 더 쉽게 다루고 싶다면 '그래프 보여주기' 예제를 읽어보자. http://boost. org/libs/graph에 있는 공식 문서를 읽어보는 것도 좋다.

▌ 그래프 보여주기

그래프를 조작하는 프로그램을 만든다면 그걸 보여줘야 하기 때문에 정말 쉽지 않다. std::map이나 std::vector와 같은 표준 라이브러리 컨테이너를 사용할 때는 컨테이너의 내용물을 출력해볼 수 있고, 그 안에 뭔가 있는지 볼 수 있었다. 하지만 복잡한 그래프를 사용할 때는 내용물을 명확한 방식으로 보여준다는 것 자체가 어렵다. 정점도 많고 간선도 많으니 텍스트로 표현한 걸 사람이 보기엔 좋지 않다.

이번 예제에서는 Graphviz를 사용해 Boost.Graph를 보여준다.

준비

그래프를 보여주려면 Graphviz 시각화^{visualization} 도구가 필요하다. 이전 예제에서 다룬 내용도 알고 있어야 한다.

예제 구현

시각화는 두 국면^{phase}으로 이뤄질 수 있다. 첫 번째 국면에서는 그래프의 설명을 Graphviz에 맞는 문자 형식으로 출력한다. 첫 번째에서 얻은 출력물을 다른 시각화 도구로 옮긴다. 다음에 나온 각 단계들은 모두 첫 번째 국면에 해당한다.

1. 이전 예제에서 했던 것처럼 graph_type을 위한 std::ostream 연산자를 만든다.

```
#include <boost/graph/graphviz.hpp>

std::ostream& operator<<(std::ostream& out, const graph_type& g) {
    detail::vertex_writer<graph_type> vw(g);
    boost::write_graphviz(out, g, vw);

    return out;
}
```

2. 앞 단계에서 사용한 detail::vertex_writer 구조체는 다음과 같이 정의해야 한다.

```
#include <iosfwd>

namespace detail {
    template <class GraphT>
    class vertex_writer {
        const GraphT& g_;

    public:
        explicit vertex_writer(const GraphT& g)
            : g_(g)
        {}

        template <class VertexDescriptorT>
        void operator()(
            std::ostream& out,
            const VertexDescriptorT& d) const
        {
            out << " [label=\""
```

```
                 << boost::get(boost::vertex_bundle, g_)[d]
                 << "\"]";
        }
    }; // vertex_writer
} // 네임스페이스 detail
```

이제 끝이다. 이전 예제에서 std::cout << graph; 명령으로 출력했던 그래프를 시각화하면 출력된 결과를 dot 커맨드라인 유틸리티를 실행해 그림으로 보일 수 있다.

```
$ dot -Tpng -o dot.png
digraph G
0 [label="C++"];
1 [label="STL"];
2 [label="Boost"];
3 [label="C++ guru"];
4 [label="C"];
0->1 ;
1->2 ;
2->3 ;
4->3 ;
}
```

이전 명령의 출력은 다음과 같은 그림으로 표현된다.

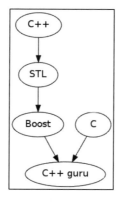

커맨드라인이 너무 길고 무슨 말인지 모르겠다면 Gvedit이나 XDot 프로그램을 써도 좋다.

예제 분석

Boost.Graph 라이브러리는 그래프를 Graphviz(DOT) 형식으로 출력하는 함수를 제공한다. 1단계에서처럼 두 개의 파라미터를 받는 boost::write_graphviz(out, g)를 쓴다면 이 함수는 0에서부터 시작하는 정점들로 이뤄진 그래프 그림을 출력한다. 이것만으로는 그다지 유용하지 않기 때문에 직접 만든 vertex_writer 클래스의 인스턴스를 제공해 정점의 이름을 출력하게 했다.

2단계에서 봤듯이 Graphviz 도구는 DOT 형식을 알아볼 수 있다. 그래프에 대한 정보를 더 출력히고 싶다면 DOT 형식에 내한 Graphviz의 문서를 더 읽어보자.

시각화하는 도중 간선에 대한 데이터를 추가하고 싶다면 간선 시각화자visualizer의 인스턴스를 boost::write_graphviz의 네 번째 파라미터로 추가해야 한다.

부연 설명

C++17에는 Boost.Graph나 그래프 시각화 도우미가 없다. 그렇긴 해도 다양한 그래프 형식과 시각화 도구가 있고, Boost.Graph로 조작할 수 있으니 걱정하지 말자.

참고 사항

- '그래프 써보기' 예제에 Boost.Graphs 생성에 대한 정보가 나와 있다.
- DOT 형식과 Graphviz에 대해 자세히 알고 싶다면 http://www.graphviz.org/ 를 방문해보자.
- Boost.Graph 라이브러리에 대한 부스트의 공식 문서에 다양한 예제와 유용한

정보들이 나와 있으니 http://boost.org/libs/graph을 방문해보자.

▍ 진짜 난수 생성기 사용

세상에는 상용 프로그램인데도 난수를 생성할 때 잘못된 방법을 사용하는 제품들이 많다. 암호화와 은행 소프트웨어에서 여전히 rand( )나 쓴다는 것은 정말 부끄러운 일이다.

이제 Boost.Random을 사용해 은행 소프트웨어에서도 쓸 수 있을 만큼 충분히 무작위인 균등 분포를 만드는 방법을 알아본다.

준비

C++에 대한 기본 지식이 필요하다. 다양한 확률 분포에 대해 알고 있으면 역시 도움이된다. 이번 예제의 코드는 boost_random 라이브러리와 링크를 해야 한다.

예제 구현

진짜 난수를 만들려면 운영체제나 프로세서의 도움을 받아야 한다. 부스트를 사용해서 진짜 난수를 만들어보자.

1. 다음 헤더를 인클루드한다.

```
#include <boost/config.hpp>
#include <boost/random/random_device.hpp>
#include <boost/random/uniform_int_distribution.hpp>
```

2. 다양한 플랫폼에서 고급 난수 비트 제공자^{provider}를 여러 가지 이름으로 제공한다.

```
int main( ) {
    static const std::string provider =
#ifdef BOOST_WINDOWS
        "Microsoft Strong Cryptographic Provider"
#else
        "/dev/urandom"
#endif
    ;
```

3. 이제 Boost.Random으로 생성자^{generator}를 초기화한다.

```
boost::random_device device(provider);
```

4. 이제 1000에서부터 65535 사이의 숫자를 반환하는 균등 분포를 만든다.

```
boost::random::uniform_int_distribution<unsigned short>
    random(1000);
```

이제 끝이다. random(device)를 호출하면 진짜 무작위 숫자를 얻을 수 있다.

예제 분석

왜 rand( ) 함수는 은행 업무에는 맞지 않을까? 사실 rand( )는 의사 난수^{psuedo-random}를 생성하기 때문에 해커^{hacker}가 다음에 생성될 숫자를 예측할 수 있다. 이는 모든 의사 난수 알고리즘에서 문제다. 일부 알고리즘은 추측하기가 더 쉽고, 어떤 것은 더 어렵기는 해도 여전히 가능하다.

그래서 이번 예제에서는 boost::random_device를 활용했다(3단계 참고). 이 장치는 엔트로피, 즉 운영체제를 둘러싼 여러 가지 무작위 이벤트에 대한 정보를 모아 예측할 수 없는 하드웨어 생성 숫자를 만들어낸다. 여기서 사용하는 이벤트로는 자판을 누르는 간격, 일부 하드웨어 인터럽트 사이의 간격, CPU 내부의 난수 비트 생성기 등이 포함된다.

운영체제에는 이런 종류의 난수 비트 생성기가 하나 이상 있을 수도 있다. 이번 예제는 POSIX 시스템을 가정하고 있는데, 여기서는 더 안전한 /dev/random 대신 /dev/urandom을 사용했다. 더 안전한 버전을 사용하면 OS가 충분한 무작위 이벤트를 모으는 동안 잠시 멈추기 때문이다. 엔트로피가 충분히 높아질 때까지 기다리려면 몇 초가 걸릴 수도 있는데, 대부분의 애플리케이션에서는 지나치게 긴 시간이다. 그래도 긴 시간 동안 살아남을 GPG/SSL/SSH 키[key]를 만들 때는 /dev/random를 쓰자.

이제 생성기는 다 만들었으니 4단계로 이동해 분포 클래스에 대해 알아보자. 생성기가 단순히 균등하게 분포된 비트를 생성한다면 분포 클래스는 그 비트에서 난수 값을 만든다. 4단계에서는 부호 없는 짧은 정수형의 난수를 반환하는 균등 분포를 만들었다. 파라미터로 받은 1000은 1000보다 크거나 같은 숫자만 반환한다는 뜻이다. 또한 최댓값도 두 번째 파라미터로 명시할 수 있다. 정하지 않는다면 반환형이 저장할 수 있는 최댓값을 사용한다.

부연 설명

Boost.Random은 엄청나게 다양한 진짜/의사 난수 비트 생성자와 다양한 요구에 맞춘 분포를 제공한다. 분포와 생성기는 웬만하면 복사하지 말자. 복사 비용이 굉장히 비쌀 수 있다.

C++11은 다양한 분포 함수와 생성기를 제공한다. 이번 예제에서 사용한 클래스 모두를 <random> 헤더의 std:: 네임스페이스 아래에서 제공한다. Boost.Random 라이브러리는 C++11 특성을 쓰지 않으며, 사실 난수 라이브러리에서는 딱히 필요하지도 않는다. 부스트 구현과 표준 라이브러리 중 어떤 걸 써야 할까? 부스트를 쓴다면 시스템 간의 이식성이 더 좋다. 하지만 일부 표준 라이브러리 구현에서는 어셈블리 수준의

최적화를 제공할 수도 있고, 확장성도 더 좋을 수 있다.

참고 사항

제공되는 모든 생성기와 분포에 대한 설명을 보고 싶다면 공식 문서를 찾아보자. 다음 링크를 참고하자. http://boost.org/libs/random

▮ 이식 가능 수학 함수 쓰기

어떤 프로젝트를 하다 보면 삼각측량 함수라든지, 일반 미분 방정식에 대한 라이브러리나 분포와 상수를 다뤄야 할 수도 있다. 이 모든 것이 Boost.Math에 담겨있긴 하지만 라이브러리 자체가 워낙 커서 따로 책 한 권을 만들더라도 부족할 정도다. 그러니 당연히 예제 하나로는 다 알아볼 수 없다. 그저 일상적으로 많이 사용할 수 있는 가장 기초적인 함수인 부동소수점 값들을 처리하는 함수에 집중해보자.

무한대와 숫자가 아님^{NaN, Not-a-Number}을 검사하기 위해 입력값을 검사하고, 음수 값이라면 부호를 바꾸는 이식 가능한 함수를 만들어보자.

준비

C++에 대한 기본 지식만으로 충분하다. C99 표준을 아는 사람이라면 이번 예제에 나온 기법들이 익숙할 것이다.

예제 구현

입력값이 무한대인지, 아니면 NaN인지를 검사하고, 음수 값이라면 부호를 바꾸는 코드를 단계별로 알아보자.

1. 다음 헤더를 인클루드한다.

```
#include <boost/math/special_functions.hpp>
#include <cassert>
```

2. 다음과 같이 무한대와 NaN를 검사한다.

```
template <class T>
void check_float_inputs(T value) {
    assert(!boost::math::isinf(value));
    assert(!boost::math::isnan(value));
```

3. 부호를 바꿔본다.

```
    if (boost::math::signbit(value)) {
        value = boost::math::changesign(value);
    }

    // ...
    assert(value + (std::numeric_limits<T>::epsilon)() >=
            static_cast<T>(0));
} // check_float_inputs
```

이제 끝이다! check_float_inputs(std::sqrt(-1.0))과 check_float_inputs(std::numeric_limits<double>::max() * 2.0)을 호출하면 단언문[assert]에 걸리게 된다.

예제 분석

실제 형식에서는 등호를 사용해 검사할 수 없는 값들이 있다. 예를 들어 변수 v의 값이 NaN이라면 assert(v!=v)의 결과는 컴파일러에 따라 다르다.

이럴 때 Boost.Math를 사용하면 안정적으로 무한대와 NaN 값들을 검사할 수 있다.

3단계에서는 boost::math::signbit 함수를 사용하고 있는데, 어떤 일을 하는지 더 살펴보자. 이 함수는 숫자가 음수라면 1을, 양수라면 0을 반환하는 부호가 있는 비트를 반환한다. 다시 말해 이 함수는 값이 음수일 때 참을 반환한다.

3단계를 보면 일부에서는 "-1을 곱하기만 하면 되지 왜 굳이 boost::math::changesign을 쓰나요?"라고 물을지도 모르겠다. 물론 그럴 수 있다. 하지만 곱하기 연산은 보통 boost::math::changesign보다 느리며, 특수한 값에서는 제대로 동작하지 않는다. 예를 들어 3단계의 코드로 nan을 잘 처리한다면 -nan의 부호를 바꿔 nan을 할당할 수도 있다.

 Boost.Math 라이브러리의 관리자들에 따르면 이번 예제에 사용한 수학 함수들을 괄호로 둘러 싸서 C 매크로와 충돌하는 일을 막는게 좋다. 그러니까 (boost::math::isinf)(value)라고 쓰는 편이 boost::math::isinf(value)보다 낫다.

부연 설명

C99도 이번 예제에서 살펴본 함수들이 모두 지원된다. 그런데 왜 부스트에서 지원해야 할까? 사실 일부 컴파일러 판매사에서는 프로그래머에게 C99를 모두 지원할 필요가 없다고 생각하고 있으므로 적어도 한 개의 매우 유명한 컴파일러에서 이 함수들을 지원하지 않기 때문이다. 그리고 숫자처럼 동작하는 클래스에서도 Boost.Math 함수를 쓸 수 있어 좋다.

Boost.Math는 매우 빠르고, 이식 가능하며, 안정성이 뛰어난 라이브러리다. 수학적 특수 함수는 Boost.Math 라이브러리의 일부며, 일부 수학적 특수 함수들은 C++17에 포함됐다. 하지만 Boost.Math는 그보다 더 많은 것을 제공하며, 복잡도가 더 낮고, 일부 작업(수치 적분^{numerical integration})에 더 잘 맞다.

참고 사항

부스트의 공식 문서에 재미있는 예제와 튜토리얼이 많이 나와 있어 Boost.Math에 금방 익숙해질 수 있다. http://boost.org/libs/math를 방문해보자.

▌테스트 생성

이번 예제와 다음 예제에서는 Boost.Test 라이브러리를 써서 자동으로 테스트하게 해본다. 이미 많은 부스트 라이브러리들이 사용한다. 이 라이브러리를 써서 자신이 만든 클래스에 대한 테스트를 만들어본다.

```
#include <stdexcept>
struct foo {
    int val_;

    operator int() const;
    bool is_not_null() const;
    void throws() const; // throws(std::logic_error)
};
```

준비

C++에 대한 기본 지식만으로 충분하다. 이번 예제의 코드를 컴파일하려면 BOOST_ TEST_DYN_LINK 매크로를 정의하고 boost_unit_test_framework와 boost_system을 링크해야 한다.

예제 구현

사실 부스트에서 제공하는 테스트 라이브러리는 한 두 개가 아니다. 그중에서 가장 기능성이 뛰어난 라이브러리를 살펴보자.

1. 테스트 라이브러리를 사용하려면 다음과 같이 매크로를 정의하고 헤더를 인 클루드해야 한다.

```
#define BOOST_TEST_MODULE test_module_name
#include <boost/test/unit_test.hpp>
```

2. 각 테스트는 테스트 케이스^{test case} 안에 있어야 한다.

```
BOOST_AUTO_TEST_CASE(test_no_1) {
```

3. 결과가 참인지 검사하는 방법은 다음과 같다.

```
foo f1 = {1}, f2 = {2};
BOOST_CHECK(f1.is_not_null());
```

4. 다음과 같은 방식으로 같지 않은지를 검사할 수 있다.

```
BOOST_CHECK_NE(f1, f2);
```

5. 예외를 던지진 않았는지 검사한다.

```
BOOST_CHECK_THROW(f1.throws(), std::logic_error);
} // BOOST_AUTO_TEST_CASE(test_no_1)
```

이제 끝이다! 컴파일하고 링크하고 나면 알아서 foo를 테스트한 후 사람이 읽기 편한 형태로 결과를 출력하는 바이너리binary가 생성된다.

예제 분석

이제 단위 테스트unit test를 쉽게 만들 수 있다. 함수가 어떻게 동작하는지를 알고, 특정 상황에서 어떤 결과를 만들어야 하는지만 알면 된다. 그런 후 함수의 실제 출력과 예상 결과가 같은지 검사해보면 된다. 3단계에서 한 일이 바로 그것이다. f1.is_not _null()이 참을 반환할 것이란 걸 알고 있었고, 그걸 검사했다. 4단계에서는 f1이 f2와 같지 않다는 걸 알고 있어 검사해봤다. f1.throws()를 호출하면 std::logic_error 예외를 던지는데, 그게 원하는 유형의 예외인지 검사했다.

2단계에서는 테스트 케이스를 만들었다. 여기서는 foo 구조체가 제대로 동작하는지 여러 가지 방식으로 검증했다. 한 소스 파일에 여러 테스트 케이스를 둘 수도 있다. 예를 들어 다음 코드를 추가한다고 해보자.

```
BOOST_AUTO_TEST_CASE(test_no_2) {
    foo f1 = {1}, f2 = {2};
    BOOST_REQUIRE_NE(f1, f2);
    // ...
} // BOOST_AUTO_TEST_CASE(test_no_2)
```

이 코드는 test_no_1 테스트 케이스와 같이 실행된다. BOOST_AUTO_TEST_CASE 매크로로 전달된 파라미터는 오류가 생겼을 때 출력할 테스트 케이스의 고유한 이름일 뿐이다.

```
Running 2 test cases...
main.cpp(15): error in "test_no_1": check f1.is_not_null() failed
main.cpp(17): error in "test_no_1": check f1 != f2 failed [0 == 0]
```

```
main.cpp(19): error in "test_no_1": exception std::logic_error is expected
main.cpp(24): fatal error in "test_no_2": critical check f1 != f2 failed [0
== 0]

*** 4 failures detected in test suite "test_module_name"
```

BOOST_REQUIRE_*와 BOOST_CHECK_* 매크로는 약간 다르다. BOOST_REQUIRE_* 매크로로 테스트한 것이 실패한다면 진행 중이던 테스트 케이스를 중단하고, 다음 테스트 케이스로 넘어간다. 하지만 BOOST_CHECK_*에서는 진행 중이던 테스트 케이스를 중단하지 않고 계속 실행한다.

1단계도 잘 살펴보자. 특히 BOOST_TEST_MODULE 매크로 정의를 눈여겨보자. 이 매크로는 Boost.Test 헤더 앞에 정의돼야만 하며, 그러지 않았다면 프로그램을 링크할 수 없다. 더 자세한 것은 이번 예제의 더 알아보기를 참고하자.

부연 설명

왜 4단계에서 BOOST_CHECK(f1 != f2)가 아니라 BOOST_CHECK_NE(f1, f2)를 썼는지 궁금한 독자도 있을 것 같다. 사실 이유는 간단하다. Boost.Test 라이브러리의 예전 버전에서는 4단계에서 쓴 매크로가 더 이해하기 편하고, 출력하는 내용도 풍부했기 때문이다.

C++17은 단위 테스트를 지원하지 않는다. 하지만 Boost.Test 라이브러리를 사용해 C++17과 C++11 이전의 코드도 테스트할 수 있다.

테스트를 많이 할수록 코드는 더 안정적이라는 것을 기억하자!

참고 사항

- '여러 테스트를 묶어 테스트 모듈로 생성' 예제에 테스트와 **BOOST_TEST_
  MODULE** 매크로에 대한 정보가 더 많다.
- 테스트 매크로와 **Boost.Test**에 대한 고급 특성 정보가 필요하다면 부스트의
  공식 문서를 읽어보자. http://boost.org/libs/test를 참고하자.

▌ 여러 테스트를 묶어 테스트 모듈로 생성

자동 테스트를 만들면 프로젝트를 진행하는 데 도움이 된다. 하지만 프로젝트가 크고
여러 개발자가 참여하고 있다면 테스트 케이스를 관리하는 것도 힘들다. 이번 예제에
서는 어떻게 하면 개별 테스트를 실행시킬 수 있고, 여러 테스트 케이스를 한 개의
모듈로 묶을 수 있는지 알아본다.

이번 예제에서는 두 명의 개발자가 foo.hpp 헤더 파일에 선언된 **foo** 구조체를 테스트
하고 있는데, 여러분이 여러 가지 소스 파일을 주면서 테스트해달라고 한다고 가정하
자. 이때 두 개발자는 서로를 방해하지 않으면서 병렬적으로 일을 하길 원한다. 하지
만 테스트를 기본값으로 실행한다면 두 개발자의 테스트가 모두 실행돼야만 한다.

준비

C++에 대한 기본 지식만으로 충분하다. 이번 예제의 코드는 이전 예제의 코드 일부를
재활용하며, 이번에도 **BOOST_TEST_DYN_LINK** 매크로를 정의하고, **boost_unit_test_
framework** 및 **boost_system** 라이브러리와 링크해야 한다.

예제 구현

이번 예제는 이전 예제의 코드를 활용한다. 커다란 프로젝트를 테스트할 때 매우 유용한 예제니 얕잡아보지 말자.

1. 이전 예제의 main.cpp에 있던 모든 헤더 파일에서 다음 두 줄만 남긴다.

```
#define BOOST_TEST_MODULE test_module_name
#include <boost/test/unit_test.hpp>
```

2. 이제 이전 예제에서 살펴본 테스트 케이스들을 두 개의 소스 파일로 옮긴다.

```
// developer1.cpp
#include <boost/test/unit_test.hpp>
#include "foo.hpp"

BOOST_AUTO_TEST_CASE(test_no_1) {
    // ...
}

// developer2.cpp
#include <boost/test/unit_test.hpp>
#include "foo.hpp"

BOOST_AUTO_TEST_CASE(test_no_2) {
    // ...
}
```

이제 끝이다! 모든 소스 파일을 컴파일하고 링크한 후 테스트를 실행하면 두 테스트 케이스 모두 실행된다.

예제 분석

이 마술 같은 일은 모두 BOOST_TEST_MODULE 매크로 덕택에 일어날 수 있었다. <boost/test/unit_test.hpp> 앞에 이 매크로가 정의된다면 이 소스 파일이 중심 파일이므로 테스트를 돕는 도우미 구조체 전체가 여기에 있어야 한다는 걸 알 수 있다. 이 매크로가 정의되지 않았다면 <boost/test/unit_test.hpp>에서 테스트 매크로만 불러들인다.

BOOST_TEST_MODULE 매크로를 포함하는 소스 파일과 링크하기만 하면 모든 BOOST_AUTO_TEST_CASE 테스트가 실행된다. 큰 프로젝트를 작업하고 있다면 각 개발자마다 제각기 자신만의 소스만 포함시켜 컴파일하고 링크할 수도 있다. 그러면 다른 개발자와 독립적으로 일할 수 있어 개발 속도가 높아진다. 디버깅하는 도중 외부 소스를 컴파일하고 외부 테스트를 실행할 필요가 없다.

부연 설명

Boost.Test 라이브러리를 사용하면 테스트를 개별적으로 실행할 수 있어 좋다. 실행할 테스트를 골라 커맨드라인 인자로 줄 수 있다. 예를 들어 다음 명령을 실행하면 test_no_1 테스트 케이스만 실행한다.

```
./testing_advanced -run=test_no_1
```

다음 명령을 실행하면 두 테스트 케이스를 모두 실행한다.

```
./testing_advanced -run=test_no_1,test_no_2
```

안타깝게도 C++ 17 표준에서는 테스트를 지원하지 않으며, C++20에서도 Boost.Test의 클래스와 메소드를 채택할 것 같지 않다.

참고 사항

- '테스트 생성' 예제에도 **Boost.Test** 라이브러리에 대한 정보가 있으니 참고 하자. **Boost.Test**에 대한 정보가 필요하다면 부스트의 공식 문서 http:// boost.org/libs/test를 읽어보자.
- 용감한 독자라면 부스트 라이브러리의 테스트 케이스를 살펴보는 것도 좋다. boost 폴더의 하위 폴더인 libs에 테스트 케이스가 모여 있다. 예를 들어 **Boost.LexicalCast** 테스트는 BOOST_1_XX_0\libs\conversion\test에 있다.

┃ 이미지 다루기

디저트로 정말 재미있는 길 알아보자. 바로 부스트의 일반 이미지 라이브러리^{GIL, Generic Image Library}로, 이 라이브러리를 쓰면 이미지를 쉽게 다룰 수 있을 뿐 아니라 이미지 형식에 크게 신경 쓰지 않아도 된다.

간단한 것에서부터 시작해보자. 아무 사진이나 흑백을 바꾸는 프로그램을 만들어보자.

준비

이번 예제는 C++와 템플릿, **Boost.Variant**에 대한 기본 지식이 필요하다. 이번 예제 는 png 라이브러리와 링크해야 한다.

예제 구현

일단 쉽게 PNG 이미지만 처리해보자.

1. 헤더 파일을 인클루드하며 시작한다.

```
#include <boost/gil/gil_all.hpp>
#include <boost/gil/extension/io/png_dynamic_io.hpp>
#include <string>
```

2. 이제 작업할 이미지형을 정의한다.

```
int main(int argc, char *argv[]) {
    typedef boost::mpl::vector<
        boost::gil::gray8_image_t,
        boost::gil::gray16_image_t,
        boost::gil::rgb8_image_t
    > img_types;
```

3. 이미 있는 PNG 이미지는 다음과 같이 열 수 있다.

```
std::string file_name(argv[1]);
boost::gil::any_image<img_types> source;
boost::gil::png_read_image(file_name, source);
```

4. 사진을 조작하고 싶다면 다음과 같은 함수를 쓴다.

```
boost::gil::apply_operation(
    view(source),
    negate()
);
```

5. 다음 코드로 이미지를 쓸 수 있다.

```
boost::gil::png_write_view("negate_" + file_name,
        const_view(source));
```

6. 수정 연산도 살펴보자.

```
struct negate {
    typedef void result_type; // 필요

    template <class View>
    void operator( )(const View& source) const {
        // ...
    }
}; // negate
```

7. operator( )는 채널^{channel} 형식을 얻는 방법으로 이뤄져 있다.

```
typedef typename View::value_type value_type;
typedef typename boost::gil::channel_type<value_type>::type channel_t;
```

8. 픽셀들^{pixels}을 순환할 수도 있다.

```
const std::size_t channels = boost::gil::num_channels<View>::value;
const channel_t max_val = (std::numeric_limits<channel_t>::max)( );

for (unsigned int y = 0; y < source.height( ); ++y) {
    for (unsigned int x = 0; x < source.width( ); ++x) {
        for (unsigned int c = 0; c < channels; ++c) {
            source(x, y)[c] = max_val - source(x, y)[c];
        }
    }
}
```

이제 만든 프로그램의 결과를 보자.

위 그림은 다음 그림의 흑백을 뒤집은 사진이다.

예제 분석

2단계에서 작업할 이미지의 형식을 지정했다. 이번에 작업한 이미지는 각 픽셀당 8비트와 16비트를 쓴 흑백 이미지와 RGB 사진이다.

boost::gil::any_image<img_type> 클래스는 Boost.Variant의 한 종류로, img_type 변수 중 하나의 이미지를 저장할 수 있다. 이미 눈치 챘겠지만 boost::gil::png_read_image는 이미 변수에서부터 이미지를 읽는다.

4단계의 boost::gil::apply_operation 함수는 Boost.Variant 라이브러리의 boost::apply_visitor와 거의 똑같다. view(source)를 사용하는 방법을 눈여겨보자. boost::gil::view 함수는 이미지를 감싸는 가벼운 래퍼를 만들어서 이미지를 픽셀의 이차원 배열로 인식할 수 있게 만든다.

Boost.Variant에 대해 알아볼 때 boost::static_visitor에서 방문자를 파생시켰던 것이 기억나는가? GIL의 variant 버전을 사용할 때 방문자 안에 result_type typedef를 만들어야 한다. 이 작업은 6단계에서 일어난다.

가볍게 바탕에 깔린 이론을 알아보고 가자. 이미지는 픽셀이라 부르는 점들로 이뤄진다. 단일 이미지는 같은 형식의 픽셀들로 이뤄진다. 하지만 각 이미지마다 픽셀의 채널 숫자와 한 채널에 대한 색깔 비트 수 등이 다를 수 있다. 채널은 주요 색깔을 말한다. RGB 이미지라면 빨강, 초록, 파랑이라는 세 가지 채널로 픽셀을 구성한다. 흑백 이미지라면 회색을 나타내는 단일 채널만 있다.

다시 이미지로 돌아오자. 2단계에서는 작업할 이미지의 형식을 정한다. 3단계에서 파일에서 원하는 이미지 형식으로 읽은 후 소스 변수에 저장한다. 4단계에서 negate 방문자의 operator() 메소드를 모든 이미지 형식에 대해 인스턴스화한다.

7단계에 이미지 뷰$^{image\ view}$에서 채널 형식을 얻어오는 방법이 나와 있다.

8단계에서는 픽셀과 채널을 방문하면서 흑백을 뒤집었다. 이미지를 반전^{negation}하기 위해 max_val - source(x, y)[c]를 계산하고, 결과를 이미지 뷰에 겹쳐 쓴다.

5단계에서 이미지에 도로 덮어쓴다.

부연 설명

C++17은 이미지를 직접 처리하는 메소드를 제공하지 않는다. C++ 표준 라이브러리에 2D 그림 관련 분야를 추가하려는 작업을 진행하고 있지만, 제공하는 기능의 방향이 완전히 다르다.

Boost.GIL 라이브러리는 빠르고 효율적이다. 컴파일러는 이 라이브러리의 코드를 굉장히 잘 최적화할 수 있으며, 일부 Boost.GIL 메소드는 루프를 풀어내 더욱 최적화될 수 있게 구현돼 있다. 하지만 12장에서는 라이브러리의 기본에 대해서만 다뤘을 뿐인데, 벌써 끝낼 시간이 됐다.

참고 사항

- Boost.GIL에 대한 정보는 부스트의 공식 문서를 참고하자. http://boost. org/libs/gil을 방문해보자.
- Boost.Variant 라이브러리에 대해서는 1장의 '컨테이너나 변수에 선택한 여러 가지 형식 저장' 예제를 참고하자.
- C++에 대한 새로운 정보를 얻고 싶다면 https://isocpp.org/를 보자.

| 찾아보기 |

Boost C++ 애플리케이션 개발 2/e

부스트 라이브러리 예제를 활용한 쉽고 빠른 프로그램 개발

발 행 | 2020년 1월 2일

지은이 | 안토니 폴루킨
옮긴이 | 한 정 애

펴낸이 | 권 성 준
편집장 | 황 영 주
편 집 | 조 유 나
디자인 | 박 주 란

에이콘출판주식회사
서울특별시 양천구 국회대로 287 (목동)
전화 02-2653-7600, 팩스 02-2653-0433
www.acornpub.co.kr / editor@acornpub.co.kr

한국어판 ⓒ 에이콘출판주식회사, 2020, Printed in Korea.
ISBN 979-11-6175-368-3
http://www.acornpub.co.kr/book/boost-cplus-2e

이 도서의 국립중앙도서관 출판시도서목록(CIP)은 서지정보유통지원시스템 홈페이지(http://seoji.nl.go.kr)와
국가자료공동목록시스템(http://www.nl.go.kr/kolisnet)에서 이용하실 수 있습니다.(CIP제어번호: CIP2019044023)

책값은 뒤표지에 있습니다.